WUXIANG WENHUA JICHENG
WUXIANG HONGSE WENHUA
XIEYING

武乡文化集成·卷二

陈建祖 主编

武乡红色文化撷英

革命熔炉武乡 郝雪廷 著

武乡抗战纪事 郝雪廷 李绍君 编著

中国文史出版社

《武乡文化集成》编委会

总　序

甲辰之岁，万象更新。武乡热土上，乘新时代之春风，政治、经济、文化一体推进，正所谓政通人和，百业俱兴。

自古以来，莫不盛世修书，藉以兴文化俗。今有《武乡文化集成》之问世，摘精选要，撷英荟萃，乃国内县域文化系统整理出版之巨创，亦寻祖根，追文脉，固根基，增强文化自信之壮举，可庆可贺也！

文化之兴，缘于地理；或曰据于地理，乃出人文。

太行逶迤，上党巍巍，雄视华北，俯控中原，自古乃兵家必争之地。元人熊戴歌咏曰："天下多名山，太行居第一。泽潞伯仲间，上党天下脊。屹立界中原，形势控南北。"武乡踞上党北缘，乃千年名邦，抗战圣地。其东有板山竦立，如长城蜿蜒；其中有漳河流金，泽润乡里；其西则俯视晋中，藏风聚气。此土此境，古有商周遗物，有石勒要寨，有寺院林立，绵绵不绝，而民风俭啬，勤于耕读，崇尚勇武，远近闻名。清代乾隆《武乡县志》"风俗篇"云："武乡之为县，在万山中，金玉珠贝无所产，商贾舟车不至，民安于畎亩、诵读，无逐末游食、猎取富贵之人。""其民质而不訾，其俗俭而不猥。"此乃武乡传统文化之概要，民风之底色，文化渊源之所自。追溯千余年传统文化，不亦绵长醇厚乎！

帝制灭而共和兴，社稷衰而危亡存，仁人志士，前赴后继，奋起斗争。武乡籍共产党人、革命先驱李逸三、史怀壁、武三友等，建立中共武乡县委员会，组织"五抗"，风起云涌，艰险曲折，板山漳河间，闪耀赤色曙光。全面抗战始，抗日烽火燃烧在太行山上，八路军总部、中共中央北方局、一二九师师部开进武乡，先后驻武乡王家峪、砖壁诸地，朱德、彭德怀、左权、刘伯承、邓小平、杨尚昆等在此指挥抗战，武乡乃成太行根据地之重镇。长乐村战斗，歼寇两千；百团大战，威震敌胆。柳沟设兵工厂，肇始军火生产，装备抗日武装；抗大、鲁艺，学校遍及山乡僻壤，培植红色基因。武乡儿女，慷慨参军，牺牲何止千万；家乡父老，纳鞋交粮，自愿支援前线；太行奶娘，忘我取义，哺育革命后代。仰望太行之巅，遍布民族脊梁；回首抗战圣地，鲜血浸染。《少年先锋》，如诗华章；抗战篇章，辉煌绚烂。此乃武乡近世文化之鲜明本色。回首武乡之红色文化，不亦感人至深乎！

斗转星移，国运昌隆；改革开放，其命维新。武乡大地，文脉绵延，异彩纷呈。其初有高沐鸿之《太行吟》，冈夫之《故城谣》，张万一之剧作《小二黑结婚》，歌咏烽火岁月，隽永悠长；继之有寓真之《行道集》，赓续家国情怀，书写不尽之乡愁。抗战文化则梳理备至，书写将军之百战智勇，战士之慷慨赴死，军火之急急生产，民众之纷纷支前，友邦之慷慨资助，红色文化，洋洋大观。作者群起，深研备至，提炼太行精神，表彰抗战英模，可歌可泣，化育万民，进而为新时代不忘初心、继续前进之强大动能。回首七十年文化景象，不亦壮观乎！

武乡文化，厚重绵长，总而成之，采而辑之，舍我其谁！县委县政府下决心，定大计，集贤能，编方案，以规范性、系统性、权威性为基准，博采旁搜，摘取英华，卷次三分。首卷为历史文化，通览千载；继之以红色文化，特色引领；卷三是现当代文化，文苑集萃，遂成20册，汇千万字，煌煌然为武乡文化史上之空前巨著。武乡文脉，一以贯穿，高如板山，长若漳河，实乃空前之壮举，既为资政要览，亦成万民寻根溯源、永久承传之宝典，具彰往而昭今之效，其价值、意义不言而喻，无庸赘述焉。是为序。

中共武乡县委员会

武乡县人民政府

2024年6月

凡　例

一、本丛书以马克思列宁主义、毛泽东思想、邓小平理论、“三个代表”重要思想、科学发展观、习近平新时代中国特色社会主义思想为指导，选取武乡文化精华，编纂而成。

二、本丛书以基础性、系统性、权威性为基本编纂标准。

三、本丛书以武乡籍贯的作者为主要选取对象，以描写或记述当今武乡地域范围内的文化为内容选取标准。

四、本丛书选取的著作体裁不限，主要选取学术著作和文学作品。为了全面记述武乡的历史文化，特别组织作者新撰了武乡历史文化的通览性著作。

五、本丛书按照历史通览、文化特色、时代新篇为基本分卷依据，分武乡历史文化通览、武乡红色文化撷英、武乡现当代文化集萃3卷，共33种著作，编为20册。

六、本丛书为集成性著作，尊重原著内容的完整性，一般不作增删；为保持观点正确、内容准确、体例统一所做的修订，均经作者完成，并经专家予以审定。

七、本丛书对每一部入选著作的内容及其作者均予简介，以便阅读和使用。

八、本丛书根据各书特点而区别整理方式，涉及古文、文献等，予以标点，并适当注释；涉及文化遗产等内容，则以图文结合的方式予以记述。

目　　录

革命熔炉武乡

郝雪廷　著

八路军在武乡创办的第一所学校——八路军第一一五师军政干部学校 … 3
在武乡短暂驻扎的学校——八路军总部随营学校 …………………… 11
军事人才的培训基地——一二九师随营学校 ……………………… 17
培训高中级领导干部的摇篮——中共中央北方局党校 ……………… 26
救死扶伤的红医摇篮——野战卫生学校 …………………………… 43
烽火中的医护培训——第一二九师卫生学校 ……………………… 54
敌后办学的先锋——抗大日第一分校留守大队 …………………… 60
太行山抗战文化中心——晋东南鲁迅艺术学校 …………………… 72
后勤干部的教学中心——八路军供给学校 ………………………… 87
人民军队的将星摇篮——抗日军事政治大学 ……………………… 93
军队干部在这里成长——八路军第一二九师干部轮训队 ………… 122
边区政府的财经人才库——华北财政经济学校 …………………… 133
军政干部的熔炉——抗日军政大学第六分校 ……………………… 146
人民兵工第一校——太行工业学校 ………………………………… 164
青年学习文化的方向——太行第三中学 …………………………… 177
边区政府培养后备干部的最高学府——太行抗战建国学院 ……… 188
培养年轻军事干部的基地——太行陆军中学 ……………………… 198

武乡抗战纪事

郝雪廷　李绍君　编著

1937 年 ………………………………………………………… 211
1938 年 ………………………………………………………… 231
1939 年 ………………………………………………………… 254
1940 年 ………………………………………………………… 287
1941 年 ………………………………………………………… 329
1942 年 ………………………………………………………… 362
1943 年 ………………………………………………………… 397
1944 年 ………………………………………………………… 428
1945 年 ………………………………………………………… 453

革命熔炉武乡

郝雪廷　著

【作者简介】

郝雪廷，山西省武乡县人，1958年生。中国作家协会会员，山西省戏剧家协会会员，山西省中共党史人物研究会副会长，八路军太行纪念馆研究部原主任，山西大学马克思主义学院、山西财经大学马克思主义学院特聘教授，太行干部学院特聘专家，山西电视台“文化讲堂”特邀主讲人。先后出版纪实文学《八路军改编纪实》《追寻八路军总部》《游击队长魏名扬传奇》，长篇小说《太行山上》以及抗战史研究专著《八路军序列沿革研究》《抗战英魂录》《烽火留声——八路军将领故事集》等30余部。央视20集电视专题片《抗日中坚八路军》策划人之一；八一电影制片厂6集专题片《八路军与武乡》、山西电视台8集专题片《太行山上》撰稿人。多次接受中央电视台及有关省电视台的采访，曾获全国名人作品展示会银奖，山西省社会科学研究成果奖等。

【内容简介】

抗战时期，八路军总部等领导机关长期驻扎武乡，还迁来或创建一批院校，有八路军随军学校、野战卫生学校、抗大第六分校等17座院校，使武乡成为一座培养和造就抗日骨干和革命英才的大熔炉。本书详细记述了这些院校在武乡的办学情况，包括组建、招生、迁移、课程、学习、训练、重要教员和杰出学员，以及院校学生和武乡人民一起战斗和日常生活的细节，内容极为丰富，是有关太行根据地教育的重要史料，价值很高。新中国成立后，发源于武乡的这些院校大多成为著名的高等学府，培育出大量栋梁之材，是武乡这片热土对新中国教育事业的巨大贡献。

八路军在武乡创办的第一所学校

——八路军第一一五师军政干部学校

办学名片	1937 年 11 月 15 日在武乡县城（今故县）的南神山创办。 1937 年 12 月初，学校离开武乡，向晋南转移。 1938 年 2 月，编入八路军总部随营学校。

1937 年 11 月 11 日，八路军总部在和顺县石拐村召开高级干部会议，八路军总部首长，第一一五师、一二九师首长以及中共冀豫晋省委主要领导同志参加了会议。会议传达了中共中央、中央军委关于开展游击战争、建立抗日根据地的重要指示，分析、研究了太原失守后的形势，讨论制定了发动群众、开展游击战争和创建根据地工作的具体部署，明确了各部队的战略方向和发展重点。会议决定，第一一五师一部由正太路南下，留下副师长聂荣臻带领师独立团等留在五台一带成立晋察冀军区，由聂荣臻任军区司令员兼政治委员，唐延杰任参谋长，舒同任政治部主任，坚持晋东北抗日游击战争。一一五师教导队亦留在晋察冀区，并以此为基础，改编

成晋察冀军区第三军分区。为解决一一五师军政干部培养问题，八路军总部决定成立一一五师军政干部学校（以下简称“军政干校”或“干校”）。

军政干部学校的组建

红军改编过程中，八路军第一一五师教导队是由红一军团随营学校改编而成。师教导队只是在改编时进行了编制压缩，其职能没有改变。一一五师主力南调，师教导队跟随副师长聂荣臻留在晋察冀坚持抗战。在石拐会议上，八路军总部决定留下在晋察冀抗战的队伍组成新的晋察冀军区。

师教导队留守晋察冀坚持斗争，第一一五师的军政干部培训工作怎么办？这成为一个重要问题。此时全师上下招收大量新兵，中下级军政干部处于严重匮乏的境地，没有一个专门培训机构是不行的。师部进行认真研究，提出了重组师教导队或成立军政学校。

请示报告打到了八路军总部，要求新设立八路军第一一五师军事政治干部学校重组培训军政干部的机构。八路军总部经过研究批准了这一请求，由原教导队队长贺东升负责，方炽任学校教务主任。

雷厉风行是八路军的一贯作风。一经总部同意，师政治部马上印制招生广告，一路走一路张贴，以便尽快完成招生计划。

在艾格妮丝·史沫特莱《中国在反击》一书中，可以看到这样的记载：

在榆社的墙壁上，贴着一些由林彪签署的布告。成群的年轻人在围观，有一个在高声朗读。一所训练期限六个月的军事与政治训练学校，将于下月在山西西部成立，可招收学员一千到一千五百名。入学考试将于近几天内在榆社以南六十里的武乡县城举行。欢迎青年立即到武乡去投考。这所新学校的训练科目包括：

军事：游击战；炮战；地形学；兵器学。

政治；社会科学常识；政治工作；中日问题；中国解放斗争问题。

一一五师要成立军政干部学校的消息，就这样广泛传播开来。不久前，一一五师取得平型关大捷的消息已在社会上产生了巨大影响。

卢沟桥事变发生后的短短4个月时间里，华北的北平、天津、张家口以及大同、太原等重要城市相继被日军侵占。不愿当亡国奴的热血青年，由这些地方开始向后方撤退，平津地区由于和山西距离较近，加之第二战区抗日氛围浓厚，平津地区的很多青年学生都来到太原，寻求从事抗日的工作。伴随太原沦陷，聚集在太原的热血青年，开始向太行山转移。

陆续还有许多青年不断进入娘子关，被迫加入到流亡的行列中，其中很多青年学生都对国家的前途和个人的未来，陷入莫名的悲伤和失望状态，他们多么希望能有一个精忠报国的机会。八路军一一五师成立军事政治干部学校的消息传开，许多优秀文化青年随之慕名而来。

军政干部学校在武乡招生

1937年11月15日，一一五师军事政治干部学校在武乡县城西关武侯祠开始招生。条件那个简陋，可以说到了尴尬的境地。只用一块黑板写上“一一五师军事政治干部学校招生处”几个大字，摆在庙门前面。不过，就这样的条件，也依然耀眼，依然吸引着从各地涌向武乡的那些爱国的热血青年。

名震中外的平型关大捷，不仅鼓舞了士气，更是打击了日军的气焰，为我军迎来了重大胜利，而这场战斗，使得“八路军第一一五师”这个名号妇孺皆知。一一五师不管走到哪里，都会受到老百姓的欢迎。

许多青年学生跋山涉水来到这里报名，与“一一五师”这个名号有很大关系。

河南有个青年叫魏宏，从小在老家安阳读书，后来升入郑州简易乡村师范。全国抗战爆发后，在工厂做工养活全家的大哥失业，他的生活没有了来源，再也无法读书。正在彷徨之际，有朋友建议他去延安上抗大，那里读书不用自己出钱，毕业后还能投身于抗战为国出力。

于是他爬上西去的火车，到了西安，好不容易找到七贤庄八路军驻陕办事处，可从各地来到这里想去延安的青年很多，爱国青年奔赴延安的途径主要有两条：一是通过党组织或者个人介绍，二是参加延安各学校的招生考试。

魏宏既没有党组织或者个人介绍，近期又没有延安学校的招生考试，在西安只有等待。什么时候才能等到去延安的机会，他心里没底。

一天，在八路军办事处附近的墙上看到太原牺盟会招生，牺盟会的影响非常大，是免费参加的，与其在西安等待不如先往太原，生活好先有个着落。他又辗转费了好大劲来到太原，可是太原已经被日军包围，阎锡山许多重要机关都撤退到了临汾。

见不少青年都往太行山走，看来也只能随大流，跟着来到和顺，他看到了一一五师军政干部学校招生的广告。这一一五师可是名震中外的雄师，他向人打听这个学校和抗大的区别，得到的回答是“差不多”，都是为八路军培养军政干部人才。

“要不要学费？”因为他已经身无分文。

“培养抗日干部，不需要学费，只要你毕业后为抗日出力。”

这与他的想法非常吻合。

于是，按照招生广告的指引，和几位途中结识的青年一道，到武乡县城来参加考试。

报名处已经有不少人拥在门口，教务主任方炽等几位工作人员在忙碌着。许多青年学生在咨询，要求报名参加八路军，许多学生急切地问，部队驻地在哪儿，能不能马上投入军训，最好军训一结束就能上战场，同日本鬼子真刀真枪地干。

面对一张张朝气蓬勃的脸，负责招生工作的方炽向他们解释："欢迎你们参加八路军，只要你们真心抗日，就一定能够实现你们的心愿。"因为组织招生工作的人少，进行家庭情况和个人调查还要耽误些时间，只能排着队等待。

终于轮到他了，魏宏按照报名资格要求的几个条件（坚持抗日拥护统一战线者，高小毕业或具有同等学历者，身心健壮而无不良嗜好及传染病患者，年龄在18岁以上35岁以下者，持有各抗日部队、地方政府、民众团体或各界公正人士证明文件者），作了自我介绍。

招生处的同志详细问了他的家庭情况、上学经历，并让他填了一张表格。然后就是考试，题目是三道口试题：中国的主要矛盾是什么？统一战线的意义是什么？你的志愿是什么？

教官对他的回答非常满意，他被录取了。

实际当时的考题是不完全相同的，比如，据孙殿甲的回忆，他的考题就是：什么叫唯物论？什么叫唯心论？你的志愿是什么？

边招生边开学的办学方式

军政干部学校招生广告，在太行山形成了蝴蝶效应，强烈地吸引着众多热血青年朝圣般地从四面八方涌来，前来报名的青年学生络绎不绝。

随着日军占领石家庄，中共华北党组织动员了大批党员和爱国学生到山西参加抗战，每天都有大量从河北、北平、天津等地来的青年学生，到阳泉、平定。看到第一一五师军政干部学校的招生广告，也都赶到武乡来。大家高兴地说，不怕走烂脚底板，也不怕路遇九妖十八怪，只要吃上武乡的小米，就能找到八路军，就能到前方抗战。

招生工作人员有条不紊地进行登记造册，进行人员编制，短短一天之内，就有60多个青年学生加入到军政干部学校中来，吃住问题立刻凸显出来。县临时工委王玉堂专门到城东南二里的南神山普济寺找到道慈方丈，希望能容留学员在这里暂住，并在这里学习。

一一五师军政干部学校旧址武乡南神山普济寺

道慈方丈深谙念佛与救国、办佛事与兴国家是相辅相成的道理："我这就安排让他们腾出一些地方来，今天后晌新学员就可以过来住。"

道慈方丈不仅答应让学员住在寺院，并且让出一座偏殿来让他们集中学习，还主动提出寺院里有居士、香客捐助，有一定的积蓄，可以供给学员斋饭，也算是普济寺僧众为抗日做一点贡献。

八路军工作团派军事干部来进行教学，就这样一边招生，一边上课，一一五师军政干部学校就在这样简陋的环境中开学了。

曾任第三机械工业部第四规划设计研究院党委书记的老革命阎学增，清晰地记得他参加一一五师军政干部学校的那段历史。

阎学增出生在屯留县西洼村一个贫苦农家，9岁开始在私塾断断续续地读书，那时叫半耕半读，虽然家穷，不能正常地上学，可是他的学习成绩很好，后来以突出的成绩考入长治师范附小，家里贫穷供不起他上学，是亲戚与友邻出手相助，才使他继续学业。他不负众望，又考入了长治初级中学。1937年6月，初中毕业后任屯留县私立麟绛完全小学教员。

没几天，就传来了卢沟桥事变的消息，日本鬼子向华北发动大规模的进攻。热血青年岂能甘心帝国主义的欺凌，于是他决心投笔从戎，参加抗战。经过努力他担任了屯留县牺盟分会突击队队长。八路军一一五师军政干部学校在武乡招生的消息，传到他的耳朵里。他感觉要积极投身抗战，没有过硬的军事素质是不行的。征得县牺盟分会的同意，他步行百余里来到武乡县城报考，成为军政干部学校的一员。

学习结业后，他曾任一一五师六八六团教育股见习干事、特务连文化教员、青年队政治教员、团政治处技术书记，师独立旅政治部秘书，三四三旅政治部宣传科长，教导四旅兼湖西军分区敌工科长等。解放战争时期，先后任团政治委员、赣东北军区宣传部部长、第五兵团宣传部副部长。新中国成立后，任贵州省委副秘书长、省计划委员会副主任、省政府常务副秘书长、第三机械工业部第四规划设计研究院党委书记等职。在他的回忆里，武乡是他人生最重要的地方，一一五师军政干部学校在武乡南神山普济寺办学的短暂时光，是他真正走上革命道路的起点。

转移离开到合并撤销

在边招生边办学的过程中，短短几天，招收了150多名学员。

普济寺方丈找来一块大木板刷成黑板，这就是学校唯一的教具。但学员们很快就领到了棉被服、皮带、绑腿、挎包等吃用的物品。大家穿着起来，像军人样子，甚为高兴，学员的积极性确实非常高。

因学员来得多而急，干部缺，没有专职教员，学校的人手太少，都在忙于招生。校长贺东升请来一二九师谢张大队的军事首长帮助授军事课，八路军政治部宣传部的同志负责授政治课、理论课。组织学员自学讨论，方炽老师称之为“自修大学”。

学校在这里办了半个多月时间，就接到师部命令，要学校到临汾一带与师部会合。1937年12月初，学校离开武乡，向晋南转移。几天后到达赵城县马牧村。

1938 年 2 月，日军向晋南进攻，一一五师向敌后挺进。军政干校没有军事教员，教学受到影响，根据八路军总部决定，军政干校学员全员加入八路军总部随营学校。

在武乡短暂驻扎的学校

——八路军总部随营学校

办学名片	1937 年 8 月底，由红军庆阳步兵学校编成。 1937 年 11 月 19 日，到达武乡，驻扎段村（今县城）。23 日，离开武乡向南转移。

1937 年 8 月，红军主力改编为国民革命军第八路军，红军前敌总指挥部改为八路军总指挥部，下辖“三师一校”。其中这所学校就是八路军总部随营学校。这所学校除担负保卫八路军总部安全，积极投入抗战任务外，主要任务是为八路军培养、输送干部。

整编出征山西

在红军改编的过程中，中央军委为适应抗战形势发展的需要，决定组建八路军总部随营学校，以红军庆阳步兵学校（又称“红军教导师”）编成。韦国清任校长，陈明任政治委员，并抽调阎捷三、王泮清、张平凯、陶汉章、赖光勋、严光、欧阳平、郑文卿、谢振华、冷新华、王央公等一批教员。

1937年9月6日，八路军总部随营学校全体师生员工来到陕西省泾阳县云阳镇参加八路军总部北上抗日誓师大会。誓师大会之后，左权率领总部直属队先行出发，为总部以及东渡队伍渡河做接应与准备工作，韦国清、陈明带领随营学校的浩荡队伍，沿总部行进的路线，在秦川大地上疾进。当时，正值秋收秋种的大忙季节，队伍从田头地边的大路上经过时，农民不约而同地前来热烈欢送。

中旬，全校师生来到韩城芝川镇，准备在此渡黄河。一一五师、一二〇师以及八路军总部都已从这里渡过了黄河。随营学校师生渡河后到达晋南重镇侯马，在这里登上阎锡山派来的火车，一直开到阎锡山的老家——河边火车站。

河边村已接近前线，韦国清、陈明又及时地做了一次动员，特别讲了行军防空和宿营警戒等注意事项，要求大家时刻警惕做好战斗准备。根据八路军总部批示，几天后开赴离八路军总部不远的苏子坡村。苏子坡村坐落在茹湖盆地北端，卧牛山脚下，距离八路军总部所在的南茹村仅六七里路程。

学校在这里一边教学，一边开展民运工作。这时经八路军驻晋办事处介绍，有一批北平、天津、东北等地的大、中学生参加了随营学校的学习。学校编成四个队，学员四队也就成为随营学校文化程度最高的一个队。

10月22日，根据形势发展的需要，八路军总部开始撤离南茹村、东茹村，随营学校也要离开苏子坡跟随总部转移。

兵分三路从五台县开始转移。第一路，由朱德、任弼时带领总部机关，穿越正太路，于10月27日进至太行山区和顺县马坊村。第二路，由彭德怀率领指挥所，经忻口、太原前线于11月3日与总部机关会合。第三路，由邓小平率领政治部机关和随营学校，以“战动总会”的名义，经过盂县、寿阳穿越正太铁路，又从榆次一带穿过同蒲路，渡过汾河，进入吕梁山下的汾阳、孝义一带，开展发动群众工作，为创建晋西南抗日根据地开辟道路。行军中，随营学校还担负着保卫政治部机关安全的重任。为了警惕日军报复行动，师生们步行转移，避开大路走小路。敌机白天轰炸，他们就夜间赶路，为了便于警戒，宿营住小村，不住大村和城镇。10 月底，随营学校驻在孝义县下堡村、禅房头村。政治部机关驻里边，随营学校驻外边，保卫政治部机关。

在汾阳孝义工作不久，八路军政治部接到八路军总部电令，马上启程向武乡方向移动，力争于 11 月 14 日前到达武乡，在此会合后一并南行。就在此时，日军第二十师团石田部队 3000 多步骑兵从祁县出发，入侵平遥县城，并控制了平遥以北的同蒲铁路。

八路军政治部与随营学校想顺利东进已经不可能，他们只好设法绕开日军控制区，等待时机闯过同蒲铁路，沿着羊肠小道艰难翻越太岳山。这时，天又下起了雪，因联系不畅和路途阻隔，原计划在武乡与总部机关会合，但政治部机关与随营学校一行从晋西南来到武乡时，已经是 11 月 19 日，八路军总部机关离开武乡 5 天了。

武乡发动群众

随营学校跟随八路军政治部到达武乡以后，立即投入到发动群众的工作中。

政治部决定，迅速将随营学校的学员分成十余个民运工作组，每组四至五十人，以大一点的村镇为中心，由区村牺盟协理员配合，把从太原带来的战动总会《成立宣言》《组织纲领》《关于动员和组织群众发展游击战争的指示》等文件发下去，并张贴标语，要求结合战争的形势，做好宣传动员，在武乡县迅速建立战地动员委员会。

战动总会的工作纲领简要为几点：积极组织民众、武装民众；实行减租减息，推行合理负担，改善人民生活；实行民主政治，扶植抗日言论、出版、集会之自由。这都是广大民众共同期望的事，所到之处自然受到欢迎。随营学校的文化青年还组织了宣传队，到村里进行宣传演出，宣传减租减息、合理负担，有钱出钱、有力出力的内容。

当时武乡群众抗战热情极高，许多热血青年请缨杀敌，报国疆场。但也存在不利因素，因为全县48个编村村长均由阎锡山政府委派，他们对抗日救国态度不一，减租减息、合理负担等许多工作，在部分地方难以开展。

八路军总部随营学校段村（今城关村）旧址

针对各民运工作组遇到的问题，及时总结，几位领导进行了认真研究。

这些旧政权的领导成员，从其政治身份来说，大概分为三种类型：一种是地下共产党员和进步知识分子；一种是本地地主阶级的上层人物；还有一种是顽固派。在比例上，中间势力比重较大。那些属于共产党员和积极赞成抗日的进步人士村长，则代表了广大群众的利益，坚决接受和贯彻党的政策。对于中间派我们应该极力争取他们，而对少数顽固分子，则采取不同形式进行坚决斗争。

随营学校的学员工作十分紧张，白天下乡发动群众，夜晚按组组织学习功课。军事理论课主要学习毛泽东的军事思想，如何消灭敌人，如何保存自己，如何在有利条件下不放弃运动中消灭敌人，如何集中兵力等；军事训练以单兵战术动作和队列训练为主，养成良好的军人素养；政治理论课讲中国革命问题、中共党史、马克思主义基本理论、抗日民族统一战线等。理论课在晚间学习还可以，军事训练就难以在夜间进行，于是大家克服困难，早上早起一个小时，集中进行军事训练，真正做到工作学习两不误。

11 月 23 日，八路军政治部及随营学校等机关完成了对武乡各项工作的全面检查指导，根据八路军总部指示，随即离开武乡，经襄垣、屯留、安泽、古县，到洪洞与总部机关会合。

洛川编入抗大

随营学校离开武乡到达洪洞县，进驻白石村，学校校部设在温家大院。

为提高随营学校师生的政治与理论水平，朱总司令、彭德怀等也经常前往白石村为随营学校师生讲授时事、军事。业余时间还与随营学校师生打篮球、做游戏。学校在这里招收了一大批新学员，扩编为 7 个学员队，并在这里正式开课训练。

1938 年春节时，学校先后接收了三批学员：一是一一五师军政干校 300 多名学员和从总部直属炮兵团抽调的知识分子学员一起合并到随营学校；二是“牺盟会”有几个学生队也合并到随营学校；三是平津、东北等地寻求救国的学生进了随营学校。这些新学员除补充到原有的 5 个队外，又新组建了第六、第七两个学员队。

2 月下旬，八路军总部向太行山区挺进，随营学校奉令西迁。渡过冰层覆盖的黄河，到达陕北延长县。为了让学员们了解这里的革命斗争历史，学校有意在这里多停留了几天，布置各队学员要以社会为课堂，作实地调查访问，学员普遍反映收获很大。之后，学校又经延安进驻洛川，担负着教学训练和保卫边区南大门的双重任务。

八路军总部随营学校进驻洛川后，为了养活管理层面，对内改名为抗大第六大队，归抗大总校统一领导，以便吸引更多的知识青年来校学习。

由于统战的需要和工作的方便，对外仍叫八路军总部随营学校。随营学校编入抗大建制后，有了一个更加相对稳定的环境，开始了有计划的、紧张而有秩序的学习训练生活，统一按抗大的教学计划实施教学。

1938 年 7 月，随营学校第一期（抗大第四期）学员毕业。8 月收第五期学员，随营学校番号正式取消，以随营学校的机构编成抗大第五期第六大队。

军事人才的培训基地

——一二九师随营学校

办学名片	1938 年 1 月，由一二九师教导团在辽县（今左权）大营盘改建。 1939 年春迁驻武乡，先后在蚜蛎庙、石门等村驻扎。同年 8 月，迁至黎城县东黄须村。 1940 年 11 月再次迁驻武乡中村，不久以此为基础改建抗大第六分校。

1937 年 9 月，八路军总部第一二九师东渡黄河，开赴山西抗日前线。11 月 11 日，八路军总部第一二九师分别在和顺县召开军事会议，传达贯彻中共中央毛泽东关于创建以太行、太岳山脉为依托的晋冀豫抗日根据地的指示，部署八路军三大主力师分兵开展游击战争和创建根据地的各项工作任务进行坚持华北抗战动员。会后，第一二九师派出一批干部组成工作队分散到各地，与当地党组织密切配合，组织游击队。在这样的形势下，需

要大批的军事和政工干部加以补充，为此，第一二九师决定，将教导团恢复原来的随营学校建制，以培养干部，很快就组建随营学校，开始招生。

由师教导团改建随营学校

为培养军事人才，1938 年 1 月，第一二九师师长刘伯承、政治委员邓小平决定将师教导团改建为随营学校，任命王才贵为校长，袁鸿化为政治委员。因为教导团初建时就是以援西军随营学校改编而成的。所以改建工作比较简单，教学工作开展得也比较顺利。特别是师资中有一批优秀的军事政治教师队伍，很快得到了落实随营学校的组织机构。随营学校在辽县（今左权）县城附近的大营盘成立，这里原来是阎锡山晋绥军的屯兵营盘，由于晋军撤退了，这里也就闲置了，正好利用这块地方。随营学校成立之初，首先开办了游击战争训练班。主要是结合晋冀豫军区的创建，为附近各县武装自卫队培养游击战的骨干。

一二九师随营学校黎城县杏树滩村旧址

春季，第一二九师在晋东南地区进行了反“九路围攻”作战。战役结束后，第一二九师对随营学校的教育作了调整，主要训练师所属的连、排级干部。调易良品接任校长，袁鸿化任政治委员，田长江任参谋长，余益元任政治部主任。随营学校分为三个营：一营营长皮定均，二营营长赵义山，三营营长梁俊亭。随营学校的学员绝大多数都是经过长征的红军，虽说都是干部，但在战斗中和战士一样冲锋陷阵。

由于学校参与了与日军的作战，在作战过程中，学校领导找出了自己的差距，从战争中学习战争，因此学校非常重视战后总结经验和教训。无论是经验还是失误和教训，都在课堂上进行评价，以便更好地结合实际学习。学校主要讲理论课，同时也非常重视实践课。各部队基本都是以营为建制活动，所以学校就非常重视连、排的战术和单兵的作战能力。特别是战术训练是非常重要的，比如拼刺刀，我们的战士多数没有经过严格训练，操枪的动作很大，像抡大棒似的，胳膊挥动就闪出空当，往往叫鬼子占了便宜。在教学中，培训学员侧身向前，不给对方留下太多身体暴露面积，避免露出破绽，用手腕的爆发力量将对方的枪刺拨开，突刺时双臂夹紧，前脚稳住而不是冲出去，以便灵活回撤。

这年秋，由于日军“扫荡”，学校经常处于动荡之中，为了给学员一个安静的学习环境，随营学校转移到黎城县东边的桃花庄，后又移驻杏树滩、麦仓村等地。学校离师部不远，师首长们经常来学校讲课。

随营学校移驻武乡

在太行山区，日军仅占据了一些县城及重要的村镇和主要的交通线，大片山地则控制在我八路军手中。日军并不甘心这样的形势，经常出动对我根据地进行“扫荡”，我军就同日军“推磨”、转圈子，出其不意予以打击。日军一走，我军又在当地开展抗日斗争，巩固我们的根据地。随营学校也随形势的变化，变更驻地。1939 年春，日军“扫荡”黎北地区，随营学校移驻武乡，

一二九师随营学校驻地武乡县蚜蚄庙旧址

先驻在××村蚜蚄庙，不久因该村难以容纳所有学员，校部又迁至到石门村，校部住杨金牛家，一营教室分别设在村中的清泉寺和老爷庙戏台，二营留在蚜蚄庙，三营设在大陌村的德兴寺。

一二九师随营学校武乡县石门村旧址

怎样把学校进一步办好，刘伯承师长、邓小平政治委员多次作出指示，希望随营学校直接为革命斗争服务，要理论联系实际，要在战争中学习战争。学校广泛征求广大教职员工的意见，为办好学校作出许多新的探索。为了提高学员的军政素质和组织指挥才能。学校十分重视教员队伍建设，教员中有的是从延安抗大、陕北公学毕业生中选派来的，有的是从全国各地来的爱国知识青年，也有一些是国民党军队中主动来参加八路军的爱国军官，还有些是从庆阳教导队培养出来的优秀生，再就是在部队中挑选具有实战经验及相当的军事理论和技术水平的干部作为学校的主要骨干，当然还有原来援西军随营学校的优秀教员。教员们在校部的带动和指导下，勤勤恳恳，把自己所有的本领毫无保留地传授给学员，他们对提高部队的军、政、文素质，作出了积极的贡献。学校各级领导对教员都很关心，在条件十分困难的情况下，营连职干部每月发两块钱的薪金，而教员发三块。学员对教员都很尊重，当时每人每天五分钱的菜金，每连一个食堂，生活搞得很好，每星期都要会餐，教员都轮流到各连聚餐，情绪很高。他们艰苦朴素，团结紧张，工作积极，把教学搞得十分活跃。

学校训练科科长何正文和军事教员，都把课堂上讲的理论及战斗经验与野外训练结合起来，有针对性地进行游击战术、班排连战术的野外演习，收到了很好的效果。游击战术主要学习袭击战、伏击战、平原游击战、村落战、高苗地战、山地战、夜间战、攻城战等战斗经验，也学习打扫战场、破坏铁路、破坏公路等经验；针对敌人的作战方式，学习和掌握敌人的作战优缺点，以便调整我军的作战方式。同时，学校抓学员的技术训练，定期对队列、射击、投弹、刺杀、爆破以及基本教练进行考核，有效地提高了教员和学员的练兵自觉性和军事技术水平。

随营学校不但重视学校的军事科目，也非常重视政治和文化的学习。在政治课程中，主要讲《中国革命的基本问题》《抗日民族统一战线》《唯物辩证法和历史唯物论》等。政治教育总的目的是巩固党对军队的绝对领导，使每个学员都懂得为了党的事业英勇奋斗。面对当时干部在思想上还没有完全肃清张国焘的错误影响，学校以党的纲领、政策来教育全体学员，同时，进行时事政策、形势任务教育，还开有党史课，重点讲中国共产党产生、发展的历史过程。不仅使指挥员、战斗员英勇善战，而且会做群众工作，宣传群众、组织群众、武装群众。

1939 年 8 月，第六期学员毕业后，除少数毕业学员因工作需要留校工作外，大多数学员积极要求上前线，被分配到师所属各部队工作。为使随营学校靠近师部同时还师决定将学校迁至黎城县东黄须村，并调杜义德接任校长职务。

专门发布了关于选送随营学校第七期学员的命令：第六期随营学校学员学习完毕，所有学员一律返回原部队工作。为培养大批干部，适应形势需要，决定续办第七期。部队选送学员的条件是：学营级军政干部者，应是在职的连级军政或与之有相当能力者；学连级军政干部者，应是在职的优秀排长、文书或党支部委员；学排级指导干部者，应是在职的班长或经过较长时期斗争的熟练的战斗骨干；学机枪连长者，应是在职的机枪排长；学机枪排长者，应是在职的机枪班长及经一年斗争以上历史的熟练射手。此外，政治坚定的工农分子与经过革命斗争考验的知识分子，年龄在 17—28 岁，聪明、身体强壮者；小学教员及中小学生自愿献身于民族解放事业者亦可参加。

以上学员应先行政治动员，经党支部及政治机关讨论、鉴定，鉴定详细的履历书和鉴定表，由旅团军政首长及司政后领导机关核定，组成考核队伍，特别是各级党的组织部门要严格审核。经审查合格的学员，限一月内选送到随营学校。

第七期学员培训

第七期培训学员共招收了2100余人。学员主要来自一二九师各级部队，大都是从前线来的，有老干部，也有新干部。新编学员组建为四个营，每营四个连。一营营长许达友，教导员梅盛伟；二营营长谢光粹，教导员向西朝；三营营长赵仁山，教导员杜万荣；四营营长陈孝。

按照学员身份设置了营级军政干部连、连级军事干部连、连级政治干部连、机枪干部连、文化干部连、排级干部连。这一期除营级军政干部连为六个月、机枪干部连七个月外，其余的学期均为五个月。1940年初，第七期举行了开学典礼。

学员初到学校，什么样的想法都有，思想也比较复杂。如认为进学校学习不如在前线打仗光荣等。针对这些思想，学校充分发挥党组织和党员作用，加强思想政治工作，要求学员端正学习态度，严格组织纪律，树立正确的人生观，开展批评和自我批评，反对无组织无纪律，反对个人主义、自由主义，强调加强团结、相互学习、相互帮助、相互尊重。同时，加强管理、严格执行规章制度，一切行动像正规部队一样，达到军事化、战斗化的要求，不论资格新老，违犯纪律均严肃处理，绝不姑息迁就。

随营学校培养的主要对象是连排级军事政治干部及少数营级军政干部。根据当时部队新成分的大量增加，部队基本知识缺乏的情况，军事课，从喊口令、立正、稍息、单兵动作抓起，继而进行各种战术、技术训练和队列操练。当时学校根本没有现成的教材，学校的教学从部队需要出发，教员们理论与实际相结合自编教材。没有现成的军事训练设施，教职工和学员自己动手制作简便器材，有的器材是利用武乡东山上的硬杂木制作而成。战术上的教学，一方面研究日军和蒋介石的战术技术，另一方面研究总结运用我们自己的实战经验，也就是说学员来自前线，把他们各自战斗中的生动实例，拿到学校来，加以总结提高。

第一二九师的一般基层干部战士，虽然大都熟悉游击战、运动战，但军事理论水平不高，而且不大重视研究灵活的战略战术这个问题，学校还专门将刘伯承师长在1937年底为教育和武装部队所编写的阐述游击战和运动战的战略战术及具体运用的讲演稿《抗日游击队四个基本任务》《抗日自卫队三个基本任务》和论文《论游击战争与运动战》等军事著作作为基本教学材料，教导学员从理论上系统地掌握游击战中游击队兵力小、灵活性大、隐蔽容易，但突击力小，顽强性弱等特点，特别提出掌握主动性，发挥灵活性，利用优势掩盖缺点，以突然的袭击消耗敌人为趋利，以避免敌人的捕捉为避害，使教学既生动形象又切合实际，提高了广大学员的军事能力和指挥素质。

一二九师随营学校教职员证章

掌握游击战术的主要要令

培训学员主要掌握游击队作战的四点要领：一是政治主张要公开，要明确，军事行动要秘密，要诡诈；二是要游要击，并使游与击相结合；三是掌握主动权，灵活而有计划地袭击；四是组成突击集团。对于运动中的正规军来说，要充分依据兵力大，隐蔽较难，突击力与顽强性大的特点。发挥运动战的威力，以主动的进攻与追击消灭敌军为趋利，以避免敌人突击自己的弱点为避害，无论战斗或行军宿营，都着重于协同动作、着重于相互配合。要求学员掌握无论是游击战还是运动战，其趋利避害的原理都是一致的，从而使学员分清游击战和运动战在战术上的特性。

第七期在教学方法上，采取启发式、讨论式。学员分组讨论，组织小结，提高学员的学习兴趣。由于方法得当，取得了明显的效果。一二九师干部的特点是文化水平较低，学员中大多数是文盲、半文盲，这是学习军事科学知识的拦路虎。刘伯承师长、邓小平政治委员多次到学校视察，并指示：培养干部，首先要提高干部的文化水平，学好文化就好比是一把开锁的钥匙，掌握了它才能打开学军事科学知识和革命理论的大门。所以，学习文化是教育训练的一个重要任务。

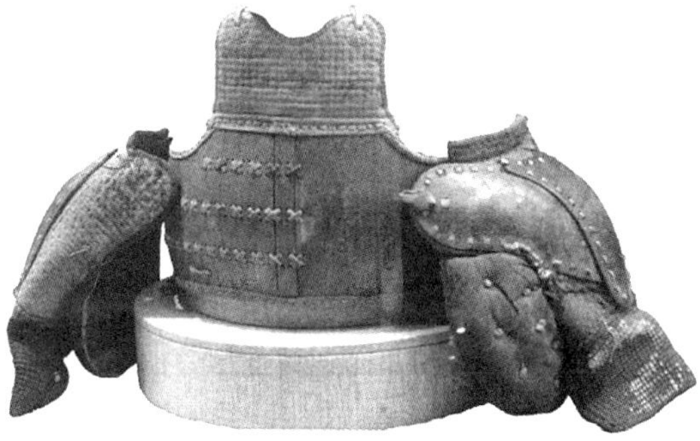

随营学校学员军事训练时穿过的护甲

全校十几个学员连队，每个连队都有文化教员，有自编的文化教材。学文化重点是学好语文、算术。语文从认字开始，逐步地阅读书报，写日记，写简单的作文，还学习常用公文写作。学员对学习文化很积极，课堂上认真学，课外随时用棍子在地上画。对算术课要求学会加减乘除……抓住重点，由简而繁，由易到难，由浅入深。每阶段的文化学习结束后，要评选学习优胜者。在敌后物质条件十分困难的情况下，对学习成绩好的学员，都要给予精神、物质上的奖励。奖给优胜者少许的香皂、肥皂、手巾、纸、笔等物品，以资鼓励。文化学习，对学员们以后学好政治、军事课起到了“拐棍”作用。

随营学校再次进驻武乡

随营学校处在艰难的战争环境下，生活相当艰苦、紧张，但同时也是团结、愉快的。1940年春，由于敌人对根据地的“扫荡”，随营学校转移到涉县一带。学校的组织机构也略有变动，余益元准备调延安军事学院工作，改由胥光义继任政治部主任一职，参谋长也由姚继鸣接替。

敌人对根据地“扫荡”日益频繁，经济封锁日趋严重，粮食十分短缺。为战胜困难，学校组织学员再次来到武乡、榆社一带背粮。运一次粮，来回要一个星期，为适应环境，根据形势调整教学方式。平时以连队为单位集中实施教学，遇有战斗情况或执行战斗任务时，则分散教学，以排甚至以班为单位上课。教员随队行动，带上讲课提纲以及必要的参考材料，利用行军中的休息、宿营和集合出发前等空隙，讲课或组织讨论。为加强教学，校领导经常带着提高教学质量的问题深入课堂，听教员讲课；深入训练现场，实际考察教员的训练水平；到教员中去，和大家一起研究改进教学，提高授课能力，保证教学质量。同时，学校为活跃学员思想、促进学习，经常组织文娱晚会以及歌咏、球赛、军体会，使学校生活丰富多彩，富有生气。

第七期毕业后，由于百团大战已经打响，招生工作暂时停止。杜义德校长也调往新四旅出任副旅长，随营学校的工作基本处于停顿中。1940年11月，根据八路军总部、抗日军政大学、第一二九师联合决定，随营学校由参谋长姚继鸣、政治部主任胥光义带领，从涉县王堡村出发，再次开赴武乡并在此进行了整编，与第四团第一、二营和第一团第三营共9个队1000余人，一同组建为抗日军政大学第六分校。

培训高中级领导干部的摇篮

——中共中央北方局党校

办学名片	1939 年 1 月，在潞城县中村（现属长治市潞州区）组建。 1939 年 7 月迁驻武乡，先后在烟里、上北漳等村驻扎。 同年 8 月，迁至黎城县东黄须村。 1940 年底迁驻辽县（今左权县）上口村。

1938 年秋，中共中央召开六届六中全会，总结了抗战以来的经验教训，确定党在抗战新阶段的基本方针和任务，解决党内一度出现的右倾错误，统一全党的认识和步调。会上，毛泽东代表中央政治局做了《论新阶段》的政治报告和会议结论，全会通过了《中共扩大的六中全会政治决议案》，批准了以毛泽东为代表的中央政治局的正确路线。

为满足持久抗战形势的需要，大力培养一大批抗日干部，提高全党、全军的马列主义理论水平，根据中共中央指示，北方局于 1939 年初创办了党校，成为华北地区党组织培养党政军高级干部的最高学府。在炮火纷飞的艰苦条件下，北方局党校为华北各级党组织和抗日民主政权，为浴血奋战的八路军，培养和输送了一批又一批的优秀干部。

党校的创办

在中共中央六届六中全会上，中共中央政治局作出决定，撤销长江局，设立南方局和中原局，刘少奇同志任中原局书记，不再担任北方局书记一职。以朱德、彭德怀、杨尚昆、聂荣臻、关向应、邓小平、彭真、程子华、郭洪涛为委员，组成北方局新的领导机构，朱德、彭德怀、杨尚昆为常委，杨尚昆任书记。为便于更好地领导华北地方党组织，北方局机关离开晋西南的隰县，随八路军总部到太行山一带开展工作。

杨尚昆率北方局机关到达太行之后，首先办了两件大事：一是创办《新华日报》华北版，二是创办北方局党校。

中共中央北方局党校中村旧址

创办中共中央北方局党校，主要是为华北抗日民主根据地培养县、团级以上的中、高级干部。其办学宗旨是：坚持华北抗战，使学员在战争中学会和掌握马列主义基本知识，明确了解中国革命的基本问题；学习党的路线、方针、政策以及具体策略的运用；克服形而上学的工作方式，克服脱离实际的教条主义、主观主义和狭隘的经验主义；学会具体运用辩证唯物论与历史唯物论的基本观点去分析问题、处理问题、解决问题，提高干部把马列主义理论与中国革命具体实践相结合的工作能力；加强干部的无产阶级党性，提高中、高级干部的政治理论水平。

经过紧张的准备，中共中央北方局党校于1939年1月8日，在潞城县中村（现属长治市潞州区）正式组建成立，由朱德总司令兼任校长，北方局宣传部部长李大章兼任教育长。党校成立之后，立即开始进行校务及招生工作。党校的组织形式采取党、政组织合一制，受北方局直接领导，以校委会和教育长（教务主任）为领导机构，负责管理党校的日常工作。党校隶属北方局组织部及宣传部，地方学员的培训由北方局与各省委、区党委负责组织；有关部队学员入学、分配及其他问题，由八路军野战政治部组织部负责协同处理。

党校在教育长的主持下，制定了一整套管理办法。校委会在北方局的领导下，组织与领导学校的全面工作，其具体任务为：

1. 根据北方局关于学校教育方针与工作方针的决定与指示，制订全校各时期的工作计划，具体领导各支部，保证工作任务完成。

2. 审查与鉴定在校学员，帮助北方局与八路军野战政治部深入了解在校学员情况。

3. 负责全校行政管理，在战争情况下统一指挥学校的军事行动。

校委会由五人组成，教育长（教务主任）、组织科长、教育科长由北方局指定为委员，经全校党员大会通过，其余两名委员由全校党员大会以不号召、不提候选人名单的方式进行民主选举，选举后交北方局审核批准。在校的学员都有被选为校委会委员的资格。

北方局宣传部部长李大章兼任教育长，负责对全校全面工作进行管理，特别是对教务布置等。而党校学员日常工作管理，则由学员党总支书记负责管理，保证各期教学任务的完成。

其具体任务为：1. 负责校委会全面领导计划，总结全校工作，督促检查并帮助党校各种工作进行。2. 召开与主持校委会和有关全校性质的大会，负责领导处理与决定校委会日常工作。3. 检查与决定各种工作中的问题，领导各科室工作。在教务处之下分设教育科、组织科和管理科，其三科领导均由北方局相关领导兼任。教育科在校委会和教务主任领导下，根据各期教育任务，制订教学计划与工作方针，编印各种教学辅助参考教材与研究提纲，按照教学要求及各时期的具体条件决定教学的方式方法。组织科在校委会和教务主任领导下，负责学员的考察与教育，锻炼学员的党性。推动各级组织，保证教学计划的完成。管理科是在教务主任领导下，负责学校的后勤保障工作，保证全校伙食的改善与物品、用具的供给，保证学员生活不受影响。

在校委会领导下还分别设立了学生党总支委会、工作人员支委会。学生支委会是管理学员的主要领导机构。

学生党总支委会书记负责支部的生活管理，检查学员纪律的遵守情况，并负责检查、督促各学员支部党员活动情况，战时领导各班班长，负责全支部的军事管理及行动指挥。学习委员在教育科指导下，组织各小组讨论、预习、复习与互助等工作，检查各小组学习中的不良现象，及时向支委会及教育科汇报并负责纠正，有计划地组织各种文化、学术研究会，巩固与启发学习热忱，收集和组织解答各小组学习中的疑问。组织委员负责各小组组织生活，协同学习委员主持各小组会，了解在校学员的个性、特点、优点、缺点和党性表现等。

党校迁址武乡

从 1939 年 1 月 8 日北方局决定创办党校后，便马上开始招收学员的工作。

按照北方局创办党校的宗旨，党校招收的学员成分一般是从华北各地区八路军及地方部队的团级至旅级，地方党组织的县委至地委，机关政府中的县长至专员中抽调出来的在职干部。

所以，第一期招生工作就按这个标准来进行。先有北方局分配了各地参加学习的人员指标，各地及部队党委确定人选，然后报北方局组织部进行审查和批准。凡入校学员均须经北方局组织部审核批准，党校组织科依照学员的部别、程度等各方面情况，编定班次，建立支部，进行学习。根据这一规定，严格按照程序审核，首期招收学员120名。

由于前来参加学习的学员的政治水平和文化程度相差较大，学员中职务、党龄、文化程度、社会出身、工作部门、理论修养、斗争经验等也有很大差异。大致可分为以下几种：

一、知识分子出身的干部。他们在学校除了正式功课外，还埋头于理论研究。这部分知识分子经过抗战锻炼，进步很大，但同时也还存在着一些不足，缺乏实际工作的经验，还需要加强共产党员修养的学习。

二、青年知识分子。这部分干部虽然文化程度较高，对新学的课程理解能力强，但既没有较高的马列主义理论修养，又缺乏艰苦斗争锻炼，因而阶级意识、党的立场不够明确或坚定。对革命理论及党的原则有一定的认识和了解，但认识肤浅、片面和零散，需要从理论上提高和深入到群众斗争中去锻炼。

三、经过土地革命而走过来的工农干部。一般是中农以下家庭出身的农民及手工业者。他们在土地革命中加入革命队伍，而且大部分经历过长征，在艰苦的环境中走了过来，在实际斗争中，经过党的政治教育，逐步建立起革命人生观。特别是经过长期残酷的阶级斗争的锻炼，有着丰富的革命斗争和战斗实践经验，在政治上是坚定的，阶级立场比较明确。工作中有积极负责的精神，有组织能力和游击战争经验。但由于文化程度较低，工作方式简单，没有周密的工作计划和系统总结工作的能力，需要学习自然科学和社会科学知识，提高马列主义理论水平，克服狭隘的经验主义。

四、当地工农出身的老干部。这一部分人是根据地协调党政军民关系及建设根据地的基础力量，由于他们文化水平低，政治水平不高，虽然经过十多年革命斗争的锻炼，但对马列主义理论和中国革命实际问题还没有深入了解；虽然工作上积极负责，有游击战争经验，打仗有办法且勇敢，但没有经过正规军事知识及战略战术训练，难以适应和对付日军的进攻，没有周密具体计划，单凭主观愿望去开展工作，工作方式简单，不会总结工作经验。

根据上述实际情况，北方局党校在教学中采取了区别对待、因材施教的方针。从编班到划分学习小组都进行了分类排队，有意识地把相同性质的干部分配在一起，再根据情况配备老师，这样在学习中就可以因人施教。

首期学员于1939年3月1日正式开学。开学初，党校进行了分班编组，并成立了学员党支部委员会，经学员推荐，野战政治部与北方局政治部组织部审核，指定鲁瑞林同志任党校学员党总支委员会书记，王卓如为学员队队长。党校的办学条件很简陋，用农民的门板当黑板，没有课桌，学员们常常席地而坐，找一块小木板或石板放在腿上做“桌子”。一些高级干部到校时带着警卫人员和马匹，都由党校集中管理，统一公用，没有特殊照顾，所有学员一律过平等的生活。

中共中央北方局党校武乡县烟里村旧址

1939年7月初，日军组织对晋东南地区进行第二次“九路围攻”，驻扎在潞城县中村的党校安全受到严重威胁。为了避开日军锋芒，北方局党校随八路军总部及中共中央北方局向北转移，在黎城县上遥镇西北的河南村附近，设法渡过汹涌澎湃的漳河，经过半天的努力，党校人员全部过河，第二天继续行军，翻过一座高山，进入武乡县。党校校部与北方局机关一道，驻扎在东部山区的烟里村。

党校首期学员在武乡的学习情况

党校校部驻扎在烟里村赵玉龙家，教室设在村南奶奶庙戏台上（该庙现已经倒塌，戏台改建为村里库房）。

北方局党校没有专职教员，各项课程都由北方局和八路军总部的领导来进行授课。

军事理论教员由朱德总司令兼任，他亲自给学员讲授《军事战术概则》。因为他讲课非常详细并联系战斗实例，特别是联系发生在近期的战斗实例，分析战斗部署及作战中的得失，这样就把军事战术讲得非常到位。一开始有些地方干部认为军事战术课是军事干部听的，和他们没什么关系，所以都不大喜欢上军事课，可后来朱总司令深入浅出的阐述，结合实际的讲解，特别是结合发生在身边的战斗作为例子，解说战斗的经验和教训，这让许多的非军事干部都对军事知识感了兴趣。朱总司令不仅给大家讲课，而且还言传身教。他住在砖壁村，到党校所在地烟里村，有三里多路，中间隔一条深沟，总司令到党校讲课从来不骑马，总是步行，而且从不迟到。学员们饭后来听课时，他早已经坐在教室里等待。课间休息时，同志们都围着总司令问这问那，他总是认真地回答着每一个问题，没有一点休息时间。

曾在莫斯科中山大学学习马列主义理论，有很高的理论水平的北方局书记杨尚昆同志，主讲的是《联共党史教程》。每逢他讲课，总部及北方局许多首长都一起来听课，就连彭德怀副总司令也是堂堂课都不误，而且听得非常认真，有时还记下笔记。鉴于这门课比较难懂，一些苏联人的名字很长、很难记，这给学员对课程的理解带来一定的困难，杨尚昆就认真地分析了苏联人的名字结构，苏联人姓名一般是由本名、父名、姓三部分组成的。全名不好记的话，就记其本名。通过这样的介绍大家果然清楚了许多。

李大章是北方局宣传部部长，也是党校的教育长，他负责讲《中国革命近代史》。从太平天国、鸦片战争、八国联军入侵、义和团运动，讲到各种不平等条约的签订，清政府的丧权辱国；从辛亥革命、五四运动、国共合作，讲到工人运动，北伐军的胜利，大革命失败；从 1927 年国民党叛变革命，屠杀共产党员和革命群众，讲到蒋介石投靠帝国主义，制造“四一二”大屠杀，武汉汪精卫政府叛变等。特别讲了各个运动的发生与发展，经验与教训；在国共合作中，共产党的地位与领导作用；我们党内“左”、右倾机会主义倾向。他讲话很适合工农干部的水平。他每讲一课都是列一个提纲，然后逐条讲解，稍有文化的人都能记下笔记。

野战政治部副主任陆定一主要讲《辩证唯物论和辩证法》，这是一门比较深奥的哲学课程。这门课大部分学员都听不大懂。陆定一总是说，大家听不懂可能是因为他的话语中地方口音重，影响了学员的理解，所以他在讲课的时候尽量放慢速度，关键的地方要重复几次。野战政治部与党校同驻在烟里村，只要他讲过课后，就常常要到学员的住处去，了解大家的理解情况，对于没有理解的内容，他还要认真地解释，直到大家掌握为止。

野战政治部主任傅钟讲的是《党的建设》。从党的各次代表大会召开，讲到各种错误路线对中国革命的影响，陈独秀的右倾机会主义、李立三的“左”倾路线等，对中国革命造成的危害。在讲课时，为了启发学员能够认真学习改掉懒惰的坏毛病，他讲过一个故事：一个懒学生，不好好学习，先生和同学们都讨厌他的懒惰。在先生的批评下，有一天，他写了“明天用功”四个大字贴在床头，先生和同学看到了都说：“这个同学有进步了，改变了他的懒惰性格。”可是这个“明天用功”的条子，今天看是明天用功，到了明天看还是明天用功，天天看都是明天用功，一个月过去了，还是明天用功。这个同学用的是“猪吃南瓜就地滚”的办法，结果迷惑了大家，也害了自己，他还是一个懒学生。这个故事很有哲理，深入浅出地讲明了要想认真学习就得从现在开始的态度。

1939年9月1日，首期学员完成了学习计划，在烟里村奶奶庙戏台上举行了结业典礼，朱德总司令、彭德怀副总司令、杨尚昆书记、邓小平政治委员、傅钟主任都出席了结业典礼。朱德总司令兼任党校校长，他在结业典礼上作了热情洋溢的讲话，勉励大家在新的工作岗位上努力工作。邓小平政治委员介绍了一二九师建立晋冀豫、冀南抗日根据地的情况，部队由原来的几千人发展到十来万人，需要大量的军政干部，欢迎学员们到一二九师工作。

最后李大章宣布本期学员学习完成结业，学员们有的回到原单位，有的调到一二九师工作。

党校移驻上北漳村

中共中央北方局党校武乡县上北漳村旧址

首期学员结业前，北方局就作出决定，党校开展第二期学员招收工作，并通过根据地党的组织和野战政治部号召各机构推荐学员。经过一段时间的推荐和审核工作，确定了第二期学员名单。1939年9月15日，党校第二期学员全部报到。由于烟里村驻扎着北方局和野政机关，住处非常紧张，再加上山高缺水，吃水非常困难，所以，北方局决定将党校移驻武乡县上北漳村。党校教务处驻扎在村东郝培堂家，代号青海部。

根据学员推荐，经党校组织科审核批准，由李致光担任第二期学员党总支书记。

第二期学员招收100余名。这些学员大多为八路军的旅、团级干部。这些人在前线都是很能打仗的战将，有很高声誉。课程主要是：政治理论和联共党史；也讲授一点社会发展史、政治经济学、哲学等。除了政治理论学习，党校还安排了军事课，主要内容是八路军的军事原则、战略方针、游击战的战术原则等。因为没有大教室，学生在上大课时，都是选一块村头空地，学员席地坐，教员站着讲，大家一边听，一边记笔记。到了冬天，由于天冷，不能到村头空地上课了，就选晴朗无风的日子，在窦二灯家院子里上课。这个院子是个半圆形的院落，村里人们叫“圪崂儿”，朝阳避风，坐在院子里很暖和，院里摆放一块块大石头，作为凳子让学员们上课时坐。

党校就是在这样艰苦的条件下办学的，经过半年紧张的学习，到 1940 年 3 月底，第二期学员们结业了。

上北漳村党校学员们听课的露天课堂

当时太行山环境比较稳定，有大片根据地，敌人“扫荡”也不多。八路军总部和北方局决定继续开办党校第三期，并扩大学员人数。为了加强党校管理，北方局决定将第一二九师政治部宣传科长、第二期学员刘华清留校担任学员党总支书记，负责领导党校的日常工作。刘华清住在窦如玉家正窑。

经过北方局审查，党校第三期招收学员达 150 余人。学员中来自地方上的有县、专署干部，军队的有太行、太岳、冀南等地的八路军旅、军分区级干部。特别是这一期中还有陈再道、文建武、王新亭、王近山、谢富治等高级八路军领导。

正在开学之际，八路军山东纵队总指挥张经武、中共山东分局书记郭洪涛同志率山东参加党的七大代表团回延安时途经武乡，由于白晋铁路、同蒲铁路上敌人的封锁线封锁严密，过封锁线有很大困难，八路军总部与北方局决定，将这一批干部也留在武乡，参加党校第三期学习，等形势好转后再回延安。这批学员有50余人，这样本期学员就增加到200余人。山东的学员没有学到结业，学习三个多月之后，便离开武乡开赴延安了。这些干部中有朱春和、马国瑞、张次寅、李贻树、董富先、潘寿才、郭子化、孙志谦、张阜民、刘海明、阎世印、史秀云、朱广泉、徐运北、任国章、胡廷、柳运光、于眉、张修竹、李维真、冯肖山等。学员中的高级干部，每个都带有警卫员、马和马夫，加在一起这一期在校人员近千人。

中共中央北方局党校学员在上北漳村砸石坝

本期学员的分班形式为：党总支下设两个学员连队，每个连队一个支部，支部下分组，作为日常活动、学习、党员生活的单位。从学员中选任小组长和各支部书记。每周开小组生活会，每月开支部大会；有事就召开党的会议来讨论解决。

当时生活条件很艰苦，粮食供给严重不足，根据后勤部安排，他们常到附近的襄垣、武乡等县、乡去背粮担菜，来回一趟往往要一整天。刘华清和管理科的人都去背粮担菜，主要是小米和白菜、萝卜，每人20公斤，走几十里路。

在学习的间隙，党校还组织学员同上北漳村群众一起在南滩修筑了一条百米长坝，造地200多亩。党校学员们利用课余时间，在这里种植了蔬菜、粮食，使生活基本达到自给。

1940年4月八路军总司令兼北方局党校校长朱德离开武乡返回延安，北方局书记杨尚昆继任校长。

第三期的课程设置

北方局党校在前两期办校的基础上，总结出一些有用的经验，第三期在课程设置上有了很大改进。主要课程有：联共（布）党史、中国问题、党的建设和党的政策等。

联共（布）党史由野战政治部副主任陆定一讲授，后因陆定一同志工作繁忙，由杨献珍讲授。主要教一些马列主义的基本理论与党的斗争策略，使学员切实了解马列主义的思想方法与实质，学会用辩证唯物论与历史唯物论的基本观点去分析中国历史与当前的具体问题，正确地总结经验教训。

中国问题由北方局政权部秘书张衡宇讲授。介绍和研究中国社会情况是本课程的重要部分。主要讲中国社会的特点、中国革命的特点、中国革命的规律，抗日战争中的中国革命具体任务与具体问题，以及党如何领导解决当前问题，党在当前所采取的政策、策略与具体办法，并对执行政策的错误倾向加以分析批评。

党的建设由野政敌工部部长漆克昌讲授。主要讲党的组织原则与具体运用，党员的义务和权利，党的建设中存在的实际问题以及抗战以来党的重要决议、决定。

党的政策由八路军副总司令彭德怀讲授。主要讲授经济政策、税收政策、文化政策、武装政策、锄奸政策、群众工作等政策内容。根据北方局黎城会议精神和制定的各项政策来进行讲解，重点讲解各种政策在一定地点与条件下如何具体运用，执行政策中的各种倾向，党如何掌握政策等。

北方局党校学员的学习方法是理论与实践相结合。为了加强对理论的学习，每日清晨上课以前，学习组长向大家提出今天课目中心要点，让大家进行准备。下课前由学员组长提出今天讲课目的和需要学习掌握的内容要点，由水平较低的学员回答，若不能回答或回答不完整时，即由小组长或其他同志补充。在自学时采取集体看书的方式，各人所看书籍依程度不同而各有不同，然后进行相互督促。在组织讨论时，每个小组配置一半文化政治水平较高的同志，帮助另一半较低的同志。小组长预先告诉大家讨论的内容，各人先拟发言大纲，然后指定一个人发言，一个人做记录，最后综合大家的学习心得和体会，做一个正确结论。另外，还建立了质疑制度，全校学员一个星期向教员质疑一次，提出疑难问题，发表不同意见，可由教员回答，也可由教员测验学员，各小组自由回答。通过质疑，加深对所学科目的理解。

学员的学习鉴定工作是检查学习效果、促进深入钻研的一种重要形式，它是在校委会的指导下进行的。首先在支委小组长联席会议上作动员，统一干部认识。然后，各小组开动员会，加强学员对鉴定工作的正确认识，具体布置鉴定工作的步骤和方法。同时，支部对每个学员作历史审查和进一步系统研究。在鉴定的过程中，被鉴定者以历史线索，用检讨总结的方式作报告。写报告要求以重大事例为证，不能割断历史，要用马列主义方式进行分析、研究具体事实，开展积极的思想斗争。鉴定结论不轻易运用学员的报告，而是根据会议讨论的结果，抓住中心环节，提出今后努力方向。通过鉴定，不仅使学员们反省了弱点，而且在同志们的帮助下，全面正确地认识自己。

北方局党校规定以每周六为党日。在校委会领导下由组织科负责组织。各支部除过党的组织生活外，还以讨论、阅读党报、文件和听报告为主，指导学员在整风中反省自己和改造自己。

1940 年 10 月初，由于形势发生急变，太行根据地战云密布，北方局党校第三期也只好尽快结业，学员大多回到各自的岗位上工作。

党校因战争原因离开武乡

1940 年底，由于日军经常不断地“围剿武乡”，特别是百团大战开始以后，武乡地区每日都在战火纷飞之中，招生工作一直无法进行。在这样的形势下，党校机关跟随总部机关转移到辽县上口村。

1941年初，杨尚昆离开太行返回延安。这年春天，中共中央决定由彭德怀代理北方局书记，而北方局党校校长职务则由野战政治部主任罗瑞卿兼任；李大章也不再兼任教育长一职，由杨献珍担任党校教育长，专职负责领导党校的日常工作。

中共中央北方局党校上口村旧址

北方局党校处在敌后，经常遇到日军的“扫荡”，战斗生活使学员受到血与火的锻炼。特别是1942年5月，日军对太行区进行大规模“扫荡”。从四面八方向八路军总部所在地进行大包围。北方局党校是同北方局和八路军总部一块行动的，庞大的机关在转移中行动不便，走了一晚上，才走出二十多里路程，他们还是被敌人包围了，党校师生在辽县十字岭下南艾铺的山沟里隐蔽起来。敌人的飞机来回俯冲轰炸，大炮集中向十字岭上射击，在这里牺牲了很多人员。党校师生为了保存革命干部，在从部队来的学员带领下，实行突围，走向一个山头，这时对面山头上已有敌人爬上来，向党校师生射击，有的人中弹倒下了，师生们就从山上往下滚，一直滚到山沟里而突围出来。走了一天多，找到了辽县的县委机关，县委书记带领党校师生又转了几天大山，终于找到了八路军七六九团的团部，从而最后脱离了敌人的包围圈。当敌人的“扫荡”被打退后，党校师生回到驻地，稍微安定一下，又组织学员继续学习。在艰苦的岁月里，北方局党校的师生，就是在紧张的战斗生活中刻苦学习的。

日军的“五月扫荡”，使党校遭到严重破坏，经过很长时间的休整，人员、物资才得到补充。1943年初，党校根据北方局的安排，接收了太行、太岳、冀南和冀鲁豫四个区的区党委一级和地委一级的干部学习。这次学习主要是以整风的精神来讨论和总结各个地区的工作。除哲学课外，没有其他课程，学员按大区分组，各自讨论本地区的工作。会议由北方局代理书记彭德怀亲自领导。杨献珍参加各个小组会，听取意见和了解会议情况。讲课时，除本校学员外，还有八路军总部、北方局、一二九师师部的一些领导同志参加听讲。这一期学习大约经历 10 个月。学习结束时，杨献珍写了《介绍北方局地委会议整风学习的经验》一文，发表在北方局 1943 年 11 月 5 日出版的《党的生活》上。

1943 年冬，北方局党校又办了一期整风学习班，学员们认真攻读整风文件，对照检查自己的思想方法，对进一步树立辩证唯物主义世界观发挥了积极作用。整风结束转入审干阶段后，北方局党校建立了整风审干委员会，由北方局派到党校的代表领导这一工作，杨献珍和几个大区来学习的高级领导干部也参加了这个委员会。由于受“左”的思想的影响，这一工作曾发生严重偏差，一批共产党员干部被错误地当作国民党特务等而遭到严重伤害。这次审干是从延安开始而后在各地进行的，幸而党中央很快发现了这个错误，作出甄别平反的决定。1944 年夏，北方局党校根据这一决定，为无辜受害的或者是在审干中被有意扩大事实的同志甄别平反，作出正确的结论。

这一期整风审干，经过甄别工作后，北方局党校就停办了，学员大都回到原单位，有的重新分配了工作，杨献珍调回北方局。

北方局党校的结束

对于北方局党校一至八期的学员在校学习的情况，总结起来，主要有以下几个方面收获。

1. 提高了学员的政治理论水平和文化素质，特别是提高了学员的党性原则。

2. 提高了学员的学习热情，使学员养成了良好的学习习惯。许多学员克服了不愿学习、好高骛远的倾向，获得了一些学习的方式方法，初步学会了具体运用辩证唯物论和历史唯物论观点去分析问题、处理问题，打破了过去教条主义、经验主义的工作方式。

3. 进一步学习了党的基本知识，加强了组织观念。纠正了一些不正确的思想，能够虚心地检讨自己，诚恳地接受批评。

4. 使学员们比较深入系统地反省自己，清算了自己非无产阶级思想，坚定了无产阶级立场。

北方局党校也在五年多的办学积累中，取得了一系列丰富的教学经验，主要表现在：

1. 领导重视。北方局党校是培养华北抗日民主根据地县、团级以上干部的学校，因此北方局党的主要领导人非常重视党校工作，从由朱德、杨尚昆、罗瑞卿等首长兼任校长，到彭德怀、傅钟、陆定一等首长亲自到校讲课、作报告，帮助学员提高对党的认识，指导学员进行各个课目的学习。北方局组织部长刘锡五和北方局宣传部长张际春还曾亲自住校，帮助党校进行整风学习。

2. 以讲授马克思主义理论为主课。北方局党校从成立到结束，正是毛泽东思想形成与大发展之时，因此，整个教学工作紧紧围绕着马列主义与中国革命实际相结合的毛泽东思想，始终突出进行中国革命理论与策略的教育，大大提高了学员的马列主义水平，为党和中国革命事业培养出一大批有战斗力的、自觉地为无产阶级革命事业而奋斗的先进战士。

3. 选择党性强的教员和采用理论与实际结合的教学方法。北方局党校教员大都是党性纯洁，具有丰富的斗争经验和渊博的学识而且善于接近群众的同志。其教学方法是启发式的。在讲授时由浅入深，由中国到外国，由具体到抽象，由实践到理论，并善于举出具体生动的例证，根据不同对象、不同课题、不同方法，引起学员的学习兴趣。教学结合抗战实际，讲课前提出问题，让学员事前考虑，启发思考问题，将理论原则应用到具体工作上去。

4. 注重思想意识的锻炼。开课初期，针对初入校学员只注意理论学习，忽视思想锻炼与组织生活的现象，党校加强了党的活动，启发自我批评精神，使学员提高思想认识，有意识地纠正错误思想。

5. 民主教学。北方局党校的学风不同于一般学校，很重视开展正确的民主生活。对学员的批评，多采取说服教育的方法，发挥学员的主动性与创造性，培养学员的政治敏锐性。

6. 不断改进教学方法。北方局党校领导经常注重改进教学工作，改正缺点弥补不足。例如有的教员对学生的实际情况了解不够，教学缺乏针对性；有的学员则成为抄笔记、背条文的书呆子，对所学问题没有透彻了解；等等。党校领导针对教员、学员中存在的问题，进行了多方面的教育，并不断改革教学方法，使教学质量不断提高。

1944 年整风工作结束后，遵照中共中央意见，北方局党校宣告结束，学员大都回到原单位，学校教职工大部分调回延安与中共中央党校合并，也就是现在中共中央党校的前身。

5 年多来，北方局党校总共招收了 8 期学员，为党培养了大批的既有一定马列主义理论水平又有较高党性的领导干部。这些干部在领导华北人民夺取抗日战争和解放战争的胜利，为创建中华人民共和国发挥了骨干作用和带头作用。

救死扶伤的红医摇篮

——野战卫生学校

办学名片	1939年春，在潞城县南村（今属长治市潞州区）设立卫生教导队。 1939年7月迁驻武乡，不久改为卫生教导大队，先后在土河坪、土河、刀把嘴、左会等村驻扎。同年秋，改建为前方总部卫生学校，11月，与一二九师卫生学校合并为野战卫生学校。 1943年6月迁驻辽县（今左权县）上武村。

1937年7月，日本帝国主义疯狂地发动了全面侵华战争。在严重的民族危机面前，我国军民奋起抵抗，以国共合作为基础的抗日民族统一战线正式建立，中国历史进入了伟大的抗日民族解放战争的新时期。

抗日斗争的迅速发展，根据地军民对卫生工作提出了十分迫切的要求。由于当时八路军部队兵员猛增，但医务人员奇缺，因此，尽快为部队培养医生、司药和护士，便提到八路军总部及总部卫生部的议事日程上来。

为此，八路军前方总部卫生部开设了卫生教导队，开始培养医务人才；之后又结合部队实际需要，在此基础上组建了前方总部卫生学校（简称前总卫生学校），1940年底又将前总卫生学校与一二九师卫生学校合并，组建了野战卫生学校，作为培训和培养全区各军医院医生和护士的学校。

卫生教导队的成立到扩编

1938年秋，奉朱德总司令之命，八路军后方卫生部副部长孙仪之于10月率后方卫生部少数干部及一个兵站医院，渡过黄河，并在第一一五师部队的掩护下，越过汾河和同蒲路敌人封锁线，到达了太行前线八路军总部。当时，八路军前方总部驻在山西屯留县故县镇（今属长治市潞州区），这里是太行山的腹地。

太行山是山西、河北、河南三省交界的地方，群山连绵，崇山峻岭，是清、浊两条漳河的源头，水系复杂，夏季涨水，冬季干涸，地少山多，人民贫苦。其主要区域为晋东南，该地有第一二九师以及第一一五师三四四旅等部队在此活动。在该地区我党执行统一战线政策，发动群众减租减息，发展生产，动员组织民兵，配合一二九师主力坚持抗战，军民团结一致，建立了巩固的根据地。在故县镇，孙仪之根据八路军总部指示，在从延安带来少数干部的基础上，又在总部后勤机关寻找了一些稍有医疗知识的人员来充实机关，就这样八路军野战卫生部很快成立了。同时将他从延安带来的这个兵站医院，改组建成八路军野战医院。

1938年底，由于抗大一分校从陕北开赴前方，总部机关把在故县镇的二仙庙腾出来让抗大一分校办学，总部机关转移到潞城县北村，新组建的野战卫生部就迁移到距总部机关不远的中村。

当时，医药卫生工作是前方十分薄弱的环节，一是战争随时发生，战地救护需要大量的医务人员；二是部队在日益扩大，武装部队的发展，卫生机构亦随之建立，卫生人员虽有所增加，但无论在数量上和质量上都远远满足不了抗战形势和部队发展的需要。面对这种情况，八路军总部给野战卫生部的任务是：一、组织后方医院医治伤病员；二、组织部队开展战地救护；三、组建卫生机构，培训卫生干部和动员地方医药人员参军；四、筹划药材，为抗日战争提供卫生保障。在这四项任务中，培训大批医务人员，壮大卫生队伍，成为根据地卫生建设的中心环节。

为此，前方总部野战卫生部部长孙仪之决定成立卫生教导队，设在潞城县南村（今属长治市潞州区），由沈叶任队长，温善德任政治指导员，抽调曾在抗大一分校担任卫生员的于宁任主任教员，并全面负责教学和行政工作，从一二九师及总部直属部队中抽调出一批热爱卫生工作的骨干人员，编进教导队，开始培训医疗卫生工作人员。

野战卫生部卫生教导队武乡县土河坪村旧址

当时专业课师资力量严重不足，除于宁负责几门课程的教学任务外，还有药物教员王远明、解剖学教员李本周、理化教员张子渔等担任教学，孙仪之部长也兼任了几门课的教学。学生多数是部队选送深造的护士和不少参加过长征的年轻战士，也有少数具有中学文化程度的学员，还在抗大一分校挑选了一些文化程度较高的学员。学员入学后，教学任务面临的一个重要问题是学生文化程度参差不齐，从前方介绍来的学员有高中、初中文化程度，从医院选送来的老护士文化程度很低，但有几年的临床医疗实践经验。因此开课以后，首先进行了预科班教育，以接受三个月的文化补习，然后经过考核，根据学员成绩和实际情况进行编班。

扩编后的卫生教导大队，不仅学员数量增加，而且在教学条件上也有所改善，特别是部队设法从敌占区搞到了一些教学标本和两台显微镜，可供教学使用，又由抗大一分校分配来一批女同学学医，主要学医科、护理专业。当时，开设了两个班，即军医班和药剂班。药剂班学制六个月，毕业后任调剂员和司药。军医班学制一年，分前后两期，前期为基础课，后期为临床课。对分到军医班的文化较低但有几年实践经验的老护士，给予了必要的文化补习，加强他们对理论的理解、接受能力，取得了较好的教学效果。

1939 年 7 月，日军对晋东南发动了第二次“九路围攻”，八路军总部机关由潞城移驻武乡，野战卫生部也同时到达，驻扎在武乡县土河坪村。此后不久，鉴于前方卫生人员的需求大大增加，卫生教导队改为大队建制，即卫生教导大队，由于宁任大队长，江学彬任政治协理员，迁驻土河村。

从教导大队到卫生学校

前总卫生学校土河村旧址

由于日军经常“扫荡”，在山区转战，人多行动不便，带来了许多的困难，根据八路军总部要求精简机构的精神，1939 年秋，野战卫生部孙仪之部长决定，率先在卫生部推行精兵简政，将部机关由 100 多人减为 11 人，包括部长 1 人、助理员 3 人、秘书 1 人、警卫通讯员 6 人，主动裁撤了部机关机构。并结合当时根据地部队兵员猛增、医务人员奇缺的实际情况，将精简下来的专业人员，一部分充实到了野战医院，另一部分在卫生教导大队的基地上，组建前总卫生学校，校长由孙仪之兼任，于宁改任教务主任（教育长）。10月，前总卫生学校正式成立。

经过紧张的筹建工作，便招收学员，为总部直属单位、一二九师及所属各旅培养卫生人才。分设军医专业班、护理专业班、兽医专业班和高级班。学校设在土河村，校部驻在张福生家（旧址已破坏），教室先设在申家祠堂，后改在真如寺南殿，校部也搬至张景旺家。

为适应教学需要，学校建立了手术室和学生实习病房，以改进临床教学，增加学员的临床经验。为了让学员从理论到实践更好地掌握技能，还经常带领学员到驻扎在刀把嘴村的野战医院边讲解示范、边给伤员治疗。随着学校的扩大，学员也逐渐增多，学校将学员按入学的先后分成了几个期，每期设有期长，期上有队长。期长是由学生中选举产生的；队长是专职主管学生生活和军事活动的政工人员，因为卫生学校处于敌后，随时要准备进行反“扫荡”的武装斗争。

前总卫生学校增加学员后教室旧址

为了加强教学力量，通过多种途径从太原聘请来一位医学专业人才范绳武先生。范先生是晚清贡生，早年留学东洋，曾在太原担任山西省立川至医学专科学校校长、亚东医院院长。范绳武先生来到武乡后，担任前总卫生学校副校长。范先生在教学中非常认真负责，带领学生去野战医院实习时，为了分辨伤员伤口感染程度，还常常用钳子挑起伤员伤口中的臭脓用鼻子闻。但由于根据地战乱重重，老先生身体难以坚持，两个多月后，离开学校，带夫人移住西安。

创办学校，缺乏教材是当时最大的难题，可卫生学校根本买不到适合的教材，教员只好到处寻找有关教学的参考书，根据实践经验编写。当时曾自编了《药理学》《病理学》《解剖学》《救护常识》《太行山中草药》等书籍。编好后，交油印股刻版油印。后来有一个阶段由于敌人封锁严密，根据地内纸张奇缺，只好有什么纸用什么纸，有时一本书中有油光纸，也有粉连纸，甚至红、黄、绿、白各色都有，印出的教材花花绿绿，有时还看不清楚。

虽然学习条件很差，但学员们的学习却非常刻苦，想尽一切办法学习和掌握医学知识。他们一方面坚持课堂学习，另一方面还要深入到野战医院进行实习，同时也向当地的老中医请教，还经常到武乡东山上去辨认中草药，不仅掌握了中草药的习性与用法、用量，也顺便采挖了一大批草药，解决了野战医院缺医少药的困难。

1940 年 8 月，八路军总部发动了以破袭华北敌人交通为主的百团大战，我八路军参战总兵力超过 20 万人，战地救护工作成为最重要的任务，在这样的情况下，前总卫生学校决定将建校后的第一期学员，全都分派到了各前线医院，参加战地救护工作，教务主任于宁亲自带着一批学生，到了武乡最东端的小窝铺村。这里位于太行山武乡县和黎城之间的山沟，地势非常隐蔽，可以避开敌人“扫荡”。他们在这里建立了一个临时治疗所，收容治疗了一些负伤的领导干部。学员们一边照顾伤员，一边坚持学习。

合编后的野战卫生学校

1940 年 11 月，为了加强晋冀豫地区的后勤力量，统一调配、统一部署晋冀豫区的后勤管理工作，经中共中央批准，八路军总部决定将八路军总部后勤机关与第一二九师后勤机关合并。第一二九师卫生部部长兼政治委员钱信忠担任合并后的野战卫生部部长，原野战卫生部部长兼政治委员孙仪之担任合并后的野战卫生部政治委员。同时，将两个卫生部所属的前总卫生学校与一二九师卫生学校合编为新的野战卫生学校，由钱信忠部

野战卫生学校武乡县土河坪村旧址

长兼任校长，涂锡道任政治委员，于宁任教务主任。年底，两校在土河坪村完成了合编工作。不久于宁调去北方局党校学习，由任傅九接任教务主任。

在土河坪村，野战卫生学校校部设在岳照全家，教室设在村西老爷庙。合编后师资力量有所加强，学生增加到400多人，分设军医专业班、护理专业班、军马专业班及军医高级班、兽医高级班。其中兽医高级班是八路军、新四军部队最早的培训兽医的教学单位。

野战卫生学校教室土河坪村旧址

百团大战后，日本侵略军调集重兵进攻八路军，对华北各抗日根据地进行疯狂的“扫荡”。野战卫生部部长钱信忠在组织历次战役和重大战斗的抢救治疗工作的同时，加强对卫生学校的领导，加紧培训医务干部。他坚持给野战卫生学校学员上课，手把着手教学员做学术。当时有些学员文化程度低，学习很吃力，他对学员说：“只要你们在战争中不怕死，决心刻苦学习，就一定能把你们培养成合格的军医。”他亲自指挥卫生学校在太行山上一面战斗一面教学，使学校胜利完成了反“扫荡”和教学任务。

野战卫生学校武乡县左会村旧址

1941年11月，为了结合黄崖洞保卫战的战地救护，野战卫生学校迁到武乡县左会村，校部驻申道存家。

在残酷的战争环境下，卫生学校教学和生活是十分困难的。教员上课缺乏粉笔，同学们把破庙粉壁墙的粉皮扒下来，研成末，自制粉笔。1942年，学校利用两间较宽敞的房子，建立了一所图书馆。垒起土台子，中间夹了隔板做成书架，把难得搜集到的一二百本书刊陈列出来，供大家阅读。

在当时书籍奇缺的情况下，这少得可怜的书刊却发挥了可贵的作用。在太行山区，用水很困难，同学们就积雨水，消毒后饮用和洗涤。有时缺粮，就吃野菜稀饭或黑豆稀饭充饥。白天上课，晚上站岗放哨，随时准备战斗转移。

1942 年春，学校根据上级指示，实行精兵简政。在校学员由 400 多人减少到 100 多人，当时只剩下两个军医班和一个调剂班。精简下来的人员回到部队去。4 月，涂锡道政治委员调离学校，肖大煊接任政治委员。6 月，学校迁到辽县上武村。1942 年底，根据卫生部的决定，学校成立干部班，提高在职干部的理论和技术水平。干部班从部队选拔学生，学制四年。

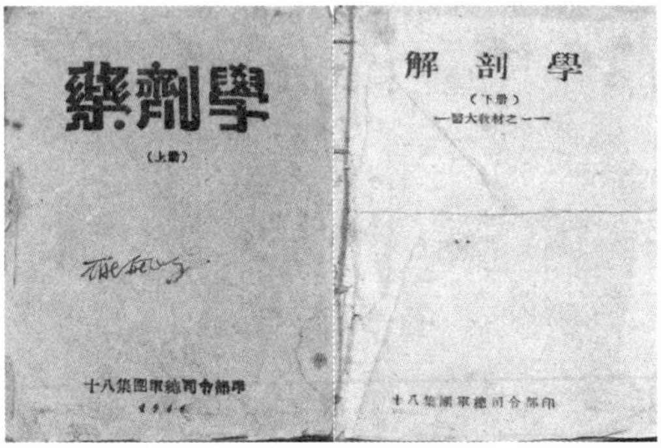

野战卫生学校学习用的专业教材

1943 年 10 月，根据上级部署，学校开始整风学习。坚持学习、工作两不误的原则，在坚持医疗教学工作的前提下，学习整风文件，对照检查工作、检查思想，开展批评与自我批评。开始一段时期内也曾发生过批评面过宽的问题，影响了教学，幸而得到较快的纠正，达到了提高思想觉悟，改进工作的目的。

1944 年春，全校师生响应党中央的号召，为了战胜困难，开展了大生产运动。师生们自己动手，上山开荒种地，养羊剪毛捻线织毛衣，改善了生活，减轻了人民的负担。

整风和大生产运动，加强了党的思想建设和组织建设，提高了人们的思想觉悟，发扬了自力更生、艰苦奋斗的优良传统，增强了战胜困难的勇气和信心，为度过最困难的时期，争取抗日战争的最后胜利作了重要准备。

1945 年 8 月，抗日战争胜利。由于形势的发展，中共中央决定撤销八路军前方总部，成立晋冀鲁豫军区。蒋介石在重庆同中共代表团谈判的同时，向解放区发动了军事进攻，我军奋起自卫。1945 年 9 月 10 日，上党战役打响，全校师生积极参加了对伤病员的救护治疗工作。上党战役胜利后，学校奉命迁至山西长治，改编为晋冀鲁豫医科专门学校。

野战卫生学校改编与发展

野战卫生学校改编为晋冀鲁豫医科专门学校以后，由刘和乙任校长，归属晋冀鲁豫军区领导。肖大煊任政治委员。

解放战争初期，晋冀鲁豫部队组织了上党、平汉两大战役。这两个战役有大批伤员。组织手术队、野战医院、后方医院，都需要医务人员。在这个时期，野战卫生学校的几届毕业生都发挥了很大作用，为此军区对晋冀鲁豫医科专门学校更加重视。1945 年 12 月初，邯郸战役胜利后，学校在长治印发招生广告，实行考试，招收学员，择优录取。原太原桐旭医专（前川至医专）部分师生经太行军区派遣来校工作，黄风、王恩普、晓击、霍侯等分别担任基础或临床课教师，加强了师资力量，办学条件有所改善。经过短期的过渡，军区决定筹划把学校扩建为医学院。

1946 年 1 月，晋冀鲁豫边区政府在邢台成立了北方大学，为了促进学校的发展，4 月，晋冀鲁豫医科专门学校迁到邢台，扩建为北方大学医学院，隶属晋冀鲁豫边区北方大学和晋冀鲁豫军区卫生部双重领导。医学院仍属部队建制，教职学员均为现役军人。钱信忠兼任院长，刘和乙、李新农分别任正副教务主任。

1946 年 6 月，蒋介石悍然撕毁停战协定和政协决议，发动了向解放区的全面进攻。10 月 11 日，国民党军攻占张家口。由于形势的变化，医学院奉命迁到山西省潞城县，在安阳、安昌两个村进行教学。这期间，部分师生参加了临汾战役的战地救治工作。1947 年 2 月，晋冀鲁冀军区卫生部发出指示，要求医学院增加招生名额，在校学生可达到 500 人，并尽量缩短学制，以适应战争的需要。指示还要求开办中西医研究班，增设中药药物课程，注意理论联系实际，以扩大学生的知识水平。根据军区卫生部的指示，学校决定在校学员包括 1946 年招收的三年制本科生，都缩短学制，专业课学习时间均改为一年零四个月。

解放战争的节节胜利，使华北解放区迅速扩大，广大城乡连成一片。1948 年 5 月，医学院迁到石家庄。不久，根据形势的发展，中共中央决定晋冀鲁豫军区与晋察冀军区合并，成立华北军区。7 月，北方大学医学院脱离北方大学的管理体制，与原晋察冀军区的白求恩医科大学合编，改名为华北医科大学，并成立白求恩国际和平医院，作为医科大学的教学医院。

从前总卫生学校到北方大学医学院，先后培养各类医务干部 1224 名，有力地支援了抗日战争和解放战争。在 10 年的战争生活中，全校师生坚持为革命战争服务的办学方向，发扬了自力更生、艰苦奋斗的优良传统，胜利地完成了教学、医疗和其他各项任务，并且积累了丰富的经验，为八路军发展壮大，根据地军民健康发展，晋冀鲁豫人民生活作出了重大的贡献。

解放后的学校变迁

1949 年 7 月，在新中国即将诞生之际，华北军区卫生部部长钱信忠、副部长叶青山书面报告聂荣臻、薄一波、杨立三等总参、总后领导同志，提议，华北医科大学迁至北京或天津办学，“使这个全心全意为人民服务的医学校，成为一个有历史和现实意义的、相当规模的、名副其实的作为各医学校模范的医科大学”。

中央军委主席毛泽东很关心这所抗日烽火中创建起来的革命学校的发展建设，亲笔批示：军医大学以天津建校为宜。1949 年 12 月 29 日，中央军委命令：决定华北医科大学与天津陆军总医院合组为军委军医大学，自 1950 年 1 月 1 日，改隶军委卫生部领导。这是医科大学历史上一个重要转折。中央军委调外科专家周泽昭任天津军医大学校长，耿毓桂任政治委员，陈淇园任副校长。

学校把科系建设和充实教学设备作为主要任务，做了大量工作，以便能迅速筹备就绪，接收五年制学员入学。先后成立了医预科和基础医学部。预科设生物、物理、化学、数学、语文五个学科；基础医学部设解剖、组织、病理、寄生虫、细菌、药理、生理、生化、公共卫生等九个学科；临床学院设内科、外科、眼科、皮花科、妇产科、牙科、耳鼻喉科、放射线科、小儿科、化验科、理疗科、药房等十二个学科。

1951 年 7 月 9 日，根据中央军委电令各军医大学重新以序列形式命名，天津军医大学被命名为中国人民解放军第一军医大学。1954 年，军委卫生部根据军委提出的“调整加强，重点建设，提高质量，稳步前进”的方针，决定将军事医学院校加以整顿。2 月 26 日，总后勤卫生部下发了整编军医院校实施方案，决定将在天津的第一军医大学与长春第三军医大学合并，合并后的学校依然为中国人民解放军第一军医大学，殷希彭任校长；车敏瞧任政治委员，王恩厚、陈淇园任副校长，康立泽任副政治委员。但校址却定在长春，在天津的军医大学迁至长春进行合并。学校的组织机构，设五部三处，即政治部、训练部、临床管理部、物质保证部、干部部，队列处、医教器材供应处、卫生处。学校下属三个临床学院、一个基础医学部和一个图书馆。

1958 年 6 月末，总后勤部制定了一个全新的政策，军队将压缩后勤机关，根据军委决定和国务院卫生部、总后勤部的联合通知，第一军医大学移交地方领导，学校改名为长春医学院，王恩厚任院长。

直到 1978 年，由于原华北医科大学是由北方大学医学院和晋察冀白求恩医科大学合并而成，经教育部批准，长春医学院改名为白求恩医科大学。2000 年 6 月，在教育改革的过程中，白求恩医科大学与原吉林大学、吉林工业大学、长春科技大学、长春邮电学院等院校合并组建为新的吉林大学。

烽火中的医护培训

——第一二九师卫生学校

办学名片	1938 年春，在辽县（今左权县）马厩村成立医生训练队。1940 年春迁驻武乡。6 月，在左会村扩大为一二九师卫生学校，简“师卫”。8 月迁驻辽县（今左权县）羊角村。1940 年 11 月，再次迁驻武乡小岭山村。不久，与前总卫生学校合并为野战卫生学校。

1937 年 10 月，根据八路军总部指示，第一二九师主力挺进到晋东南，以太行山为中心，创建了晋冀豫抗日根据地。随着抗日战争的迅速发展壮大，八路军部队也在迅速壮大。医疗队伍虽有所增加，但无论在数量上和质量上都远远满足不了抗战的需要，培训医护人才迫在眉睫。

组建医生训练队

1938 年春，八路军第一二九师部队在太行山接连打了好几个战役大胜仗，由于战事频繁，医护人员也有部分牺牲受伤，加上部队扩充壮大，卫生队伍严重缺失，不足的问题就非常突出。

为了解决这一问题，第一二九师卫生部部长钱信忠向刘伯承师长、邓小平政委提出建议，一是扩大师医院，建立较正规的医院或称模范医院，意在起示范作用。二是建议建立一个卫生学校，一方面轮训老同志，另一方面可招收选拔卫生战士，进行分期分批正规地轮训基层卫生人员，提高业务技术水平；分科分班授课、培训，补充部队的卫生干部。三是创建搞制药车间或制药厂，加工自制药品和器材。

刘伯承和邓小平接受了钱信忠的建议，决定由师卫生部举办培训班，卫生部部长钱信忠、副部长兼野战医院院长朱琏具体负责培训工作。

根据师首长的指示，师卫生部经过讨论，认为目前最迫切的任务是医疗人才问题。为了保障医疗卫生工作，以巩固军队和人民群众的战斗力。卫生部千方百计地在招收新兵过程中，寻找、动员乡村的医生或者有一些医学知识的人士参加八路军，不论年龄，只要愿意参军即可，这样的人员参军后，马上就可以进行医疗工作。同时，开设医疗培训班，培训一批有文化的人员，来壮大卫生队伍的力量。

1938 年春，一二九师卫生部开始组建医生训练队（简称“医训队”），选调师卫生部医生詹少联担任医训队首期学员队长，抽调有教学能力的医务人员韩刚、刘和乙、韩卓然、任傅九、王芝安等五人担任教员。同年夏，医训队在山西省辽县（今左权县）马厩村正式开课。

第一期招收学员 30 余人。这期学员大部分招收的是师属各营卫生长、护士长，也有曾在四方面军受过培训的医生，还有少数学员是从当地招收的初中生。俗话说秀才改大夫，如同钢刀割豆腐，有文化学医比较容易，这批有文化基础的学员，很快成为学员骨干。

教员和学员们分散居住在农民家里。集中上课，由钱信忠讲外科、解剖，朱琏讲政治、文化，并从地方请了几名医学专业毕业的医生，讲其他课程。同时，结合战争实际，增设战地救护等应急课程。培训时间 3 个月。

同年秋天，师卫生部又举办了第二期医训队。培训时间延长到一年，学员增加到120名。

同年冬，敌人占领了武乡的邻县同辽县。为了保障学员有一个较为安定的学习环境，师卫生部决定将医训队转移到武乡县左会村。为了适应战争需求和学员实习，师卫生部在此成立了医院，下设四个所，分别编为一、二、三、四所。医院既收治大批战场上运送下来的伤员，同时也是培训医生的临床基地。医训队只有几位教员，为了加强教学，卫生部长钱信忠亲自讲外科学、解剖学，副部长朱琏讲针灸。还通过决死纵队关系，请来了几位山西省立川至医学专科学校的毕业生来讲其他课程。

一二九师医训队武乡县左会村旧址

处于战争环境太行山区本来就是很穷苦的山沟，办学条件尤为艰难。没有适合的教学教材，教员们就设法找来了一些敌占区北平、南京的教材以及国外教材，从中选择了适用的内容，再结合当时战争的实际需要，重新修改编写，新编了适应根据地医学需求的教材，保证了教学质量。

正是在刘伯承、邓小平等首长的直接重视和关怀下，第一二九师部队的医疗卫生培训工作迅速开展起来。通过理论结合实践，学员们掌握了各种医护知识和技能，提升了自身医疗救护水平。培训结束后，这些人奔向各自的医护岗位，为保证部队日常医疗工作开展、及时抢救伤病员，医治驻地群众的病痛发挥了巨大作用。

医训队扩编为卫生学校

从1938年夏开学到1940年6月，两年时间医训队共培训了三期学员，为师属部队培训医疗卫生骨干500余名。这些骨干在旅、团卫生队带领医护人员，为战地医疗积极地工作。

为适应抗战形势发展的需要，1940 年春，第一二九师卫生部提出把医训队扩建为卫生学校的建议，最大限度地为前线医疗服务，经刘伯承师长、邓小平政委批准，决定在医训队的基础上筹建八路军第一二九师卫生学校。

钱信忠部长直接领导建校工作，设法调集师资，制订教学计划，组织专职和兼职教师编写教材。1940 年 6 月，第一二九师卫生学校在武乡县左会村正式成立。因武乡已有总部卫生学校，为方便所属部队可以就近入学，便将新组建的师卫生学校调到辽县（今左权）羊角村。

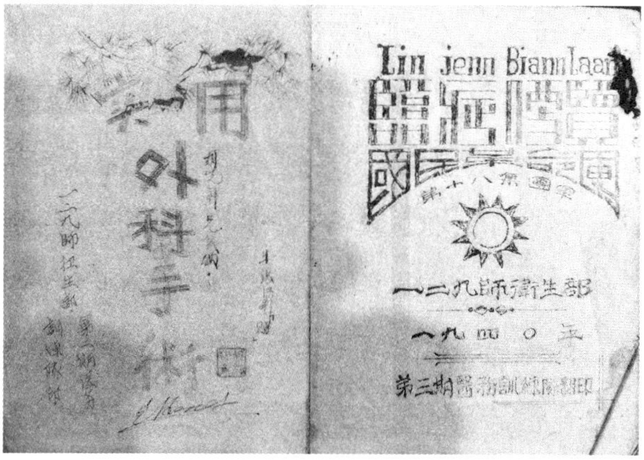

一二九师医训队学习使用的教材

该校由师卫生部部长兼政治委员钱信忠兼任校长、政委，吴成绪任总支书记，穆久如任教务主任。教员在原医训队的基础上，又增加了李润生、李明、王克玺等。师卫生学校建立后，设军医班、救护班，学制定为一年半。当时，专业课有生理、病理、解剖、细菌、药物、诊断、内科、外科等二十余门课程。

师卫生学校的学生有三项主要任务：一是学习；二是随时准备参加反“扫荡”；三是开展大生产。学员们还经常到野战医院进行实习活动，一方面促进了课堂与实践的结合，强化了知识的运用；另一方面也缓解了战地医护人员匮乏的困难。特别是百团大战中，由于作战中有大批伤员需要及时救治，学校就把课堂搬到了前线，先后跟随师部及三八五旅、三八六旅在和顺、昔阳、榆社、武乡等地活动，一面办学，一面坚持战地医疗工作。同时从学校抽调部分学员提前结业，由女医生陈友孟带领 15 名工作人员，组成前线医疗所，开始收治伤员。当他们赶到武乡县刘家嘴村时，便遇到从前线转送来的 300 多名伤员。

在村干部和群众的热情帮助下，村里很快腾出一些房子给伤员居住，并提供了一些粮食和几口大锅。医护所没有炊事员，陈友孟就与村干部协商，从村里抽调人员帮忙，同时也指令几个负轻伤的同志参加，担负起炊事员的工作，为大家做饭。

医护人员在忙着为伤员换药，可是没有想到敌人很快迫近洪水镇，距刘家嘴村只有二十来里路，而他们已无法和野战医院或卫生学校联系，情况十分危急。村干部提供的一点儿粮食也很快吃完了，当地群众已经做好坚壁清野工作，再想找点儿粮食出来都很难。

为了不让伤员们饿着肚子，陈友孟派人到附近村庄寻找，费了好大力，才找来一些麦子。这些麦子也顾不上磨成面了，在碾子上轧碎后，直接扔进锅里，煮成稀糊糊的麦粥，让大家吃。尽管麦粥里没有一点儿油盐和蔬菜，但伤员们非常体谅，仍然吃得津津有味，没有一个出声抱怨。

师卫生学校与总部卫生学校合并

师卫生学校的师生们在参加战地救护和治疗工作中，对轻伤员实施战场救护，对重伤员则抬至老乡家中紧急处置后立即送往后方医疗治疗。特别是关家垴战斗中，师生们主要负责三八五旅、新十旅的战地救护工作，从关家垴前线一直到医院驻地鳌垴村，沿途对伤员进行各种医疗处置，很好地完成了战斗中的抢救治疗任务，同时也在实践中进行了专业课实践。

一二九师卫生学校小岭山村旧址

1940年11月，为了加强晋冀豫地区的后勤力量，根据党中央“精兵简政”政策，八路军总部决定将第一二九师卫卫生学校与总部卫生学校合并。

根据这一指示，第一二九师卫生学校从辽县再次迁回到武乡，驻在小岭山村，校部驻武镇华家，未合并之前一直坚持教学。同时，这一时期由于武乡一带战斗频繁发生，师卫也派出大批师生参加到战地救护的工作中。

待战况稍有缓和，两所卫生学校合并工作马上进入实施阶段。师卫生学校离开小岭山村。在土河坪村。合编为新的八路军野战卫生学校，由钱信忠部长兼任校长，涂锡道任政治委员，于宁任教务主任。至此，八路军第一二九师卫生学校结束了她的使命。

敌后办学的先锋

——抗大第一分校留守大队

办学名片	1938 年 12 月在陕西省延长县成立，立即开赴晋东南。 1939 年 1 月 21 日到达屯留县（今属长治市潞州区）故县村。后迁驻壶关县神郊村。 1939 年 11 月，中央决定抗大一分校东迁山东，以四大队为基础组成抗大一分校留守大队；下旬，留守大队来到武乡，驻扎在大陌村。1940 年 2 月，抗大总校来到武乡，3 月中旬抗大一分校留守大队番号撤销，全部并入抗大总校。

中国人民抗日军政大学第一分校，是抗大分校中创办时间最早、存在时间最长、培养干部最多、办学成绩最大的一所分校。经历了两次“东迁”，参加过大小数百次战斗战役，先后在校任职的干部约 2000 人，为坚持敌后抗日战争，扩大抗日根据地，训练培养了数以万计的党政军领导干部。被誉为“敌后办学的先锋”。

在第二次东迁时，以抗大一分校四大队为基础，将因病因故不宜长途行军的同志，和第二期招收的1300多名学员组成抗大一分校留守大队，由校长何长工总负责，赖光勋任大队长，铁坚任政治委员，留守大队。开赴武乡。

抗大一分校的组建

1938年9月29日至11月6日，中国共产党在延安召开扩大的六届中央委员会第六次全体会议，会议确定了抗战进入战略相持阶段后党的方针。毛泽东同志在这次会议上做了《论新阶段》的政治报告。这个报告明确了党在抗日战争中独立自主的领导地位的思想，明确了全党的奋斗目标，就是“必须战胜日本帝国主义，建立新中国”。为了实现这个奋斗目标，其中一个很大的问题，就是要加强学习马列主义的理论和培养干部，为了领导伟大的革命战争，没有一大批德才兼备的领导干部是不能完成其历史使命的，有计划地培养大批新干部，是党的一个极重要的任务。

根据六中全会精神，中共中央、中央军委就敌后创办抗大分校的问题进行了研究，并与长期在前线的八路军总司令朱德、副总司令彭德怀、副总参谋长左权等磋商。朱、彭、左提议：“估计今后形势更加严重，前后方交通更困难，往返需时更多，以及延安物质条件更难解决，同意抗大一部分来晋东南成立分校。”

12月1日，中共中央、中央军委决定在晋东南成立抗日军政大学第一分校。13日，抗大副校长罗瑞卿在召开的学校干部动员大会上，宣布在晋东南和晋察冀分别建立第一、第二分校的决定，宣读了建立分校的目的和意义。同时，决定由抗大第五大队和第六大队全部，第三大队、第四大队各一部分；陕北公学旬邑分校大部分；西北抗日青年训练班一部分等共计3000余人共同组成第一分校，然后编队开赴晋东南。任命何长工为校长，周纯全为副校长，韦国清为训练部长，黄欧东为政治部主任，并由黄欧东、何长工、周纯全、韦国清、刘浩天组成党务委员会，黄欧东任书记。

一分校在陕西省延长县集中组建后，组织编为三个大队，以“何纵队”的代号开始东迁，何长工兼任纵队司令员。何纵队从延水关渡过黄河后，经永和关一带向东进发，在一一五师陈士榘独立支队的护送下，从灵石县城附近渡过汾河和同蒲铁路敌人的封锁线，然后翻越绵山，于1939年1月21日到达屯留县故县村。

抗大一分校屯留县故县村（今属长治市潞州区）旧址

这里有座二仙庙，原是八路军总部及特务团驻扎的，为了迎接一分校到来，给一分校提供一个比较宽畅的办学环境，总部机关搬到潞城县北村，将这里腾出来让给一分校作校部及教室。

25日，一分校举行了东迁胜利大会，左权副参谋长出席了大会，代表八路军总部及朱德总司令对一分校的到来表示祝贺，并在会上做了《敌后斗争形势和任务》的报告。何长工同志作了学校东迁总结，会后，开始了紧张的开学准备工作。

抗大一分校在敌后办学

经过紧张认真的准备，1939年2月23日，这天是农历正月初五，春节刚过，一分校就在故县村隆重举行了第一期开学典礼。朱德总司令和左权副参谋长参加了仪式。

开学典礼由校长何长工主持，朱总司令作了《敌后形势和斗争》的报告，阐述了抗日战争的形势和任务，勉励同学们克服困难，振奋精神，圆满完成学习任务。副校长周纯全在会上介绍了新的教学计划和各项工作的安排，向大家宣布了学校新任命的各主要部门和教学营的领导干部。学员代表在讲话中，表达了全体学员为打败日本侵略者而努力学习的决心。

学校设校部、训练部、政治部，中层设处、科、室。学员编为 7 个教学营 29 个学员队。学校为解决军事、政治教员、基层政工和行政管理干部的不足，编设军事教员训练班、政治教员训练班和政工干部训练班。8 月，又增设一个区队长训练班。后又设直属军事队和青年队。

第一期学员共 2337 人，其中有学校到达晋东南后招收的 420 名部队连排干部。分为 7 个营：第一营营长杜义德，教导员铁坚；第二营营长徐国夫，教导员廖海光；第三营营长余克勤，教导员姜达生；第四营营长张培荣，教导员李振邦；第五营营长姜殿富，教导员魏鼎源；第六营营长李绍桥，教导员马兴隆；第七营营长黎有章，教导员何侠。这期学员中，第一营至第六营培训军政干部；第七营为特科营，重点培训机枪、防化、工兵等军事专业干部。

第一期教学计划是遵循“坚定正确的政治方向，艰苦朴素的工作作风，灵活机动的战略战术”的教育方针，以及少而精、理论联系实际的基本原则制订的。根据不同对象，区分课程时间比例。军事队以军事教育为主，约占总课时的 70%，训练内容有战术、技术和队列训练。战术课分步兵战术（以班、排、连攻防为主）、游击战术，此外，还设有地形、侦察、警卫勤务、通信联络等课程。军事技术课有刺杀、射击、投弹、爆破、筑城以及战场抢救等。

特科营根据各个队的专业情况，分别进行。机枪、防化、工兵等军事专业队的教学计划，都突出了本专业的训练内容，时间一般均占 70%左右。

政治教育，军事队和业务队基本是一致的，时间占总课时的 30%。在课程设置上，根据对象和斗争任务有所调整。第一期学员多为知识青年，政治课设《社会发展史》《什么是列宁主义》《中国革命运动史》《国际形势》等。教学目的是转变学员思想，确立革命人生观。为贯彻党的路线、方针、政策，还开设了《抗战理论》课。这是一门新课，主要以毛主席的

《论持久战》《论新阶段》《抗日民族统一战线指南》等著作为基本教材，讲解中国抗战的发展进程，共产党、八路军在敌后战场上的作用。

学校考虑到当前和长远的需要，开办了军事、政治教员训练班。这两个班的学员，是从在职干部和学员中选调的。选调的主要条件是文化程度较高，抗日意志坚定。军事教员训练班的个别学员，是从抗大学习的友军部队的基层军官中挑选的。军事教员训练班共招收 24 名学员，学制 4 个月，课程内容有毛泽东、朱德、刘伯承等人的军事著作，苏军步兵战斗条令，以及游击战术，还有日军战术研究。给该班任课的主要是阎捷三、贾若瑜和王泮清等富有战斗、教学经验的领导和老教员。

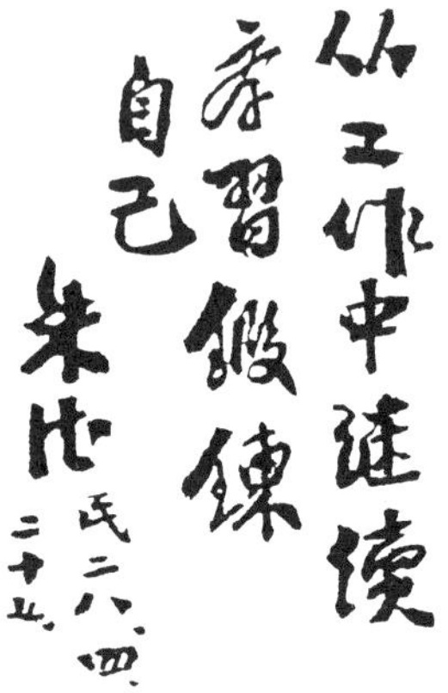

朱德总司令为抗大一分校学员题词

学校把军事教员训练班的教学与提高在职教员的水平紧密结合起来。为了真正做到理论与实践相结合，学校还请八路军高级首长到校讲课。陈赓旅长介绍对日军作战的典型战例；王政柱科长讲战地侦察学等；还有彭德怀、杨尚昆、傅钟、陆定一、朱瑞等八路军总部及北方局首长都来讲课。特别是朱总司令讲军事学课程，时间最长，每星期六讲一课，先后讲了《游击战争的战略战术》《苏军步兵战斗条令》等，在第一期临近毕业时，他还为学员题词："从工作中继续学习锻炼自己。"这一题词，以后一直印在一分校的毕业证书上，以鞭策和激励学员。

由于教学紧密结合实际，学员一致反映，既学习了军事理论知识，又学到了丰富的抗战经验，收获很大。

特别是根据日军在战场上使用毒剂，造成抗日军民多次中毒的情况，八路军总部指示学校在第七营增设防化训练队，挑选 50 多名政治条件好、文化程度较高、身体健康的学员组成防化队。挑选了徐行、尹健等曾受过防化专业训练的人来担任教员，不久八路军总部又派来欧阳挺、黄麟、章连奎等任防化教员。根据教学计划，开设了有机化学、化学战剂、化学兵器、防毒器材、毒剂侦别防治、化学战术与军事气象等课程。教官还想办法找来了一些化学品进行试制实验，使学员们掌握了化学反应的原理和过程。

转战在太行山上

根据八路军总部指示，为加强管理，在原来七个营的基础上，新编了两个营：一是将原来校直的区队长训练班、政治教员训练班、政治工作训练班、青年队、女生队编为第八营，由韩忠任营长；二是在晋东南招收了240余名工人学员，新编成为第九营，由叶荫庭任营长。

同时，根据晋东南敌人随时都有进攻的可能，为适应战斗环境的需要，又在营制基础上设置了三个支队：第一支队辖一、二、三营，支队长杜义德，政治处主任铁坚，参谋长黄经琛。第二支队辖四、五、六营，支队长阎捷三，政治处主任刘惠东，参谋长赖光勋。第三支队辖七、八、九营，支队长贾若瑜，政治处主任廖海光，参谋长叶荫庭。

一旦发生战事，学校便以支队、营、连、排为基础，进行分散游击对付日军的进攻。

同年6月中旬，晋东南的形势紧张起来了，敌机时来骚扰。各队增加了防空教育，带伪装上课，指定了疏散位置，遇有空袭迅速隐蔽，敌机过后恢复上课。

7月初，日军出动5万余兵力，分九路对晋东南抗日根据地进行围攻。为了学

抗大一分校壶关县神郊村旧址

校不受损失，给学生一个尽可能安定的环境，八路军总部命令抗大一分校从上党盆地向太行山南部的壶关、平顺、陵川一带转移。学校于7月6日晚转移，当学校刚刚离开距驻地约15公里的路程时，敌人从夏店进入学校原驻地，结果扑空。学校的果断转移，避免了一次损失。

学校转移到壶关县神郊村，校部设在真泽宫，在这里继续坚持教学。除坚持教学训练工作外，根据八路军总部要深入发动群众，巩固抗日根据地的指示，抽调数十人组成战地工作团，由干部科长欧阳平，民运科长罗野岗，支队政委铁坚、刘惠东，文工团长袁成隆等人负责，深入到附近和屯留、长治、潞城、高平、陵川、黎城、平顺一带，组织发动群众，建设民主政权。战地工作团还组成若干个短小精干的游击小组（实际是武工队）发动群众，建立人民武装，组织抗日游击小组或抗日自卫队，动员民工拆桥破路，空舍清野，袭扰打击敌人，坚定群众的抗战信心，开展游击战争。

该地区是新开辟的根据地，与国民党友军高树勋、孙殿英、庞炳勋、张占奎等部杂处，斗争的形势非常复杂，所以，学校进入该地区之后，统一战线工作也成为一项主要工作。为此，学校工作由副校长周纯全主持，而校长何长工则将主要精力放在了做友军的统一战线工作上。多次与附近国民党四十军庞炳勋、新五军孙殿英、新八军高树勋、骑兵十四旅张占奎等取得联系，争取他们与八路军联合起来共同抗日。

一分校对外以“第十八集团军直属第三纵队”的名义工作，何长工兼纵队司令员，八路军总部锄奸部长杨奇清兼政治委员，并以文工团和战地工作团专门组织友军工作队。在何长工同志的努力下，统战工作做得非常成功，八路军与友军密切配合。

由于双方高层领导人事先经过联络，达成了默契，所以他们对八路军工作队持欢迎态度。工作队到后，立即进行慰问活动，给友军演出文艺节目，同时还分散到基层教唱抗日歌曲，开座谈会，宣传共产党、八路军的抗日救国主张。这些工作，对友军部队产生了积极影响。经过我党多方面的工作，他们的态度都有不同程度的转变，友军多次提出向一分校要政工干部，到他们那里开展抗日宣传和文化工作，以促进军队的战斗性和纪律性。他们的子女也有20多人来一分校学习，形成了有利于联合抗日的大好局面。在之后，蒋介石、阎锡山发动“晋西事变”时，他们有的中立，有的当了“拦路棒”，不许蒋、阎军通过防区，还有张占奎骑兵旅的两个团起义参加了八路军。

9月18日，在神郊村真泽宫举行了抗大一分校第一期毕业典礼，这期的毕业学员共计3200多人。学习8个月，获得了丰富的政治、军事理论知识，学会了做群众工作和统一战线工作的本领。学员们拿到毕业证书，愉快地奔向各个战斗岗位。

一分校留守大队的组成

10月初，抗大一分校与一二九师联合发出了招收新学员的通知。这一期主要在一二九师各部队中招收连、排级干部，为一二九师和决死纵队培养营、连级指挥员。中旬开始，第二期学员陆续入校，到月底，1330名学员全部报到。这批学员，除少数从各地来到太行山的知识青年外，绝大多数为一二九师及三四四旅、决死纵队所属的连、排干部，也有少数营级干部。

根据学员情况，为适应战时形势需要，本期将改变上一期的支队制为大队制，分为四个大队。第一大队队长阎捷三，政治委员廖海光；第二大队队长王泮清，政治委员刘惠东；第三大队队长贾若瑜，政治委员铁坚；第四大队队长赖光勋，政治委员李振邦。

11月3日，全体学员在神郊村举行了一分校第二期开学典礼。

此时，因为中共中央、中央军委已经决定抗日军政大学总校迁至晋东南办学，并且抗大总校已经以“八路军第五纵队”的名义离开陕北，开到山西前线。为使抗大及其各分校能更好地为各根据地培养干部，根据中央军委指示，八路军总部命令一分校离开晋东南东迁山东，直接为山东部队培养军政干部。

为保证东迁工作顺利进行，任命周纯全为校长，韦国清为副校长，李培南为政治部主任。一分校将教职员工1300余人编成三个行军大队、一个直属大队，以“八路军挺进纵队”的名义，向山东进发。同时，决定以原抗大一分校第四大队为基础，将因病因故不宜长途行军的同志，和第二期招收的1300多名学员组成留守大队。留守大队由原任校长何长工总负责，其他负责有大队长赖光勋、政治委员铁坚、军事主任教员刘祖靖，政治主任教员方炽。

抗大一分校校部武乡县大陌村旧址

抗大一分校留守大队组成后，遵照八路军总部指示，在何长工、赖光勋、铁坚的带领下，北移武乡。经过4天的行程，于月底来到武乡，受到党政军民的热烈欢迎。

抗大一分校的其他领导同志随留守大队一起来到武乡县，在王家峪八路军总部，向总部首长汇报请示工作。朱总司令听取了一分校关于东迁的情况汇报，询问了有关问题。朱总司令明确指出：党中央、中央军委以及八路军总部，对一分校东迁山东是寄予厚望的，要把东迁山东的重大意义向大家说清楚。朱总司令详细分析了山东敌伪顽之间，以及与八路军之间错综复杂的斗争形势，强调指出，山东抗日根据地是连接华北、华中的枢纽，南可威逼沪宁，北可进逼平津，是坚持敌后抗战的重要战略基地。他还把山东抗日根据地，形象地比喻为一棵根深叶茂的大树，如果天下大雨（指国民党搞反共、投降、分裂等），大家都可以到大树下躲躲。山东地大物博、人多枪多、回旋余地大，但缺干部、缺子弹，这次每人给一一五师和山东地方部队带100发子弹，作为见面礼，他们会很高兴的。希望一分校在山东越抗越大，像老母鸡孵小鸡，一批又一批，孵出千万个坚强的抗日干部。最后，朱总司令还语重心长地指出，一分校从领导到学员一定要谦虚谨慎，尊重山东党政军领导，搞好军政、军民关系，搞好军队之间的团结。这样一分校就一定能为建设巩固发展山东抗日根据地作出贡献。为了加强一分校的政治工作，总部决定李培南任学校政治委员兼政治部主任。

抗大一分校训练部部武乡县大陌村旧址

抗大一分校留守大队到达武乡后，驻扎在东部山区的大陌村，大队部驻在村西的刘新发家，校长何长工、大队长赖光勋、政治委员铁坚就住在正楼下，楼上是教室，训练部驻村中的德兴寺。几个连队驻在村中的刘中祥、刘楚三、刘克诚、刘发祥、刘清才、刘世宁等人家。由于学员很多，房子非常紧张，为了缓解住房问题，村里的百姓与学员们一起，用木棍夹着高粱秆做成篱笆，并在里外抹上麦糠泥，搭成临时建筑。为解决取暖，村公所组织民众到村西挖来浅层的煤炭供学校生火、做饭使用。学校则组织学员给房东打扫院子、挑水等，军民关系非常融洽。

一分校留守大队坚持教学

抗大一分校在大陌村期间，由于大量的军事、政治教员都已经调往山东，师资力量很薄弱，但并没有放松教学，教育内容仍然是紧密结合对敌斗争和部队建设所需要的。

留守大队坚持每天早上都要以连为单位出早操和进行军事训练。上午学习政治与文化课。政治课主要学习《社会发展史》《中国革命的基本问题》《抗战理论》《党的建设》以及形势任务政策教育，还有《共产党宣言》《列宁主义问题》《论共产党员修养》等党史内容。大部分教材还是沿用一分校教员自编、自写的简易读本。同时也请八路军总部、北方局首长来讲课，朱德、杨尚昆、傅钟、陆定一等领导都来讲授过课程。上政治课大都是全大队学员一起学习，没有教室能容纳下，就在露天的打谷场上来学习。同学们坐在背包上，笔记本放在膝盖上，边听边记，晚间举办讨论会。同时还讲社会发展史、大众哲学。

房东老乡收藏的抗大一分校留守大队学员证章

下午学习军事课。军事课程由步兵操典、攻防战术、游击战战术、兵器、爆破、筑城、攻城、防化、地图测量、画军事地图等。也进行“开枪瞄准、扔手榴弹、拼刺刀”三大本领训练。学好最基本的东西后，就开始学习“班侦察”，即一个班怎么去侦察；“班遭遇”，即怎么用一个班打遭遇战。学完以后，就开始学“排进攻”，就是带一排人怎么组织进攻；以后再学“连指挥”等。左权副参谋长也来亲自讲授游击战术的基本问题等。

同时根据大部分学员的文化水平较低的实际情况，也开设了文化课学习。文化课除识字外，主要学习写信、打便条、写申请、写报告等，还要学习地理、历史等。在学习期间，学员们在驻地及方圆几十里的村庄写标语、说快板、演街头剧、唱抗日歌曲、召集群众会，特别是利用蟠龙、洪水等集镇的集日，进行集中宣传，抓住一切群众喜闻乐见的文化武器，宣传我党的主张和抗日救国道理，动员群众支援抗日军队，粉碎日军的进攻。

由于太行山地区比较贫困，粮食不足，水源也缺乏，油、盐、菜等更为短缺，再加上日军和国民党的封锁，环境十分艰苦。为了坚持办学，何长工号召大家克服困难，发扬红军艰苦奋斗的光荣传统，没有菜，就将黑豆用盐水泡煮作为咸菜食用，也有用小米锅巴加点盐下饭，学员们戏称之为“列宁饼干”。有时甚至连续几天无油、无盐、无菜。生活用水更是困难，山区水源枯竭，群众的生活用水全靠水窖（旱井）来蓄积夏季的雨水。为了节省用水，学员们习惯用毛巾干擦而不沾水，用一牙缸的水，先刷牙漱嘴，再洗脸洗手，之后再用来洗脚净身，许多学员身上长了虱子。每天清晨，学员们在跑步之后，都要给房东的水缸挑水，为班里准备用水，然后清扫室内外卫生等。由于天气非常寒冷，许多时候又得在避风向阳的崖畔下面上课。坐久了手脚冷冻麻木，教员或是值日队长就发出口令让同学们站起来搓搓手、跺跺脚，活动一下身子再坐下听课。困乏了便唱支歌，调节一下精神。就是这样的生活、学习条件，学员们仍然意气风发，劲头十足。

一分校留守大队与抗大总校合并

1940 年 2 月 26 日，抗大总校由晋察冀军区组成的南下支队护送，长途跋涉从晋察冀抗日根据地抵达武乡县蟠龙镇。

抗大总校来到武乡后，立即着手招收第六期新学员的工作。留守大队的学员们，则继续坚持在大陌村学习锻炼。3 月中旬，八路军总部指示，在抗日军政大学总校到达武乡后，一分校留守大队归入抗大总校建制，学员全部进入抗大总校第六期学习，抗大一分校留守大队番号正式取消。任命何长工为抗大总校教育长，赖光勋担任总校军事教育科科长，铁坚担任新设立的特科大队政治处主任。

根据八路军总部指示，一分校留守大队组织学员到蟠龙镇与总校新报到的学员进行统一编队，分别编入新的团队，大陌村仍然驻扎第二团的一个营。4 月 15 日，抗大总校第六期正式开学。

太行山抗战文化中心

——晋东南鲁迅艺术学校

办学名片	1939 年春，在山西省第五专区支持下，由李伯钊负责，在长治成立山西省民族革命艺术学校。 1940 年 1 月 1 日，以民族革命艺术学校为基础，组织各方面文艺骨干，在武乡县下北漳村正式成立晋东南鲁迅艺术学校。 1940 年 12 月，晋东南鲁迅艺术学校离开武乡转移到辽县（今左权县）上武村。

抗日战争时期，随着八路军总部转战太行，武乡成为华北敌后抗战的指挥中心，在全国人民的心目中，成为抗战的灯塔、革命的圣地。许多满怀抗战热情、革命理想的青年和爱国人士，特别是一大批文学艺术界名人，相继从国统区、从沦陷区涌向太行山。这一大批热血爱国的青年艺术家的到来，使抗日前哨有了两支队伍：一支是拿枪的战士，一支是拿笔的战士。

为培养更多更好的文艺骨干，来促进根据地文化教育、文学艺术、新闻宣传事业的发展，在中共中央北方局和八路军前方总部的倡导与支持下，成立了晋东南鲁迅艺术学校，也简称“前方鲁艺”。前后数年间，培养了数以千计的优秀艺术人才，活跃于这块根据地，配合兄弟单位，带领和推动着广大群众掀起抗日救亡的热潮，创造了大量为群众所欢迎的艺术作品和多种多样的文艺活动形式，对抗战作出了重要的贡献。

文化人士涌向太行

1938 年 1 月 28 日，为纪念淞沪抗战 6 周年，延安文艺界从抗大、陕北公学等单位集中 60 余位艺术人才，排练演出话剧《血祭上海》。毛泽东看了这次演出后提出了一个设想，戏演得好，这些人不要散了，搞个艺术学院很有意义。

不久，由毛泽东、周恩来、林伯渠、徐特立、成仿吾、艾思奇、周扬 7 位同志发出了成立鲁迅艺术学院的倡议，并联合署名发出了《创立缘起》。其中写道：“我们边区对于抗战教育的实施，积极进行，已建立了许多培养适合于抗战需要的一般政治军事干部的学校，而专门关于艺术方面的学校尚付阙如，因此我们决定创立这所艺术学院，并且以已故的中国最大的文豪鲁迅先生为名，这不仅是为了纪念我们这位伟大导师，并且表示我们要向着他所开辟的道路大踏步前进。”还写道：“艺术是宣传、发动与组织群众的最有力的武器，培养抗战的艺术工作干部正是不容稍缓的工作，因此决定创立鲁迅艺术学院（简称‘鲁艺’），要沿着鲁迅开辟的道路前进。”

为了把这所学校办好，很快成立了校董事委员会，成员既包括毛泽东、张闻天、周恩来等党中央负责人，也包括蔡元培、宋庆龄、何香凝等社会名人和学者，其中还有鲁迅的夫人许广平。中共中央委托沙可夫、李伯钊、左明等人负责筹建鲁迅艺术学院。

此时，宁、沪等地大批文艺工作者陆续来到延安，为鲁艺的创办创造了条件。经过紧张的筹备，一切工作很快就绪，4 月 10 日，鲁迅艺术学院在延安成立。毛泽东兼任院长，周扬任副院长，院务委员会由沙可夫、艾思奇、朱光、李伯钊、徐以新、吕骥、张庚等组成，负责学院日常领导工作。5 月 12 日，毛泽东到鲁艺讲话。他说：我们的两支文艺队伍，上海亭子间的文艺队伍和山上的队伍，汇合到一起来了。这就有一个团结的问题。要互相学习，取长补短。要好好团结起来，进行创作演出。要下去，要到人民生活中去，走马看花，下马看花，起码是走马看花，下马看花更好。我们要有大树，也要有豆芽菜。怎么能有大树呢？我不懂文艺，文艺是团结人民、教育人民、打击日本帝国主义的武器。创作好像厨子做菜一样，有的佐料放得好，菜就好吃。你们要好好看书学习。书是好看的，它不会叫，不会跑，不像杀猪，杀不好，猪就跑了。除了看书，还要学习民间的东西。演戏要像陕北人。无产阶级文学艺术工作者要到革命斗争中去，同时学习人民的语言。要从革命斗争中学习的东西多得很。你们看法捷耶夫的小说《毁灭》，描写骑马，平时上马是怎么上的，紧急时候上马是怎么上的，都不一样。如果作者没有参加过战斗生活，怎么写得这样真实呢？绥拉菲摩维奇写了《铁流》，我们的二万五千里也是“铁流”，可惜还没有人写。《红楼梦》里有个大观园。大观园里有个林黛玉、贾宝玉。你们鲁艺是个小观园。你们也就是林黛玉、贾宝玉。但是，我们的女同志不要学林黛玉，只会哭。我们的女同志比林黛玉好多了，会唱歌，会演戏，将来还要到前方打仗。抗日民主根据地就是大观园。你们的大观园在太行山、吕梁山。

毛泽东讲话后，鲁艺师生进行了热烈讨论。他们纷纷要求到太行、吕梁抗战前线，不久，鲁艺就派一部分同学到前方去。

1938 年秋天，中共中央召开了六届六中全会，李伯钊听自敌后回来参加会议的朱总司令说，前方军民非常缺少精神食粮，需要大批的文化干部和文艺作品。鲁迅艺术学院编审委员会主任李伯钊就主动提出带一批文艺骨干到前方去。经学院领导同意，抽调了一批教师和优秀学员开赴太行前线。

李伯钊来到太行山后，立即投身到文艺运动中，组织晋东南文教界人士投身抗战，并召开了大会，成立了晋东南文化教育界救国总会，李伯钊被选为理事。会议一结束，她就带着一些文化工作者出发去太行山区的长治等地开展工作。

来到晋东南的这一批文化人，成为太行文化的骨干。这批拿笔的战士利用各种艺术形式宣传抗战、发动群众，在根据地起到了极其重大的作用，特别是八路军总部进驻武乡之后，显得尤为突出。

1939 年春，在山西省第五专区的支持下，由李伯钊同志负责，以王震之为团长的鲁艺实验剧团、陈荒煤为团长的鲁艺文化工作团为基础，在长治成立了山西省民族革命艺术学校。学校由北方局宣传科长李伯钊与第五专区秘书杨献珍共同领导。学校以短训为主要教学方式，主要培训音乐、舞蹈、绘画。培训两期后，日军对晋东南进行第二次“九路围攻”，学校被迫停止。李伯钊也随北方局机关转战进入武乡。他们利用文艺这个特殊的武器，投身到抗战中。

7 月，中共中央决定，抗大和陕北公学等校广大师生开赴晋东南前线。陕北公学、鲁迅艺术学院、陕北工人学校等单位合编为华北联合大学，与抗大等一道启程开赴前线，由于汾河涨水，只好转到晋察冀边区。后来抗大开到武乡县，华北联合大学则留在了晋察冀边区。

1939 年 10 月底，由中华全国文艺界抗敌协会在大后方组建了作家战地访问团，叶以群、杨朔、袁勃三人来到了八路军总部驻地。经野战政治部安排，他们来到下北漳村，与“文救总会”等同志们在一起，这里聚集了一大批文化人，包括陈荒煤、刘白羽、蒋弼、李伯钊等。在下北漳村，他们除了自己写作，还和部队或地方上的一些爱好文艺的青年们一起，创办文艺刊物，前方的革命文艺活动已经轰轰烈烈。

11月1日，八路军总司令部、野战政治部、华北新华日报社朱光、龚澎、何云、陈克寒、李伯钊、孙泱等人组织了欢迎会，专门招待从大后方来到前线的作家战地访问团成员叶以群、杨朔、袁勃，并进行了座谈。座谈中，叶以群介绍了中华全国文艺界抗敌协会的情况，当即，就有代表提出在晋东南成立“文协分会”的建议，而且得到大家的广泛赞同。经过紧张的筹备，11月28日，中华全国文艺界抗敌协会敌后第一个分会——晋东南分会正式成立。

11月28日，来自各地的艺术家们会聚一堂，又在武乡县下北漳村召开了“晋东南文协分会成立大会”。参加这次会议的有随总部来到晋东南的文艺工作者李伯钊、刘白羽、陈荒煤、伊林、洪荒以及全国文协总代表叶以群等40余人，还有部分地方文艺工作者，新老作家、诗人。朱总司令亲自到会祝贺并发表了热情洋溢的讲话。这次会议之后，广大文艺工作者分别到太南、太岳、太北、冀西等区开展抗战文艺活动，使敌后根据地的文化工作蓬蓬勃勃发展起来。

前方鲁艺的成立

“文救总会”与“文协分会”的成立，推动了太行山文化艺术事业的发展，在这样的形势下，李伯钊提出了创办鲁迅艺术学院晋东南分校的设想。这个设想马上就得到了中共中央北方局和八路军总部的肯定和支持。

为培养更多更好的文艺骨干，以促进根据地文化教育、文学艺术、新闻宣传事业的发展，在中共中央北方局和八路军前方总部的倡导与支持下，以延安鲁艺调来的教职员工为基础，决定成立“晋东南鲁迅艺术学校”，由于1939年11月28日，留在延安的鲁艺部分师生恢复“鲁迅艺术学校”，为与之区别，简称“前方鲁艺”。

晋东南鲁迅艺术学校于1940年1月1日在武乡县下北漳村正式成立。

学校归中共中央北方局与八路军野战政治部双重领导，设立有校务委员会、教务处、总务处和党支部等机构，下设三个系：戏剧系、音乐系、美术系。学校还聘请山西第三、五专署专员薄一波、戎伍胜为名誉校长。新成立的前方鲁艺领导成员为：校长李伯钊，副校长陈铁耕，教务主任牛犇，戏剧系主任伊林，音乐系主任常苏民，美术系主任杨角。

晉東南籌設
藝術學校

晉東南劇教總會籌備會常委李伯釗女士等，正積極籌備成立藝術學校。校址將設長治第一期招收百人至百五十人，聘戎薄二專員爲校長。學習時間六週，造就一切藝術人材，尤其着重培養劇團領導人材，以鞏固團結各劇團，開展劇運並美化太行山區抗日根據地

座談會討論
具體工作

軍。五、對敵在沿路的山嶺書寫瓦解敵僞的牆上，尤其上多寫多貼標發投降票。（上黨中心區印印）

刊登在华北《新华日报》的关于鲁迅艺术学校筹备及招生的报道

之外，还有一个普通科，是以招收文化程度偏低的学员而设立的，这是一个各种艺术领域都学一点儿的初级班，同时也有彦涵、洪荒、朱杰民、吕班等一大批著名文学艺术家到来。不久，由延安派来的鲁艺木刻团也归属前方鲁艺领导，中间曾拟成立文学系，后因条件不具备没有办成。

晋东南鲁迅艺术学校下北漳村旧址

前方鲁艺是军事化管理，学员的生活既严肃紧张又生动活泼。每天早晨吹号起床之后全体出操跑步，进行一些军事训练，白天上课和工作，进行音乐、绘画练习，晚间自由活动。学员们还积极参加各种社会活动，或在街上刷新标语，张贴墙报；或给老乡扫院子、担水和打扫街道；或到学校开辟的小菜园劳动以补给伙食、部分蔬菜及粮食，尽量做到生活自足；同时，也经常到山上打柴以解决煤炭不足……

北方局和八路军总部的领导同志，差不多每个星期都要挤出时间来给

学员们作报告，讲抗日的形势。朱德、彭德怀、左权、杨尚昆、傅钟、罗瑞卿、陆定一等，都先后来学校给大家讲课。学校的条件非常艰苦，特别是首长到学校讲课时，没有大教室，同学们只好坐在老百姓的打谷场上，没有桌凳，只有坐着小凳子、砖头、石头蛋，把小木板或书本放在膝盖上做课桌，写笔记。尽管如此，学员们的学习积极性却是非常高涨，不仅认真地做课堂笔记，课后还要进行热烈的讨论。

创办剧团

作为一所培养文化骨干的艺术学校，需要有一个自己的实验基地。李伯钊提出了创办剧团的设想，一方面可以让学员得到创作、演出的实习基地，另一方面也可以活跃根据地军民的文化生活。1940 年 2 月，经野战政治部批准，前方鲁艺组建了实验剧团。从总部火星剧社抽调了几位戏剧骨干，又从延安过来的鲁艺毕业生中选了几位，还有原太南区剧团合并过来的同志，组成剧团的工作人员，演员则根据需要从鲁艺学员中抽调。

很快，实验剧团在下北漳村成立。由伊琳担任团长，王鸣珂担任指导员，朱杰民担任音乐指挥，龙韵担任戏剧指导。团员有王汗、钱海鸿、张焕新、马骥、袁思达、张凤翔、张廷俊、张孔麟、杨正瑞、宋君璧、刘勇、谢炳志、王炎、王健民、程思三、裴一平、潘力模、常苏民、吴晓达、毛烽、李青、张陵、续九全、吴毅、雷力、代宏、段方、张洛、马萍、李沽、张娟卿、小康、刘燕等。在排练过程中，还经常根据剧情需要，抽调部分学员担任不同的角色。

剧团成立后，首先排练了李伯钊编写的农村三部曲之一——三幕话剧《老三》。该剧主要反映了不务正业的懒汉老三和家庭的矛盾，通过对比，教育农民努力生产，家庭和睦，支援抗战。老三由马骥扮演，母亲由张焕新扮演。父亲由王汗扮演，泼辣尖刻的二嫂由谢炳志扮演，哥由袁思达扮演。《老三》一剧排练完成后，在太行区演出多次，深受广大军民的欢迎。

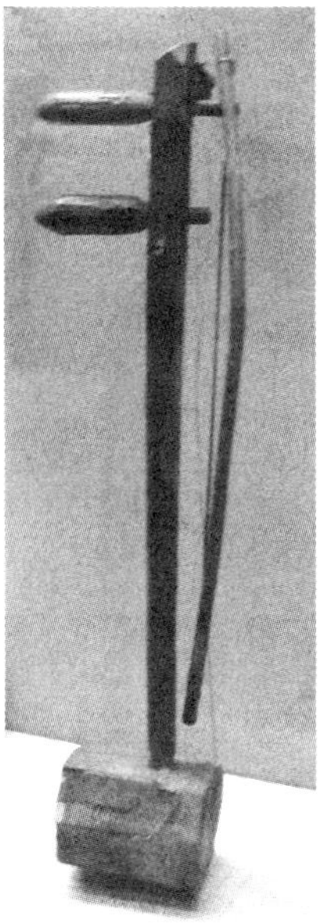

鲁艺剧团使用过的乐器

太行山区的百姓喜欢看戏，许多村庄都有戏班，老百姓几乎人人都会唱几段。鲁艺的宣传就是本着群众喜欢什么，他们就干什么，群众喜欢什么，他们就演什么。于是又成立了戏曲剧团，由洪荒担任团长。一方面从鲁艺内部抽调有戏剧特长的同志，另一方面也从当地农村剧团中找来了戏曲名角，直接为戏剧系学生服务。先后排练了山西梆子、京剧、豫剧、上党梆子，还有武乡秧歌等。洪荒团长是集编剧、导演于一身的戏剧名人，剧团演出的戏，很多都是他写的。他虽然因上台演戏特别腼腆，很少登台，可是他导演戏时，却常给演员作表演示范。给学员讲导演艺术课讲到要求演员表演时，偶尔也给大家示范一下，所以他的课，大家也很爱听。从他的讲课中学员懂得了戏剧是一门综合性艺术，导演在一部戏中应起的作用，怎样把一部文学剧本搬到舞台上变成视听艺术等等。

为纪念“五四”青年节，鲁艺实验剧团和抗大总校文工团，还一起排练冼星海的名作《黄河大合唱》。经过几天紧张排练，于5月4日在武乡蟠龙镇的河滩上演出。这是太行山第一次百人以上的大合唱，观众不仅有抗大学员、鲁艺学员，还有驻扎在附近的八路军部队，也有周边上百个村庄的群众，真是人山人海，演出受到广大观众的热烈欢迎。

这期间，先后排演了李伯钊创作的四幕话剧《金花》和《模范家庭》，洪荒编剧的《最后的一个》，伊林编剧的《大宝嫂》，赵品三编剧的《两块石头》，还有集体创作的《打倒汪精卫》《新三娘教子》《农村秘书》等。这些戏曲都是教学与实验结合的产物，但也常常搬出去为根据地的老百姓演出。

创办校刊

鲁迅艺术学校为了给广大学员提供展示与交流的平台，成立不久就决定创办《鲁艺校刊》。并抽调蒋弼、金隆芳为主编，王玉堂、高鲁、安波等人任编辑。编辑班子搭起来后，还面临着纸张、印刷等困难。但李伯钊千方百计想办法，没有铅印工厂印刷，就采用没印的方式；没有纸张，就想办法凑，找来了部分白纸，但不够用，又找了部分有色纸。在开印前，朱德总司令到鲁艺讲课，听到他们想尽一切办法创办《鲁艺校刊》，非常感动，就主动提笔为《鲁艺校刊》题写了刊名。

1940 年 4 月 15 日，《鲁艺校刊》创刊号终于与广大师生见面了。

《鲁艺校刊》的发刊词写明了办刊宗旨：创办校刊，第一，是为补充学习的不足，将自己从工作中所得到的经验教训贡献给更多的文艺工作者，以便交换意见，互相帮助，也就更多地帮助了抗战；第二，是为同学们开辟一个创作的场地；第三，是为根据地的巩固和发展，借以总结工作，以作鉴镜。总之是为了使敌后抗日根据地的文艺运动更加发展，抗日部队中的文化教育工作更加活跃而创办该刊物的。

鲁迅艺术学校编辑的《鲁艺校刊》

八路军总部首长对《鲁艺校刊》的创办都很支持，纷纷为校刊题词。八路军副总司令彭德怀的题词是“为人生的艺术本质是战斗的，不是拥护就是反对，别的力量是阻挠不住的”；中共中央北方局书记杨尚昆的题词是“一切艺术作品应该适合民众的需要及为民众所了解”；野战政治部副主任陆定一的题词是“艺术的真价值在于它能以革命精神教育劳动大众”；抗日军政大学副校长罗瑞卿的题词是“敌后艺术运动的推进机”；中共中央北方局秘书长赵品山的题词是“揣摩世事，体验生活”。

在创刊号上，鲁艺教务主任牛犇还专门撰写了《鲁艺概况》一文，分别阐述了鲁迅艺术学校的办学宗旨、教育方针、教学方法、学员来源、教学内容、专业学制等。

《鲁艺校刊》，不仅成为学校师生的必读之物，在根据地军队中也广泛传阅，部分诗歌、文章还被改编成演出的唱词，编进节目中。

为抗战培养艺术干部

为了实现文艺服务于抗战，培养大批抗战的艺术干部这个目标，使艺术干部用艺术这个武器去唤起、激励民众的抗日热情，并组织民众抗日，鲁艺精心制订教育方针与教学计划。鲁艺的教育方针就是“为抗战培养艺术干部”，体现了鲁艺积极开展战时艺术工作，培养适合于抗战需要的艺术工作者和艺术干部的思路。

鲁艺的教育者深入研究了学员们当时的普遍状况：尽管青年学员们抗战热情高，但缺乏扎实的马克思主义理论功底，有的甚至缺乏明确坚定的革命理想，青年学员们还缺乏革命所需的扎实的艺术理论修养和现代艺术发展知识，缺乏艺术工作的能力。针对这种状况，鲁艺在课程的设置上作了精心安排。

除开设专业课程外，鲁艺特别强调政治理论与文艺理论课程的设置，安排了一系列过去的艺术学校所没有的马列主义思想政治理论和艺术理论课，比如《列宁主义》《中国共产党》《中国革命问题》《社会科学》《中国问题》《民众运动》《抗日民族统一战线》《军事常识》《中国文艺运动》《艺术论》等课程。许多政治课都是由北方局、八路军总部首长来讲的。这些课程占了几乎四分之一的学时，从中可以看出鲁艺对政治思想、艺术思想教育的重视。通过这些课程的学习，广大学员真正成不仅有较强艺术能力，而且具备较高理论素养和坚定的革命理想信念，能够坚定执行中共文艺政策，能够发挥重要作用的合格的抗战艺术干部。

鲁艺第一届毕业生美术展览会场合影

结合实际确定了教育计划：分为戏剧、音乐、美术三个系。课程主要有政治常识、抗战艺术的一般问题、战时艺术工作、旧形式研究、军事常识、音乐知识、写作基础、宣传美术、戏剧及杂耍，舞蹈等。为了培养前方部队需要的一专多能的文艺宣传骨干，各个系所学的专业都交叉学习，但各有侧重。

鲁艺的学员就其修业年限来说，最初规定为三年，后来为适应前线需要，有的学生提前毕业，有的边学习边工作，也开办一些短期训练班，快速大量培养抗日艺术干部。鲁艺除了自主培训学员，还吸收前方有实践经验的文艺青年来学校进行短期的训练。在这个阶段，鲁艺在为培养抗战艺术干部、推动抗战艺术运动发展的教育方针指导下，不仅开始了对快速培养为抗战服务的普及型艺术人才的探索，也开始了由普及向提高发展的探索。

反“扫荡”转移离开武乡

1940年夏，敌人占领了武乡段村并扎下了据点。从此不断出来骚扰、“扫荡”，严重干扰了学校的正常教学工作。为了保证学校安全和继续教学，学校曾一度转移到大陌、城底等村，转移中生活更没有了规律，但学员们依然坚持学习，一住下来，就开展教学，虽然教学条件很差，但学生学习的劲头丝毫没有降低，而且还经常排练一些短小精悍的小歌舞、小话剧、小快板、活报剧等，给驻地群众演出，受到广大群众的欢迎。等敌人撤回据点后，学校又转回到下北漳村。

8月，八路军总部发动了百团大战，八路军将士在广袤的华北交通线上，和敌人摆开战场，涌现出了大批英勇的人物和可歌可泣的事迹，李伯钊校长亲自动员誓师，鼓动大家多写、多画、多唱，多向群众做宣传以支援前线，多宣传百团大战中的英勇事迹。学校还组织了前线采访演出组，深入到武乡、榆社、辽县等地驻军中，采访战斗中涌现出来的先进事迹，并进行即兴创作，很快就编排成节目演给战士们。比如，三八六旅榆辽战役结束后回到武乡休整，他们一边采访一边创作了《打榆辽》《攻打榆社城》等节目，战士们看了非常高兴。

这一期间，校刊和丛书小册子的稿源也来得特别踊跃。为了配合前线作战，鼓舞战士们的斗志，前方鲁艺编印了许多单行本小册子，散发到了部队、医院、农村中，极大地鼓舞了参军、参战、杀敌的热情。

到10月初，日军遭我百团大战打击之后，很快调集重兵，对我太行山根据地展开了报复性的大“扫荡”。前方鲁艺在武乡境内和敌人周旋，为保存自己，他们在山沟里躲藏，和野战政治部机关失去了联系。李伯钊带着鲁艺学校和实验剧团100多人刚拉上来，驴驮子又掉下了山沟，有一次行军一昼夜，没有吃一顿饭，傍晚，天晴了，李伯钊同志亲自掌勺，分给每人两块煮熟的南瓜。在反“扫荡”的日子里，生活很艰苦，但大家团结一致，不叫苦不叫累，充满胜利信心。

1940年是太行山人民很困难的时期，鲁艺学员和一切机关部队一样，吃了半年的黑豆和高粱，没菜就用硝盐加面糊代菜，柴要大家上山去砍。敌人10月的这次“扫荡”，使根据地人民遭受极大损失，武乡县的上万间民房被烧毁，被杀害的群众很多，有的村几乎户户有人丧生。就在这艰苦悲惨的时候，敌人到处造谣，挑拨群众和我党我军的关系。针对这种情况，野战政治部命令鲁艺实验剧团和一二九师某部组成慰问团，到平顺、辽县、武乡一带慰问群众。在一些村庄受到老乡的冷遇，有门的闭门不开，被烧坏门窗的赶他们走，不借东西给他们。剧团每个同志都分配到几户，经过耐心工作，宣传辟谣，甚至迁就老乡的迷信思想，夜晚和老乡一起点上火把“打鬼”，在村子里转圈，终于取得老乡的信任。从此，军民关系更亲密了。老乡懂得了人民子弟兵的重要，许多村里的妇女们怀着满腔仇恨，面对着战争的创伤，站在一片瓦砾上和剧团成员一起唱着“哥哥呀，当兵吧！”这悲壮的歌声，驱散了太行山上空的乌云。为配合参军运动，实验剧团的龙韵创作了《模范夫妻》，歌颂太行山人民母亲送儿、妻子送郎上战场的英雄事迹。由谢炳志和毛烽主演。这个剧本在武乡墨镫和辽县上武村、桐峪镇、达城、麻田演出多次，效果较好。

百团大战结束以后，由于战争形势变化，八路军总部与北方局等机关转移到了辽县。鲁迅艺术学校在太行山武乡、榆社一带和前来进行报复性“扫荡”的敌人周旋了一个多月，也转移到了辽县上武村。

活跃敌后文艺生活

鲁艺移驻上武村后，稍事休整，便继续开始执行既定的教学计划，积极为部队培养艺术人才。当时的物质条件十分困难。一切器材、工具都是自己动手因陋就简解决的。比如美术系，找块木板刨平就当作画板；弄点土颜料，就可用来画水彩画；在地上挖个小坑，把柳树枝埋进去烧一烧，就成了画素描的木炭条；把粗麻纸反过来就可代替图画纸，甚至木刻刀也是请村里的铁匠打成的。就是在这样的条件下，学校还是力求让学员学到更多的基础知识。理论课方面除艺术概论外，还有透视学、解剖学、色彩学。实习课有素描写生、木刻练习等。而大家最感兴趣的还是创作课，因为它是学习成果的集中表现，也是学习技巧的目的所在。

学校为了鼓励同学们的学习和创作积极性，经常举办展览。只要敌人不来“扫荡”，差不多每个星期都要举办一次作业观摩；每个月都要举办一次成绩展览。那时，同学们大都是二十岁上下的小青年，精力充沛，上进心强。为了把本事学到手，进步更快些，废寝忘食，日夜苦练，谁都不甘落后。有一段时间，老师见不少同学都渐渐消瘦了，便强迫大家到河滩里扔石块，到树林里攀树，活动筋骨，锻炼身体。

1941 年，八路军第一二九师要在河北涉县赤岸、王堡一带驻地举行全师运动大会。各野战部队和各军分区都要派运动员参加。刘伯承师长、邓小平政委提出让前方鲁艺的全体师生前往开展各种文艺活动。大家非常高兴，经过积极准备，戏剧系、音乐系将在运动会上演出话剧、歌舞等节目；美术系则举办一个较大规模的美术作品展览。包括老师的作品在内，总共集中了 200 多件展品：内容都是反映抗日根据地军民生产自救和斗争生活的；形式有素描、水彩，也有木刻年画等。

那些日子，赤岸村、王堡村及周围的一些村庄，都住满了参加比赛的运动员和各部队的参观团、文工团、宣传队的人员。村子内外，漳河两岸，欢声笑语，人流滚滚，到处都在进行紧张的训练和排演。鲁艺的美术作品展览，陈列在一个比较宽敞的老百姓的院子里，借用两个较大的房间布置妥当，五彩缤纷，错落有致，煞是壮观。每天前来参观的指战员和居民群众络绎不绝。鲁艺师生们轮流守候在展室，既当接待员，又当解说员。刘伯承、邓小平、陈赓、陈锡联、秦基伟、韦杰、唐天际等首长，都来观看演出和展览。

1941 年底，李伯钊回延安，由陈铁耕代理校长，野战政治部罗瑞卿主任和宣传部王东明部长直接参与学校的领导。

前方鲁艺完成了历史使命

罗瑞卿经常抽时间去学校了解情况，并对学校的工作作出安排部署。1942 年初学校转移到上口村，在五月反“扫荡”中，敌人对辽县进行了大规模的“扫荡”，左权将军不幸殉国，前方鲁艺也遭受了惨重的损失，严熹、朱杰民、陈默君、蒋弼等许多同志都英勇牺牲。根据前方严峻的战争形势，野战政治部决定，撤销前方鲁艺，合并入延安鲁艺，一部分同志回延安，还有一部分同志分配到各抗日根据地的文艺团体。

1943 年 4 月，鲁艺并入延安大学，组建为延安大学文艺学院。1945 年抗战胜利后，原鲁艺部分教职工迁往东北。在鲁艺的教职工出发之前，毛泽东接见并勉励大家说：“你们去东北的任务是争取青年，办大学……因为（东北）是必争之地，事不宜迟，说走就走，我们的‘飞机’就是两条腿。”11 月下旬，由周扬带队，从延安出发，踏上了北上的征程。

1946 年 7 月，鲁艺的队伍到达了佳木斯市，在这里将鲁迅艺术学院改为东北大学文艺学院，由萧军出任院长，吕骥和张庚出任副院长。不久，中共中央东北局正式决定，动员 1.2 万名干部下乡搞土改。为了配合土改运动，东北局宣传部对鲁迅艺术学院提出，要把以课堂教学为主的学院形式暂时改为以艺术创作演出实践为主要活动方式。决定鲁迅艺术学院脱离东北大学，编为两个文艺工作团和一个文艺工作队。鲁艺一团在牡丹江地区活动；鲁艺二团在佳木斯地区活动；鲁艺文艺工作队在哈尔滨地区活动，这个工作队后来发展成了鲁艺三团。张庚后来在辽南地区成立了一个文工团，被称鲁艺四团。后来，又成立了由吕骥任团长、瞿维任副团长的东北音乐工作团。

1949 年 12 月，由鲁艺留下人员在华北组成的华北联合大学文艺学院，与东北鲁艺工作团一部分，组建了中央戏剧学院。

后勤干部的教学中心

——八路军供给学校

办学名片	1939年春，在潞城县西白兔村（今属长治市潞州区）成立供给干部训练队。同年7月迁驻武乡县桥南村。 1940年1月下旬，经八路军总部批准在供训队的基础上成立八路军供给学校。 1940年12月，供给学校离开武乡转移到涉县下温村，并将一二九师供给干部培训班并入。

1938年，是八路军大发展的一年。根据中共中央军委赋予的“巩固华北”的战略任务，针对敌人先取平原、后取山区的企图，八路军总部决定以三师主力分别进入冀中、冀南平原和山东地区，协同当地抗日武装，打退日军的进攻，坚持和发展游击战争，巩固和扩大抗日根据地。至1938年10月短短一年的时间里，除原有的陕甘宁根据地以外，在华北先后创建了晋察冀、冀中、晋西北、大青山、晋冀豫、冀南、山东等抗日根据地，八

路军得到了很大发展。筑就了拥有16万之众的强大武装集团，成为坚持华北抗战的主力军。然而，国民政府给予八路军的军饷却还是按4.5万人支付，再加上我方又无统一政权组织，部队供给出现了很大的困难。为了解决供给问题，八路军总部决定，从培养供给人员入手，深入宣传抗日民族统一战线政策，加强征收、筹措粮款工作，保障部队供给。

成立供给干部训练队

为解决前方供给的实际困难，1938年1月，中共中央书记处发出了《关于解决部队给养困难的指示》："一、前方部队给养处在极端困难条件下，国民政府方面暂时没有很大希望，也不能存在很大希望，外国捐款正在设法中，一时也不易到手；二、目前不足的给养，主要依靠人民的支援来解决；三、这项捐助仍应在'有钱出钱，有粮出粮'，'拥护抗日军队战胜日军'的口号下进行。要加强统一战线，从统一战线的展开中去解决。"

根据党中央的指示精神，为了迅速扭转困难局面，八路军各部队除担负作战任务外，均抽出部分人员组成工作团，分散到各地，广泛宣传党的抗日主张，发动群众开展锄奸反霸、打击反动会道门、建立基层政权、扩大抗日武装、实行合理负担、征收爱国公粮等一切为了抗日的活动，得到了群众真心实意的拥护。八路军所到之处，群众踊跃捐粮捐款，积极帮助运送支前物资，护理伤病员。许多妇女也冲破封建世俗的束缚，走出家门为部队缝军衣、做军鞋，动员儿子、丈夫参军，支持家人支前抗日等。在民族存亡的紧急关头，开明绅士们也懂得了"国将不保，家何能安，覆巢之下，焉有完卵"的道理，竞相主动捐粮、捐款。由于工作团的同志大多是部队的政工干部和一般战士组成，缺乏后勤工作经验，有的在执行政策方面出现偏差，使得一些爱国绅士和群众有了意见。

针对部队供给困难的实际情况，以及后勤工作中出现的问题，八路军总部于1939年3月，决定设立后方勤务部，由杨立三任八路军后勤部部长。将原来的供给部、兵站部、野战卫生部划归后勤部领导，并新设立兵运部、财经部。统一管理，发展生产，有计划地经营和统制公私贸易；在改善贫苦人民生活的原则下，整理税收田赋；加强敌占区工作，争取运入根据地所缺乏的物资；通过政权和群众团体，开展自愿献金、献粮；有计划地建设军事工业；建立严格的预决算制度，清除贪污浪费；成立华北财政经济委员会。

杨立三部长认为要搞好后勤工作，培养后勤专门人才非常重要，所以提出了创办供给干部训练机构的设想，经八路军总部批准，很快，在潞城县西白兔村（今属长治市潞州区）成立供给干部训练队（简称供训队），由雷代夫任队长，栾俊任教务主任，对外称会昌校，面向总部直属机构及第一二九师招收了60余名学员。

供训队在开始的时候，可以说是困难重重，没有老师，没有教材，又没有场地。他们想尽一切办法，没有教材就自己编写，没有老师，就由部队内多年从事供给工作的干部来授课。杨立三部长、周玉成部长都亲自到训练队讲课。

供训队迁址武乡

1939年7月，日军组织重兵对晋东南地区实施第二次“九路围攻”，八路军总部等指挥机关受到严重威胁。队部驻财主冯来聘家，没有教室，就在村边的庙宇中进行学习，有时学员们连纸张都没有，就找些旧账本用反面来学习。敌人经常来“扫荡”，供训队就在这样艰苦的环境下，一面与敌军周旋，一面进行学习。由于前方部队急需供给人才，不久首批学员就结业了。很快又招收了第二期学员，为了让学员尽快提高思想、文化、专业素质，雷代夫队长经常邀请总部首长等来讲课程；也请杨立三、周文龙、周玉成等长期从事后勤工作的首长，也给学员们讲保障军队生活供给，组织后勤生产；还请总部首长讲红军时期的艰苦奋斗故事，讲如何处理军民关系等传统。学员听了以后，受到很大启发，纷纷表示要努力学习知识，尽快到部队中去为部队的供给工作作贡献。供训队就这样在艰苦的条件下，为八路军各直属部队输送了一批供给、财务干部到部队工作。

为此，朱德、彭德怀等首长决定总部机关迁驻武乡县，后勤部移驻砖壁村，供给部移驻西堡村，供训队则移驻距砖壁、西堡都不远的桥南村。

八路军供给学校在武乡桥南村旧址

1940年1月下旬，也就是旧历年关，第二批学员结业。朱总司令以及后勤部部长杨立三、供给部部长周玉成、供给部副部长周文龙、军工部部长刘鹏来到了桥南村，出席结业典礼。朱总司令发表长篇讲话，从井冈山时期之前的薪饷制，讲到后来的分配制，历数我军供给工作的历程。供给工作的好坏关乎战争的胜败，供给岗位十分重要，供给干部无上光荣！指出，如何才能做一名好的供给干部呢？现在是战争环境，物资来源十分缺乏，在这样的情况下，能不能组织好部队的供应，保证人有粮食马有草料呢？部队的家当掌握在供给干部手上，能不能做到不丢不损，不占不贪呢？这是供给干部的道德总则。

会后，朱总司令为供训队题词："洁己奉公。"此后，"洁己奉公"作为校训，成为每一个供给干部谨守躬行的准则。

供训队扩充为供给学校

就在毕业典礼仪式结束的时候，后勤部部长杨立三宣布，经八路军总部批准，供给部供给干部训练队正式扩编为八路军供给学校，并宣布了学校的领导任命名单。供给学校校长由供给部部长周玉成兼任，供训队队长雷代夫任副校长，栾俊任教育长，向行任教务主任。

从供训队到供给学校，不仅仅是一个名字的变化，更是一个质的改变。一方面从原来的短期培训形式，改变为有固定学制的正规教学；另一方面从原来的有什么条件就学什么，改变为有一套基本固定的教学计划和方案。

春节之后，供给学校正式招生，培养对象主要为晋冀豫、冀南、晋察冀、冀中等军区的八路军各旅、团培训供给主任和会计科长、股长。为适应部队急切的人才需求，学制定为6个月。

供给学校成立后，教学内容多是当前对敌斗争中财经工作的具体方针政策，这对教学与实际相结合，学以致用起到了很大作用。学员的学习教材，大都是军队后勤部门现行的财经制度和账务，实用性非常强；同时也开设了军服制作、军工企业管理等课程。

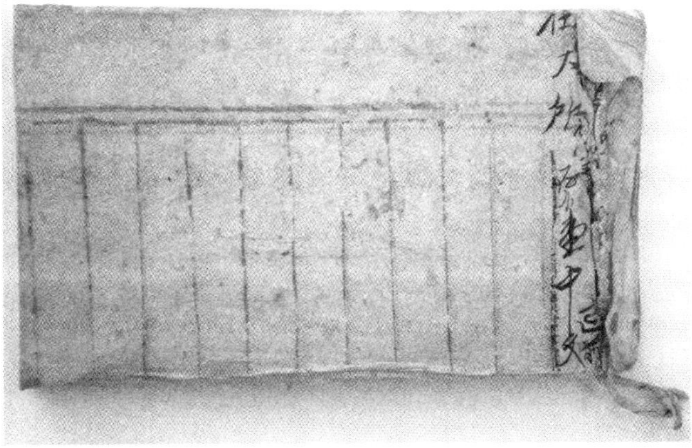
供给学校学员使用过的账本

1940年底，学校离开武乡，迁移到涉县，同时第一二九师供给干部训练班并入学校。

周玉成校长虽然是兼职，但他对八路军供给学校非常重视，培养后勤人才成为他工作的重点。从1940年创办学校至1945年，先后办班十几期，培训学员近千人，充实了八路军后勤队伍。他还组织自力更生，发展生产，办军需工厂，较好地保障了部队的供应，有效地挫败了敌人的经济封锁。还把将要毕业的学员按专业分成粮秣组、会计组、被服组、军械组、出纳组等，在技术教员的带领下，分别到边区政府、总部后勤部、兵工厂等地进行实习，去锻炼，以达到学以致用的效果。

在周玉成的主持下，根据部队生活需求，由学校学员一道努力，先后制定了《统一供给标准》《连队供给工作条例》《各级供给机关、审计处、连队经济委员会、合作社管理委员会工作条例》等规章制度，指导和规范了八路军的后勤工作，为八路军敌后抗日游击战争提供了规范的后勤工作制度和保障。

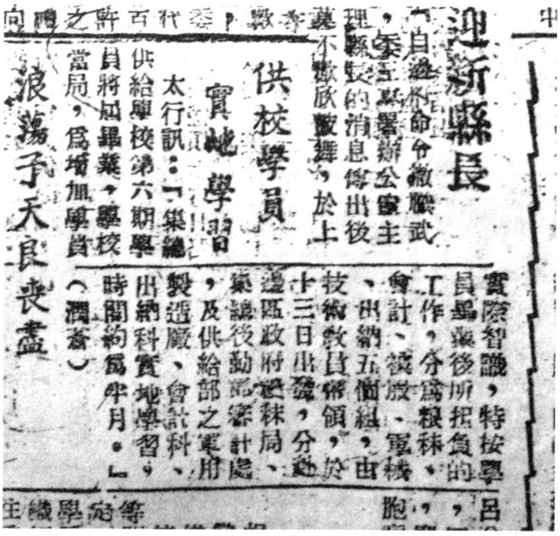
供校學員 實地學習

太行訊：「集總供給學校第六期學員將屆畢業，學校當局，爲增加學員實際智識，特按學員畢業後所担負的工作，分爲糧秣、會計、被服、軍械、出納五個組，由技術教員帶領，於十三日出發，分赴邊區政府糧秣局、總後勤部審計處，及供給部之軍用製造廠、會計科、出納科實地學習，時間約爲半月。」（潤齋）

华北《新华日报》关于供给学校学生到基层实践的报道

1945 年 8 月，中共中央军委决定撤销八路军前方总部，成立晋冀鲁豫军区，供给学校改属军区所辖，改名晋冀鲁豫军区供给学校；1948 年 6 月，与晋察冀军区经理学校合并组成华北军区供给学校；1951 年 8 月，根据中央军委命令，改建为第六后勤学校；1952 年 9 月，又改名为北京通县财务学校，隶属总后方勤务部，负责培训全军营职以下后勤专业勤务干部；1958 年 6 月在部队裁减整编中，与其他后勤学校合并成武汉高级后勤学校；1986 年 12 月，武汉高级后勤学校和襄樊后勤学校合并，改建成解放军军事经济学院。

人民军队的将星摇篮

——抗日军事政治大学

办学名片	1937 年 1 月，中共中央军委决定将抗日红军大学改名为抗日军事政治大学。1939 年 6 月，党中央决定将抗日军事政治大学本校、陕北公学本校等移驻晋东南，由北方局及前总负责监督与领导。 1940 年 2 月 26 日，抗大总校经晋察冀到达武乡县蟠龙镇。 6 月下旬，抗日军事政治大学总校机关离开蟠龙镇移驻石瓮村。8 月初离开武乡转移到黎城县，后又迁到邢台浆水。

中国人民抗日军事政治大学，简称“抗大”，在抗日战争中，以中共中央和毛泽东[illegible]制定的教育方针为指导，坚持“知识分子工农化，工农干部知[illegible]，以文化教育作为对工农干部进行军事、政治教育的桥梁，大大

促进了八路军、新四军干部思想理论、战略战术和科学文化水平的提高；同时，大量吸收知识青年、知识分子参加革命，并通过卓有成效的“团结、教育、改造”工作，把他们培养成为中国共产党及其领导下的抗日武装力量的优秀干部，为提高中国共产党及其领导下的人民军队的马克思主义理论水平和科学文化素质作出了重大贡献。

在抗战中，抗大曾培养出10余万名德才兼备的优秀干部。抗大这所驰名中外的“窑洞大学”，成为人民军队的将星摇篮，成为中国近现代教育史上的“革命熔炉”。

抗大的前身

研究抗大的前身，要追溯到土地革命战争时期。1927年11月，毛泽东率领湘赣边界秋收起义部队到达井冈山后，为提高部队的军政素质，创办了红军教导队，由吕赤任队长，陈伯钧任书记。这是中国工农红军最早培训干部的机构，随着形势发展和部队调动，红军教导队先后易名。之后，为了培养政治、军事人才，红军各部均创办学校。1930年4月，闽西红军学校扩建为中国工农红军军官学校第一分校，蔡申熙、何长工先后任校长，邓子恢任政治委员。在这前后，还相继成立了红五、红八军随营学校，红一、红三军团随营学校，赣南和闽粤赣红军学校等。为加强军校教育工作，1931年11月，中央革命军事委员会决定，上述学校合并组建为中央军事政治学校。

1933年10月，中央军事政治学校分编为中央红军大学、彭（湃）杨（殷）步兵学校、公略步兵学校以及通信、特科、卫生、供给等4所专业学校。1934年10月，中央红军进行长征，彭杨步兵学校、公略步兵学校及特科学校合并为中央红军干部团。

1935年6月，干部团与红四方面军红军大学合并，组成红一、红四方面军红军大学，倪志亮任校长，何畏任政治委员，李特任教育长，刘少奇任政治部主任。下设高级指挥、上级指挥、上级政治3个科和步兵团。同年11月，红一方面军原干部团与陕北红军军事政治学校合并组成中国工农红军学校，周昆任校长，宋任穷任政治委员，袁国平任政治部主任。

1936年2月，中国的政治形势正处在国内革命战争向抗日民族革命战争转变的关头。在这革命转变的关键时刻，重新学习、重新训练干部，就成为重要的一环。为了迎接即将到来的抗日战争，有计划地培养大批抗日军政干部，中革军委做出决定，将中国工农红军学校扩建为中华苏维埃共和国西北抗日红军大学，任命周昆为校长，袁国平为政治委员，莫文骅为政治部主任，郭化若为训练处长。

1936年6月1日，西北抗日红军大学在陕西安定县（今子长县）瓦窑堡创办。由毛泽东任校教育委员会主任兼政治委员，林彪任校长，罗瑞卿任教育长，莫文骅任政治部主任，刘亚楼任训练部长。下设三个科，第一科由陈光任科长、罗荣桓任政治委员，主要训练红军团以上的高级干部；第二科由周士第任科长，主要训练营、连干部；第三科由周昆任科长、袁国平任政治委员，主要训练班、排干部和部分战士。

中共中央对红军大学的成立非常重视，红军大学第一期开学典礼这一天，毛泽东、张闻天、周恩来等中央领导同志出席了开学典礼，并发表了重要讲话。毛泽东同志在讲话中指出：第一次大革命有一个黄埔军校，它的学生成为当时革命的主导力量，领导了北伐成功。但到现在它的革命任务还未完成，我们红军大学就要继承黄埔的精神，要完成黄埔还未完成的任务，争取民族的独立解放。办红军大学是为了提高干部的水平，为革命储蓄干部。要办好红军大学就要艰苦奋斗。他还说：我们这里要教员，没有；要房子，没有；要教材，没有；要经费，没有。怎么办？就是要我们艰苦奋斗。

由于当时红军大学分驻陕北安定与甘肃环县，所以分编为两个校，以在安定的一科、二科为第一校，以在环县木钵镇的三科为第二校。

10 月，红一、红二、红四方面军胜利会师，3 个方面军的红军学校分别编入中国工农红军大学。为了加强干部教育工作，不久，将红军大学改名为“中国抗日红军军政大学”，简称“红大”。

一个月后，红大一、二科跟着党中央移驻陕西保安（今志丹县），三科从环县木钵镇迁至甘肃庆阳县城。当时保安被国民党反动派横征暴敛，洗劫一空，城内居民只剩下 400 多人。群众只能给红大腾出几间破窑、废庙、牛棚、马厩。在窑洞里，有的睡石炕，有的用石头砌起床铺，在上面铺一块木板或铺垫上些禾草。保安一带狼很多，夜里经常听到狼嚎，有几次，狼还跑进学员们住的窑洞里，但学员们并没有因此而害怕，而组织了看护队对付野狼。学校没有操场，周围也没有一条平坦的道路，出早操时，鞋子、裤子被荆棘刮破。但是，红大的学员也没有因此而沮丧，他们都说：“雪山、草地、腊子口，穿着草鞋照样走！这点困难还能挡住我们？”于是他们自己动手，很快就把臭气熏天的马厩，打扫成清洁的学习室；把破烂不堪的废庙，整修成整齐的课堂；把残留的石窑洞整修成整洁的宿舍。

为了解决老师们来校上课行路困难，学员们又利用几个早晨的奋战，修了一条宽两米、长百米的大路和几条连接学员住处的小路。当地群众见学员用自己的双手把一片荒山野洞改造成整洁的校舍，深为感动，特赠给学校一面锦匾，上面写着：“劳动者可以创造世界。”

毛泽东同志高度地赞扬了这种艰苦创业的精神，很有风趣地对学员们说：你们是“石器时代的人”，但学的是最进步的科学。

美国《纽约日报》驻华记者埃德加·斯诺曾到红大采访，对红大的艰苦创业精神非常敬佩。他在《西行漫记》一书中说：这种“高等学府”，全世界恐怕就只有这么一家。

正式更名为抗大

西安事变爆发，震惊了全世界。中共中央收到张学良电报，派周恩来赶赴西安与张、杨共同协商大计。中共中央以中华民族利益的大局为重，确定了用和平方式解决“西安事变”的方针。

西安事变和平解决后，国内战争基本结束，抗日民族统一战线也基本形成，东北军主动撤出延安。1937 年 1 月，红大跟随党中央进驻延安。此时，中国共产党确定将工作重心由实现停战转向巩固和平，争取民主，实现共同抗战。在这样的时刻，党中央审时度势，面向全国各地发布招生广告，号召凡有志献身民族解放事业，具有高小以上文化程度，身体强健，无不良嗜好、暗疾的热血青年均可投考。

招生的广告发出以后，全国各地革命知识青年开始奔向延安。

针对全国飞速发展的抗日形势，毛泽东再次强调办学校培养干部的极端重要性。他指出：“要驱逐日本帝国主义出中国，争取抗战胜利，就必须大大地增加抗战力量，改变敌我力量强弱的对比才能达到这个目的。”为适应抗日形势发展的需要，中共中央军委于 1937 年 1 月 19 日，决定将“抗日红军大学”改名为“中国人民抗日军事政治大学”，简称抗大。同时将原红大第二校改编为抗大附属庆阳步兵学校。抗大的领导机构也进行了调整：毛泽东兼任教育委员会主席，林彪任校长，刘伯承任副校长，罗瑞卿任教育长，刘亚楼任训练部长，傅钟任政治部主任，杨立三任校务部长。下设四个大队：第一大队由红军的团、师、军干部组成；第二、三大队由红军的连、营干部组成；第四大队的学员大部分由来自国民党统治区的爱国青年学生组成。

1937 年 1 月 21 日，抗日军事政治大学第二期（延续红大第一期排列）在延安举行开学典礼。

卢沟桥事变标志着日本帝国主义发动了全面侵华战争，也标志着中国人民抗日战争的全面爆发，即全国抗战的开始。

延安作为中共中央所在地，也成为全国人民向往的革命圣地，全国各地的知识分子和进步青年，为了寻求抗日救国的真理，冲破反动派的种种阻挠破坏，纷纷奔赴延安到抗大学习。甚至有越南、印尼、缅甸、泰国、菲律宾、新加坡、马来亚以至加拿大、巴拿马等地的爱国华侨，也不远万里越洋回国，来到延安。为了适应抗战形势的发展，在抗战紧急用人之际，抗大第二期没等毕业就离校，并奔赴抗战前线。第三期学员很快超额招满，于 1937 年 8 月 1 日正式开学。第三期开学以后，仍有不少新同学结队前来，学校决定随到随编队。同时，由于工作的需要，也有一些同学学期未满就离校奔赴了战斗岗位。

抗大总校延安旧址

第三期开学不久，中国工农红军主力改编为国民革命军第八路军，东渡黄河，走上了抗日最前线。抗大校长林彪、副校长刘伯承分别被任命为一一五师、一二九师师长，中央对抗大领导机构进行了调整，校长仍由林彪兼任，副校长罗瑞卿，教育长兼训练部长刘亚楼，政治部主任莫文骅，校务部长杨至成。第三期学员分设为三个大队，分别由冯达飞、苏振华、刘忠任队长。抗大附属庆阳兵学步校改编为八路军总部随营学校，跟随八路军总部机关开赴抗战前线。

由于华北抗日救亡运动的日益高涨，前线迫切需要大批有知识、有文化的人才，为此抗大的学制也缩短。1938 年 4 月 16 日，抗大第四期正式开学。由于大量吸收来自各地的知识青年学员，学校人数大增，学员达 5600

余人。校址相应扩散，北至蟠龙、瓦窑堡，南至洛川，向西延伸至甘肃的庆阳。特别是在第四期中，代表新中国妇女先锋的女生队伍，也不断地壮大，并单独成立了第八大队，引起中外人士的注目。在抗大学校里，条件是非常艰苦的，很多科目没有课本，学校也没有很多大名鼎鼎的教授，这课就是叫艰苦奋斗，克服困难。因为学校有许多资源缺乏，要与这些困难作斗争，虽然资源缺乏，还是要干要学，这对于战胜日军是非常重要的，应该学会克服困难的精神。

学员的文化程度也有很大提高，为抗大注入了新的生命力；但同时也为抗大的教育管理等方面带来了新情况和新问题。为适应抗大迅猛发展的新形势，急需进一步加强党的组织建设，发挥共产党员的先锋模范作用，提高各级党组织的战斗力，以带动一大批青年学员尽快成长。5 月，学校召开了第二次党代表大会，主要任务是研究确定本期教学任务，总结建校和领导青年知识分子的经验，选举成立了新的校务委员会。同时还加强了党对中华民族解放先锋队的领导。当时学校有民先队队员 2000 多人，成为学校各项工作的一支突击力量。

8 月，为适应前方需要，经过几个月的短暂学习，第一、二、六大队学员提前毕业，有 1400 多名学员去参加了保卫武汉的战斗。为了使学员的学习更加适应抗战的需要，总校又于 9 月中旬，组织抗大参观团，在军事教育科科长王智涛的带领下，先后到达晋西北、晋察冀八路军部队参观见习，与战士们一道，同吃同住同上战场，亲身体验战争岁月的酸甜苦辣。一边向前线部队指战员取经，一边帮助部队总结战斗经验教训，编写战例，并在此基础上，编写了一部《战术学》教材，深受学员和部队指战员的欢迎。

为了让广大学员尽快走上前线，尽快适应战争需要，尽快成为军政领导骨干，在毕业典礼时，毛泽东同志还对抗大毕业生说：抗大的同学毕业出去后，做什么呢？第一，当学生。在学校学的仅仅才开了一道门，还要在学校外面去学。一切客观存在的东西，不管是人是物，都是研究的对象，都是先生。马克思主义也是没有完的，马克思主义是空前而不绝后，要学习一辈子。第二，当教员。全国四万万五千万人都是学生，要团结他们，组织他们，向他们学习，同时又教育他们。第三，当指挥官。现在在抗战，“游击战争”四个字，是制敌的一个锦囊妙计，要下决心到敌人后方去进行游击战争，你们大多数人要到前线当军事指挥官或政治指挥官。

1939 年 1 月 28 日，抗大总校第五期招生结束，正式举行了开学仪式。开学时，校址仍在延安。党中央和抗大领导对第五期招生十分重视，早在 1938 年 8 月 9 日，毛泽东、林彪、罗瑞卿就电告各战略区：抗大第五期需招大批学生，凡热心愿来此就学之青年学生及工人分子，年龄、性别、信仰、学历等不加限制，一律欢迎，随到随收，来者不拒。由于党中央的重视及全党全军的大力支持，抗大第五期在困难的条件下仍招收 4962 名学员。

第五期学员编为 5 个大队：第一大队大队长苏振华，政治委员王赤军；第二大队大队长郭林祥，政治委员李呈瑞；第三大队大队长刘忠，政治委员黄志勇；第四大队大队长罗华生，政治委员李干辉；第五大队大队长庄正风。

1939 年 6 月 1 日，抗日军事政治大学在延安南门外举行了规模盛大的纪念抗大成立三周年庆祝大会。在延安的中央领导同志毛泽东、刘少奇、陈云、王稼祥、张闻天、邓发、李富春等出席了大会，并发表了讲话。

在这次大会上，毛泽东指出：“抗大办了三年了，我们的抗战快两年了。抗大是抗日的，抗大的目的是要打倒日本帝国主义，彻底解放中华民族。抗大三年以来，创造了很多的坚强的抗日干部，到前线去，到敌人后方去，打击敌人，消灭敌人。”

根据毛泽东同志的指示，中共中央政治局做出了《关于抗大陕公本校等迁到晋东南的决定》。

抗大挺进华北敌后办学

1939年上半年，因为国民党反动派发布了“限制异党活动办法”，胡宗南的军队三面包围了陕甘宁边区，层层封锁，关卡林立，前方后方的联系非常困难，所以投奔延安的青年大量减少了。而在黄河对岸，日本侵略者又不停地炮轰边区。在这样的情况下，一方面陕北的粮食供应更加困难，难以维持众多学员的生活；另一方面前方需要大量人才，而各地的有志青年很难进到延安来入学，学员毕业后去前线也有许多阻碍与困难。为了解决这一困难，根据毛泽东同志指示，党中央决定，将抗大迁至晋东南抗日前线办学。

1939年6月20日，根据党中央、毛主席指示，中共中央政治局做出了《关于抗大陕公等学校迁移晋东南的决定》，指出：“开办学校吸收大批青年到共产党及八路军方面来，是党最大的成绩，以后还要继续这项工作。最近敌人企图进攻边区，加之地区贫寒、粮食困难等，因此，中央政治局决定：抗大本校陕公本校等移驻晋东南，由北方局及前总负责监督与领导。唯学校之方针及组织改变仍由中央决定。”

1939年6月21日，罗瑞卿主持召开了抗大党的活动分子大会，并在会上宣布党中央《关于抗大陕公等学校迁移晋东南的决定》。

在这次会上，罗瑞卿副校长还就东迁的伟大意义作了阐述：第一，我们的东迁，给日本法西斯企图进攻边区一个有力的回答。日本帝国主义要来，我们就和他“换防”，而且在他没有来以前，我们就先到他们后方去。第二，抗大上前线，是给全国学校做个模范。国民党的许多学校都迁往大后方逃避敌人，我们却向着敌后挺进，这会给全国人民一个信心：华北不仅可以发展游击战争，还可以办学校；不仅办抗大分校，还要办抗大总校，这是非常使人兴奋的。第三，抗大上前线，是给反共分子、摩擦专家们一个有力的回答。他们污蔑我们，说我们创造一党势力，专事在后方宣传。我们现在到前线去，正是给他们一个回答，让那些顽固分子睡在“被窝里”逞英雄吧！第四，抗大上前线，也给予我们的敌人——日本帝国主义到处滥炸我们的学校，摧毁文化机关，企图毁灭中华民族文化的罪行一个强有力的回答，在日军面前证明：中华民族优秀儿女的精神，是永远毁灭不了的！第五，抗大上前线，将成为坚持华北抗战的一个有利条件。总校到华北去，不仅可以加强对分校的领导，同时对于坚持华北游击战争，更有其重大意义。

根据中共中央政治局决定，抗大总校除留下第一大队工农干部队、第二大队职工队、第五大队敌军工作训练队和参谋训练队组成第三分校，继续培养陕甘宁边区干部和革命青年外，抗大总校领导机关及第一、二、三、四大队，以及由陕北公学、鲁迅艺术学院、延安工人学校、安吴堡战时青年训练班等四校合并成立的华北联合大学一道，共计8000多人，合编为一个行军纵队，对外称“八路军第五纵队”。由抗大副校长罗瑞卿任纵队司令员兼政治委员，华北联合大学校长成仿吾任纵队副司令员，抗大政治部主任张际春任纵队政治部主任，抗大训练部长王智涛任纵队参谋长，抗大秘书长欧阳毅任纵队副参谋长。并将原来的大队、支队、学员队、区队依次改称为团、营、连、排的序列。抗大总校也称青年纵队；华北联合大学称为独立旅。

1939年7月10日，八路军第五纵队在司令员兼政治委员罗瑞卿率领下，分成三个梯队，浩浩荡荡开始向晋东南敌后进军。

战士们唱着“到敌人后方去，把鬼子赶出去……”激昂、嘹亮的歌声，告别了延安，向前方进发，经延川、延长，在永和关渡过黄河。就在队伍翻越吕梁山，浩浩荡荡来到汾河边上，准备渡河开赴晋东南时，因连日大雨，汾河水猛涨，根本无法涉水渡河，再加上从电报获悉，日军正在对晋东南地区进行“九路围攻”。面对这一情况，罗瑞卿只得改变原来的方案，重新返回黄河之西转道北上，经清涧、绥德、米脂，从神木盘塘渡口渡过黄河，到达山西兴县黑峪口。稍事休整后，在三五八旅部队的护送下，继续东进，于9月下旬，到达河北省灵寿县陈庄。这里是晋察冀军区所在地，军区司令员聂荣臻欢迎抗大总校的到来，并希望他们在晋察冀继续办学。抗大总校政治部在此举行了远征祝捷大会。

由于日军在晋东南的“扫荡”仍在进行，总校进驻晋东南还有困难，总校领导决定，一方面在此等待时机开赴晋东南，另一方面学习中央指示，研究深入敌后的办学方针，继续加紧对学员的教学工作，使第五期学员能够坚持学习，继续完成教学任务。

1940年1月1日，抗大第五期的教学计划基本完成，总校在陈庄举行了毕业典礼，毕业学员分配到晋察冀军区和一二〇师工作，极大地充实了聂荣臻和贺龙部队的干部结构。

抗大第六期在武乡开学

根据中央指示，抗大尽快移驻晋东南，考虑到华北联合大学队伍中女同志和体质较弱的文化工作者较多，不宜再长途行军，中共北方分局书记彭真和晋察冀军区司令员聂荣臻希望华北联合大学留在晋察冀边区，得到中共中央同意后，华北联合大学留在晋察冀。

抗日军政大学总校武乡县蟠龙村旧址

第五期学员毕业后，正赶上八路军总部要求晋察冀军区派部队支持太行反顽斗争，聂荣臻司令员组织一分区第一团、四分区第五团、冀中军区警备旅组成“南下支队”，准备开赴晋东南。2月初，由陈正湘任司令员、刘道生任政治委员的南下支队已经整装待发。聂荣臻当即决定：冀中警备旅可经石家庄以南地区，越平汉路直插晋东南；一团和五团会合后由他自己率领，趁农历年关敌人警备松懈的时机穿越正太路，同时，护送抗大总校前往晋东南。

1940年2月7日，正是旧历大年三十。在夜幕掩护下，聂荣臻率领几千人的队伍，冒着料峭春寒，徒涉结着薄冰的滹沱河，寂静而又迅速地在微水附近越过正太路。原计划经昔阳东冶头继续南下，但侦察员报告东冶头发现敌人，所以聂荣臻司令员与罗瑞卿副校长临时改变行军路线避开东冶头的敌人，绕道和顺县境的皋落、青城、松烟，再经辽县的拐儿镇、芹泉、麻田、桐峪，于2月26日到达八路军总部所在地武乡县，在武乡县蟠龙镇，与何长工、赖光勋率领的第一分校留守大队会合，胜利地完成了挺进晋东南的任务。

抗日军政大学训练部武乡县蟠龙村旧址

抗大总校到达蟠龙镇后，校部机关驻扎在原义昌家，训练部设在镇中心的法云寺。政治部驻扎在镇北不远的白家庄村。政治部机关驻在安苟孩家，政治部主任张际春、组织部长袁子钦、宣传部长谢翰文、保卫部长吴格成等领导住在李义堂家。教室设在村中天主堂。

这个时期，我们党领导的八路军已发展到40余万人。根据地也进一步扩大，除陕甘宁边区外，八路军创建的晋察冀、晋冀鲁豫、晋绥、山东等抗日根据地，形成了规模。日本帝国主义对此既害怕又痛恨，所以采取

“囚笼政策”对我根据地实行严密封锁。而国民党顽固派在日军的诱降之下，一方面坚持其防共、限共、反共的反动方针，另一方面为投降日本作准备。敌后斗争错综复杂，而且处于游击战争环境，部队经常分散活动，这就要求各级干部具有高度的政治觉悟、较好的军事素养，以及正确掌握党的方针、政策和斗争策略的能力，才能临机应变，灵活处置各种复杂的情况，在日、伪、顽势力的包围中得以生存、发展，去争取胜利。因此，培养训练干部便成为一项极为重要的任务。

抗大总校到达武乡后，马上就开始了第六期的招生工作，主要对象是华北前线的八路军和决死队战士。在招生的同时，由于学校与一分校留守大队合并，管理机构进行了调整，本期招生4900多人。第六期编为四个团，一个特科大队，两个直属女生队。调整后的学校领导机构为：

抗日军政大学政治部武乡县白家庄村旧址

毛泽东兼任教育委员会主席，林彪任校长，罗瑞卿任副校长，何长工任教育长，欧阳毅任秘书长，王智涛任训练部长，张际春任政治部主任，李呈瑞任组织部部长，谢翰文任宣传部部长。第一团团长苏振华，政治委员王赤军，政治处主任张力雄；第二团团长郭林祥，政治委员杨光池，政治处主任傅崇碧；第三团团长刘忠，政治委员黄志勇，政治处主任张昌大；第四团团长罗华生，政治委员李干辉，政治处主任何善元；特科大队大队长刘鼎，副大队长邓国卿，政治处主任铁坚。

从这一期的招生情况看，学员大多是本地土生土长的军人或干部，知识分子学员的数量比第五期大幅度减少，工农分子的比例大大提高。据统计，出身于工农家庭的占学员总数的86%，他们主要来自八路军和山西青年抗敌决死队、中华民族解放先锋队、山西牺牲救国同盟会等军队以及抗日群众团体、地方抗日民主政权的干部，也有少量的新四军学员。在这一批学员中，虽然文化素质较低，但政治素质很高。普遍来看，由于来自抗日第一线的学员比例很大，这些人具有较高的阶级觉悟和基层领导工作经验，也有一定的对敌斗争经验，经得起艰苦斗争的考验，这是本期十分有利的一面；但本期不利的方面也十分明显，就是学员的文化程度与第四、五期比较明显降低。第四、五期的学员大部分是初中以上文化程度的青年，而本期文盲与半文盲却占学员总数的43%，高小文化程度占24%，中学文化程度占31%，大学文化程度仅占2%。

经过近两个月的准备，1940年4月15日，抗大第六期在武乡蟠龙镇正式开学了。

1940年4月15日，抗日军政大学第六期在武乡县蟠龙镇举行开学典礼

朱德总司令、彭德怀副总司令和野战政治部傅钟主任都出席了开学典礼，并作了指示。朱总司令鼓励同学们说：“你们这一期比以往任何一期都幸福，能够直接到抗日战争的最前线来受教育，接触更多的实际。希望你们继续发扬前五期的光荣成绩，努力学习，吃苦耐劳。抗大是中国共产党领导下的八路军、新四军的干部学校，它的任务是为八路军、新四军培养军事政治干部的。要求大家相信共产党的领导，在毕业以后积极参加部队工作，下决心沿着马克思列宁主义的道路前进。”

彭德怀副总司令也在大会上作了《民族危机加深与怎样争取时机好转》的形势报告。他指出：“在两年多抗战中间，中国共产党领导下的八路军与转战大江南北的新四军，已经取得了广大人民的拥护，发展了许多抗日游击队。八路军与新四军在人民拥护和自动参加之下，扩大起来了。两年多的经验证明八路军与新四军是战胜日军取得抗战胜利的决定力量之一，没有八路军与新四军的巩固与壮大，战胜日军是不可能的。为了担负起来历史赋予八路军与新四军的任务，游击队必须及时地转变为正规军，使其成为抗日的铁军。为此，首先要创造铁军骨干的学校，没有这样的学校来创造铁军的骨干，就不能把八路军、新四军的游击队变为正规军，把正规军变为抗日铁军，就不能战胜日军。因此，今天六期开学的意义是非常重大的，特别你们的第六期，开学是在敌后华北举行，这更加容易使你们的学习与你们担负的实际任务联系起来。”彭副总司令还指出：“在抗大六期举行开学典礼的时候，正当汪精卫组织伪中央政府在南京粉墨登场，民族危机更加深重的时候，也正是抗战处在相持阶段，即准备反攻阶段的时候，抗大总校来到敌后华北，并且举行了六期开学典礼，这就愈加证明了抗大是打击汪精卫、克服民族危机的一支可靠的主力军；抗大是准备反攻的一支不可少的重要力量；抗大的坚强和壮大是不容忽视的。”

最后，彭副总司令勉励抗大的同志们发扬光荣传统，把抗大办得更好。朱总司令和彭副总司令的重要指示，鼓舞起全体教职工与广大学员战胜困难的信心与决心：要把这所“创造铁军骨干”的学校办得更好，努力学习知识，把自己锻炼成优秀的军政干部，等到毕业后，以饱满的热情走上抗日前线。

抗大第六期学员的特殊性

抗大第六期招生中注重根据地党政军中的抗战骨干，学员大多数是本地土生土长、经过一定革命斗争实际锻炼的基层干部。这一批学员，普遍来说，具有较高的阶级觉悟和基层领导工作经验，也有一定的对敌斗争经验，经得起艰苦斗争的考验，但由于文化程度普遍低，甚至有许多的文盲或半文盲，学员中有半数以上不能记笔记，具有高小文化程度的同志也只能记简单的笔记，不少学员的笔记本上画着各种图形，来代表写不出的文字，这样的笔记本像天书一样，只有自己才能看懂。大部分学员自学和理解能力较差，有的根本不能自学。这种状况，给本期的教学工作带来很大困难。

针对这一实际情况，副校长罗瑞卿与校部秘书长欧阳毅、训练部长王智涛进行了认真的研究，决定采取分级教学的方式：一方面，在连排中将文化基础差的学生组成一个排，在教学上加强文化课的比重，给他们“吃偏饭”，以促进文化知识的快速加强；另一方面，广泛开展排与排的互助活动，在课余时间，让文化基础较好的排的学员与较差的排进行一帮一活动，责任到人，每个文化程度较高的学员，要负责辅导一至三名文化程度低的学员。以这样的帮带教学法，促进学员的学习迅速长进。同时，学校还组织有意义的课外辅导活动，利用兴趣教学，促进学员的学习水平提高。

抗大总校编印的抗大校刊

由于这一期的学员中农民成分的学员增多，而且大多数是本地人，所以在思想上往往反映出比较浓厚的农民意识，在抗日的态度上是非常坚决的，但由于抗战开始前与国民党、地主官僚长期斗争，对党的统一战线政策及对顽固派“有理、有利、有节”的斗争原则较难理解；特别是靠近家乡故土，家庭对他们的影响比较大。不论是农村的生产还是对敌斗争，都会引起思想波动，尤其是敌人“扫荡”时，家乡遭到敌人的摧残，斗争比较残酷的时候，往往产生对家庭的牵挂。

根据上述学员新的特点和抗日斗争形势的需要，抗大从这一期开始，办学的方针和教学任务就随着情况的变化而作了相应的改变，从第四、第五期以教育改造知识分子干部为主，转变为以培养提高部队工农干部为主；在教学内容与教学方法上，又采取如何适应工农干部特点的内容与方法。

1940年6月，后勤部机关再次返回砖壁村。同年11月，离开武乡移驻辽县（今左权）下麻田村。

八路军后勤部王家峪村旧址　李绍君　摄影

杨立三部长旧居（韩北镇王家峪村）　李绍君　摄影

八路军供给部西堡村旧址

1939 年 7 月，八路军总部由潞城移驻武乡砖壁村后，供给部机关也一同来到武乡，先后驻扎在砖壁村、西堡村，对外番号“黄峪部”。供给部机关驻扎在李祖寿家东楼院。部长周玉成住东房，副部长谢今古（黄达）与部机关住西房，后由周文龙接任副部长，仍住这里。当时，后勤部部长杨立三经常来指导工作，住正楼西屋。后勤部直属的制鞋厂（村里人都叫鞋工厂）驻李海旺家，卫生队驻土地庙，专门供应卫生部的药材站驻在李海生家。还有负责运输的辎重营也驻在西堡村。

供给部在西堡村期间，由于当时八路军已经有了很大发展，而国民党给的供给非常少，还常常拖欠，这给八路军的生活带来极大的困难。为了保证八路军的衣食住行，供给部遵照坚持发展生产、保障供给的方针，想方设法解决部队供给，比如开办经济合作社，组织农村妇女纺花织布，组织易货贸易等，并创办了被服厂、皮革厂、纺织厂、肥皂厂、卷烟厂、织袜厂等。

1940 年 4 月，朱德总司令到洛阳与国民党第一战区司令长官卫立煌谈判时，供给部通过多方周旋，国民党政府同意补发所欠军饷，周文龙副部长带领供给部的有关人员，包括科长、出纳和从兵站部调来的两个运输连，还有专作驮运军饷的 10 匹膘肥体壮的高头大骡子，跟随护送朱总的队伍前往西安。为了把领饷工作做好，周文龙与八路军西安办事处领导反复研究，商讨对策，如怎样进行交涉、办理领款手续，除领回应发的军饷外，如何追回去年被扣发的款项，由于货币贬值，如何要求增加物价补助，为了便于运输，要适当增加大面额的钱币，等等问题，都进行了研究。但国民党方面却设下重重障碍，先是派特务绑架了我方办事人员，后又说我方准备兑换的旧币是假币，利用各种方式来刁难。在八路军西安办事处的协助下，周文龙再次对领军饷的每一个步骤、措施，都进行了反复研究和部署，使这项工作再也没有出现漏洞和挫折。直到 6 月 29 日，才把该领的军饷全部领齐，共计 257.795 万元。加上以旧币兑换新币 5.1 万元，两项合计共 263 万元。7 月 20 日，周文龙率队终于回到了八路军前方总部。彭德怀、左权、杨立三和他们紧紧握手。彭德怀说："这一趟出去了整整三个月，你们辛苦了，你们为总部办了一件大事。大家感谢你们！"

1940 年 11 月，由于日军频繁"扫荡"，八路军总部机关离开武乡，供给部机关也转移到辽县（今左权）大林口村。

八路军供给部西堡村旧址　李绍君　摄影

周王成部长旧居（韩北镇西堡村）　李绍君　摄影

八路军野战卫生部土河坪村、刀把嘴村、左会村旧址

1937年8月，在陕北的中国工农红军主力改编为国民革命军第八路军，为保证八路军医疗卫生工作，同时将中央军委卫生部改编为八路军卫生部，由姜齐贤任部长，刘惠农任政委。为战争需要，卫生部一分为二，前方卫生部跟随总部前往山西抗日前线。1938年3月，前方卫生部由晋西南撤回延安，前后方卫生部合并，恢复为原来的军委卫生部兼八路军卫生部，领导全军卫生工作。但由于我军分别在各个敌后根据地，交通不便，也不可能统一业务领导，实际上也只是负责陕甘宁边区的后方卫生工作。

1938年秋，朱总司令回延安参加中共六届六中全会，在这期间检查了军委卫生部工作。认为卫生部有五个领导，部长姜齐贤、政委刘惠农、副部长姬鹏飞、孙仪之，副政委易秀湘，这在人才短缺的时期是一个极大的浪费，特别是医疗卫生工作，延安后方没有很多事，而前方却缺少大量医护人员，严重影响战场救护工作。于是决定，调姬鹏飞去新四军工作，调刘惠农到晋西北，调孙仪之去前总组建野战卫生部。同年10月，孙仪之率后方卫生部少数干部及一个兵站医院，到达了晋东南八路军总部，成立八路军野战卫生部。

1939年7月15日，八路军总部进驻武乡县砖壁村，同时，野战卫生部

驻扎在距砖壁村不远的土河坪村。在土河坪村时，卫生部机关驻岳兆祥家，部长孙仪之住岳兆祥家西房。当时，部机关有100多人，分设医政科、医药科、供管科、秘书科等几个科室。

鉴于反“扫荡”时人多行动不便，总部号召精简机构，要求不是在战况紧急的情况下，不可能派兵掩护，要有各自为战、单独行动的能力。1939年10月野战卫生部自动精简，由100多人减为11人，包括部长1人、助理员3人、秘书1人、警卫通讯员6人，不设机关。精减下来的人员，都有专业技术特长，一部分充实到了野战医院，另一部分组建了卫生学校。校长由孙仪之兼任，政治主任兼教务主任任傅九，专门为总部直属单位、第一二九师及所属旅培养卫生人才。

之后，野战卫生部根据情况随所属卫生学校、野战医院或制药厂行动，除土河坪村外还经常驻扎在刀把嘴村，孙仪之部长住韩四尧家西房。由于野战医院、总部制药厂也在该村，房子非常紧张。野战医院又来了许多伤员，村里的房子住得满满的，没有做手术的地方，孙部长就将自己的住房腾出来作为手术室。为解决住房问题，孙部长还想出一个办法，在房子的梁上拴一根绳子，把手术床吊起来，做手术的时候放下来。手术结束后，吊在空中，腾出地方来办公休息。

为解决药品供需矛盾，野战卫生部将总部原有的制药所和第一二九师制药厂合并，成立了八路军（十八集团军）卫生材料厂（制药厂），并设立几个分厂，利用当地中草药制作药品。还研制出第一支柴胡注射液以及丸、散、膏、丹中成药，不仅解决了自己的困难，还补充了附近各医院药品的不足。

1939年秋，为了支援八路军抗战，还有一些外国朋友前来支持。印度国民大会派遣印度援华医疗队，还有一名德国医生汉斯·米勒，延安总部考虑到太行根据地的实际情况，便由延安军委卫生部秘书马寒冰陪同来武乡八路军总部野战卫生部。几位外国医生为八路军的医疗工作作出了极大的贡献。

1940年秋季反“扫荡”，野战卫生部也经常遭到袭击，孙仪之部长带领部机关及野战医院经常转移到武乡东部的深山里。在反“扫荡”中，别的部门东西可以埋藏，便于转移，而野战卫生部因有医院伤病员，不能远途转移，只能就近活动。比如，敌人袭击砖壁八路军总部机关时，总部机关转移圈子特别大，走了几百里，而卫生部只跑了几里路，钻在深山里。医院伤病员轻的组织随队转移，重的隐蔽在山沟山洞里。卫生学校便成了武装队，担任侦察警戒，同时还在转移时抬担架，运送伤员。药厂人员搞粮食，靠机动灵活、单独活动、自力更生、自保安全。

1940 年底，为了加强后勤机关的战斗作用，进一步实行精兵简政，根据总部决定，将野战卫生部与第一二九师卫生部合并，由第一二九师卫生部部长钱信忠担任部长，野战卫生部部长孙仪之担任政委。合并后，仍称八路军（第十八集团军）野战卫生部，下设医政科、供管科、秘书科；卫生部政治部，下设组织科、宣传科、秘书科。机关设在左会村，住在申培民家，机关住正房，部长钱信忠住西房。次年 2 月迁至辽县（今左权）东隘口村。

八路军野战卫生部左会村旧址　申端阳　摄影

钱信忠部长旧居（洪水镇左会村）　李绍君　摄影

八路军财经部韩北村旧址

抗战初期，八路军从进入山西到立足华北，在财政经济上面临着诸多困难，部队有了大规模的发展，特别是到1940年，八路军部队发展到40万人，但粮饷自筹严重不足。为解决根据地没有统一的政权机构，筹粮工作极其困难的问题，八路军总部决定设立财政经济部，兼管部队和地方的经济工作。1940年5月，八路军财政经济部在武乡县韩北村正式成立，由张慕尧担任财经部部长，成为八路军后勤部的一个重要部门。财经部设置有办公室、稽征科和金库等部门。

八路军财经部韩北村旧址　李绍君　摄影

八路军军工部柳沟村旧址

1939 年 3 月，八路军总部决定成立管理军事工业的第六科，任命刘鹏为科长。第六科跟随总部机关同住于潞城县北村。第六科的主要任务是统一管理晋东南、冀南、豫北地区我部各师、旅、团、支队及地方政府的修械所和炸弹厂（那时对地雷、手榴弹统称为炸弹）。经过分头到各地调查，知悉部队和地方抗日政府都先后成立了一批修械所和炸弹厂，但规模很小，设备简陋，技术落后，修械所只能进行少量的修修配配，不能制造枪械。炸弹厂的产量也很小，规格不一，质量不稳定，要发展军火生产，就必须把此集中起来，进行改造，扩建成兵工厂。在军工科的提议下，八路军总部决定：首先接收了两个条件较好的修械所和炸弹厂，并以他们为基础，改造扩建成两个兵工厂。一是由第一一五师第三四四旅修械所、第一二九师高平修械所、晋豫游击支队阳城修械所合并成立八路军总部修械所，设在榆社县韩庄村；二是接收武乡县抗日政府的韗山工厂，改名为八路军总部柳沟铁厂。

随着抗日战争形势的发展，对军火生产的要求越来越大，为此，管理军事工业的领导机构也要加强。1939 年 6 月，八路军总部决定以第六科为基础扩大组建军工部，直属八路军后勤部领导，根据总部指示，军工部在武乡柳沟村成立，部长刘鹏，下设政治处、总务处、工程处，分别由孙开楚、徐长勋、郑汉涛任处长。驻扎于柳沟铁厂南厂部，现在旧址已经坍塌。

八路军总部移驻武乡后，为扩大总部修械所的造枪规模，为避免敌人的破坏，工厂需要搬迁到更为隐蔽安全的地方重新建设，使它成为我军的可靠造枪基地。经过左权副参谋长亲自勘察，工厂新址选择在黎城县黄崖洞，将韩庄修械所改建为水窑兵工厂，也叫黄崖洞兵工厂（也称军工部一所）。同时，在平顺县西安里建立了军工部二所。同年 10 月，又在辽县（今左权县）高峪村建立军工部三所。冬，由陈志坚等人又在昔阳县里沙窑建立军工部四所。

1940 年 5 月，根据朱德总司令提议，调抗日军政大学特科大队大队长刘鼎担任军工部部长，刘鹏同志改任副部长。为加强黄崖洞兵工厂的建设，军工部机关迁驻黎城县上赤峪村。

八路军军工部柳沟村旧址　李绍君　摄影

八路军野战政治部军法处南山头村、下合村旧址

八路军军法处，是八路军的军事裁判与执法机关，隶属于野战政治部。1939 年 7 月，八路军总部来到武乡以后，军法处设在南山头村，处机关设在弓三胖家，处长曾传六住在弓国梁家。10 月初曾传六处长调离，由阎揆要接任处长。审讯室占弓三胖家西窑，东西房住军法处办公人员。

1939 年由八路军政治部起草的《八路军军法条例》，是我军历史上比较完备的军事刑法草案之一，其中详细规定了军事刑法的立法依据、目的和刑罚种类，军人犯罪的各种罪名及处刑幅度。但出于维护抗日民族统一战线政策的需要，未能公开颁布和在军内统一实施。为适应团结抗战需要，使军法工作有章可循，野战政治部制定了《八路军军法处工作条例草案》，对八路军各级军法处的设置、职权、刑种、诉讼程序等作了具体的规定。这一时期处理案件的法律依据，一是沿用苏维埃政府和红军制定的法律、法令；二是结合各地抗日政府和军队制定的法律、法规；三是考虑统战的需要，在一定程度上适用国民党《六法全书》的有关法律条款和有关单行法规。

1939 年 10 月 11 日，八路军总部机关移驻王家峪村，军法处也移驻距此不远的襄垣县西营镇花豹拐村。1940 年春，又搬迁到下合村，军法处及处长阎揆要住魏怀德家。现在旧址已经翻修。

同年 6 月，再次返回南山头村驻扎。年底迁往辽县（今左权）滩里村。

八路军野战政治部军法处南山头村旧址　李绍君　摄影

八路军野战政治部军法处下合村旧址　李绍君　摄影

八路军总部通讯营南山头村、史家嘴村、北上合村旧址

1939 年 7 月，八路军总部由潞城县进驻武乡砖壁村后，为加强通讯联络，立即在周边布置了电台。负责领导和管理电台的是八路军总司令部通讯科（通讯营），不久通讯科由南山头村移驻史家嘴村。当时也叫通讯营，由海凤阁任科长，通讯科驻扎在南山头村，科长海凤阁与通讯科办公地点在弓金月家。下设 4 个电台分队，一分队设在砖壁村，二分队设在小坪，三分队设在安其盘，四分队设在史家嘴。

1939 年 10 月，总部机关移驻王家峪后，为方便联络，通讯科也迁至北上合村老爷庙，通讯科（通讯营）机关驻新窑院韩德秀家，科长海凤阁住一亩儿任生祥家。一分队设在北上合村的玉帝庙，二分队设在南上合村，三分队设在枣林村，四分队设在王家峪。

1940 年 6 月，总部机关返回砖壁村后，通讯营及各个分队仍然驻在原来的村里。

八路军总部通讯营南山头村旧址　李绍君　摄影

八路军总部通讯营史家嘴村旧址　郝雪廷　摄影

八路军总部直属政治处烟里村、东枣林村旧址

直属政治处东枣林村旧址　李绍君　摄影

康克清主任旧居（韩北镇东枣林村）　李绍君　摄影

1939年7月，八路军总部由潞城县进驻武乡砖壁村后，负责总部机关政治工作的直属政治处也同时进驻武乡，直属政治处机关驻烟里村杨秃孩家。1939年10月，总部机关迁到王家峪时，直属政治处迁至东枣林村，驻李专官家，主任康克清。1940年4月底，康克清同志跟随朱总司令返回延安，由吴玉琳接任主任一职。1940年6月，再次返回烟里村驻扎，还住在杨秃孩家。1940年11月，随总部机关转移到辽县（今左权县）。

冀南银行虸蚄庙、大坪、烟里村旧址

1938年8月，在晋东南三、五两专署薄一波和戎伍胜（戎子和）两专员的支持和协助下，首先在长治成立“上党银号”，发行“上党银号票”，积极为资助抗战服务。1939年春季，太行抗日根据地第五专署，为活跃区内金融，进一步适应抗战需要，弥补“上党银号票”之不足，又发行“第五行政区合作社流通券”。接着，北方局提出为调剂金融，统制货币，便利民商，增进抗日根据地的经济力量，改善人民生活，保证抗日部队的给养，以坚持持久抗战，达到最后胜利的目标，提出成立比较统一的地方银行。根据北方局的建议，6月，冀南银行在黎城西井镇着手筹备。8月7日，冀南经济委员会制定《冀南游击区经济建设计划大纲》，提出要巩固法币，打击伪钞，绝对禁止伪币假钞之行使；收回土钞杂币；成立冀南银行并发行冀南本位币，以统一全区货币，保障供给，发展经济。1939年10月15日，冀南银行在黎城县小寨村正式成立。同时，“上党银号”结束，机构和财产并入冀南银行。

冀南银行成立之初，在太行区和冀南区同时建立机构。在太行区的机构设在黎城县西井镇一带，隶属于八路军总部后勤部领导，称路（平汉路）西行，即冀南银行。在冀南区的机构，设在河北南宫县垂阳镇，由冀南行政主任公署领导，称路东行。为了对外，当时把路东行也称为冀南银行。冀南银行的领导机构为：董事长杨立三，副董事长周文龙，行长兼政治委员高捷成，副行长熊光炳，政治处主任陈希愈。

因日寇“扫荡”频繁，冀南银行为取得军队保卫，靠近八路军总部，1939年12月，冀南银行迁至武乡蚜蚄庙村的蚜蚄庙。1940年3月，为方便印钞及监管工作，又迁至大坪村。总行驻魏怀德家，总经理高捷成住魏松英家，由新华日报社石印厂负责印刷。7月，迁到烟里村，与北方局、野政机关同在一个村里，银行驻杨启贵家。同年10月，日军“扫荡”武东，总行再次迁至黎城小寨村，不久又迁到邢台县英谈村。

1941年9月，晋冀鲁豫边区成立，冀南银行果断实行“军转民”，归属地方建制。冀南银行在太行区设立了五个分行；在太岳区成立了四个分行；在冀南区设立了六个分行。同时在一大部分县设立了县级的领导机构，初称办事处，后改县支行。自此冀南银行的机构设置已完备，即分为：总行、区行、分行、支行四级管理。随着各种土杂币的肃清，和对敌经济斗争的胜利，1942年冀南币便独占了边区市场。1948年8月，冀南银行与晋察冀边区银行合组为华北银行，胜利完成了自己的历史使命。

冀南银行蚜蚄庙村旧址　任宇飙　摄影

冀南银行大坪村旧址　李绍君　摄影

冀南银行烟里村旧址　李绍君　摄影

八路军总部特务团韩北村、东枣林村、苏峪村、寨坪村、左会村旧址

八路军总部特务团是直属于八路军总部的警卫部队，其前身是中国工农红军中央军委特务团，是整个抗战时期，在武乡驻扎时间较长的部队之一。

1938 年 4 月，特务团在沁县到武乡聂村一带参加了反“九路围攻”战斗，1939 年 7 月，随总部机关进驻武乡，团长尹先炳，政委李志明。先驻扎在距砖壁不远的韩北村，团部驻李水家，各警卫连队分别在有关机关所在村驻防。同年 10 月，八路军总部移驻王家峪村后，特务团又移防枣林村和襄垣城底村，团部驻枣林村西庄李小秃家，各警卫连队分别在有关机关所在村驻防。1940 年以后，欧致富担任团长，曹光琳、郭林祥先后任政委。

黄崖洞兵工厂建成以后，很快成为八路军武器弹药的重要供给基地。根据总部指示，特务团除留下两个连分别警卫总部机关和野政、北方局机关外，主要承担起了保卫兵工厂的任务，团部移驻苏峪村关何书家，团长欧致富、政委曹光琳住在郝朴仓家。后又移驻寨坪村，团部驻张一汉、张云汉兄弟的院子里。这是一座前后四套四合院。团长欧致富和妻子住在第二套院子的正房里，东房驻电话排（安有六部电话），南房驻警卫排，政委和其他干部住在第三套四合院。连队分别驻扎在左会、桃花寨、板山、水窑等地。参加了百团大战，在关家垴战斗中，担任了主攻任务。1941 年 11 月在著名的黄崖

洞保卫战期间，团部迁驻左会村，在东山北水自己用石头修建了五间二层楼房。该团与敌人浴血奋战8昼夜，毙伤敌1700余人，取得了敌我伤亡六比一的辉煌战果，成为八路军在太行区自1940年反扫荡以来最典型的模范战例，八路军野战政治部授予“黄崖洞保卫战英雄团”称号。战斗结束后，全团进行整编，改为小团，团之下设5个步兵连，2个直属连及1个卫生队，共900余人，不包括总部机关的警卫部队，团长欧致富，政委邹开盛。1942年秋北水团部被日军炸毁后，又迁至寨坪村。此后该团一直在武乡驻防，团部仍驻寨坪村张一汉、张云汉家，先后参加了蟠龙围困战和祁县战斗等，1942年以后，为了解决粮食供给不足的困难，在寨坪、白草坪、左会、板山一带开垦荒地1000余亩，收获颇丰，做到全团自给有余。1945年4月，欧致富接受新的任务，带领5个连、警卫通信排和机关调往游击第三支队，总部警卫营、野政警卫连、总后勤部警卫大队归属特务团编制，扩编为大团，也称为朱德警卫团，团长钟明锋，政委陈志彬。8月编入太行军区第三纵队第七旅，离开武乡。

八路军总部特务团韩北村旧址　李绍君　摄影

八路军总部特务团苏峪村旧址　李绍君　摄影

八路军总部特务团在左会村自己修建的石楼房遗址　李绍君　摄影

八路军总部炮兵团前沟村旧址

1938 年 1 月，八路军总部在特务团炮兵连的基础上组建了八路军总部炮兵团，直属于八路军总部指挥，团长武亭，政委邱创成，参谋长匡裕民，政治部主任袁光，下辖 6 个炮兵连和一个观测队。1939 年后半年，随八路军总部进驻武乡，团部驻前沟村。

炮兵团在武乡期间，进行了严格的军事训练，由于炮弹奇缺，一般不进行实弹射击。百团大战中，该团发挥了突出的作用，在榆辽战役、正太路战役中炮兵团以独特的优势给敌人以有力打击。攻打坡头车站时，赵章成连续射击 4 发炮弹，均命中目标。在关家垴战斗中，炮兵团将三营四门日造 41 式山炮和一门阎造山炮位于东南方向，直接受彭总指挥；并以一个排由副营长朱光和指导员谢英带领，位于北面；迫击炮队由迫击炮主任赵章成带领，位于西面我步兵进攻正面。总攻开始后，炮兵根据彭总电话指示的目标，经过观测瞄准，首先对敌前沿阵地进行猛烈射击，摧毁了敌部分前沿工事，支援步兵突破了阵地。激战一天，炮兵团共发射山炮弹、迫击炮弹 200 余发，给敌人以重大杀伤，有力地支援了各部队的攻击，将冈崎大队大部歼灭。

1941 年初，中共中央考虑在华北敌后作战的炮兵团军队装备繁重不便机动，弹药缺少，粮秣困难，决定将炮兵团调防延安。炮兵团离开武乡，经过大约 20 天的长途跋涉，经晋西北返回延安。

八路军总部炮兵团前沟村旧址　李绍君　摄影

《前线》杂志社下合村、烟里村旧址

1938年1月，为加强政治工作，八路军总部创办《前线》周刊。因战争条件所限，该杂志编辑六期就被迫停刊。为了加强我军的政治工作建设，提高部队的军事素养，指导部队开展游击战争，1939年1月，八路军总部决定《前线》杂志复刊，并改为半月刊。2月1日复刊号第一期正式出版，刊头由朱德题写，16开新闻纸铅印，属当时晋东南最为先进的印刷品。它的主要读者对象是八路军营以上各级指挥员。主要刊登中共中央与八路军总部等领导人的文章，也刊登苏联领袖指导革命的文章，对指导华北抗战起到指导性的作用。为使杂志确能对于部队建设有所贡献，野战政治部也要求各战线上的同志，特别是负责同志，结合实际写稿，将每次战斗或战役后军事政治工作的总结与经验教训，特别是关于提高军事素养、战略战术的研究、政治工作的建设等方面写成文章，为《前线》杂志提供稿件。由于刊物刊载大量军事机密性文章，包括战略部署等内容，属于秘密刊物，只发至部队营以上干部。野战政治部在宣传部专门设立编辑科，对外番号是“会昌部”，也称“会昌编辑科”。野战政治部移驻下合村，野政宣传部编辑科及《前线》杂志社驻老圪洞魏金旺家，编辑科与杂志编辑人员住西窑，印刷、装订在偏窑。《前线》杂志在下合村定期出版，并利用《新华日报》发行渠道，秘密发行各地部队营以上干部。1940 年 7 月，《前线》杂志跟随政治部机关迁住烟里村后，改版为月刊，在《本刊启示》中明确指出：“《前线》月刊为我军部队内部刊物，不得出售，各级军政机关收到本刊后必须负责保管及负责分发，应与秘密文件同样重视，不得遗失。本刊每月十五号出版，在内部发至营级。为避免发生遗失留压等情形，各军政机关如有未能按期收到者，可向其所属上级机关索取，或径来函本刊，当代为查明、补发。”可见《前线》月刊的征稿、编辑、分发、保管，都是相当谨慎和严密的。

《前线》杂志社下合村旧址　李绍君　摄影

八路军总部火星剧团西堖村旧址

八路军火星剧团，亦称火星剧社，是八路军总部直属的剧团，由野战政治部宣传部直接领导。这个剧团的前身是红十五军团徐海东部的一个宣传队，后归属卫生部，红军改编八路军时，番号改为“国民革命军第八路军火星剧社”，习惯上人们都叫“火星剧团”，对外称八路军总部宣传大队。

1939 年 7 月，八路军总部火星剧团随八路军总部进驻武乡，主要驻扎于下合西堖村，团部驻武振国家院内。此院正面三孔土窑洞为演职员住室兼排练室，东房三间为团长裴一平、导演朱熹、音乐指导海啸的住室兼办公室。

为了宣传抗战，鼓舞抗日军民的斗志，他们自编自演了《反围攻》《破铁路》等几十个小剧，同时还演唱歌曲。为了能够即时排练出新的文艺节目，经常采用“旧瓶装新酒”的办法，以武乡秧歌调、开花调，编排了《骂汪小调》等歌曲，到总部和各机关、驻军前线去宣传演出。火星剧团曾参加过晋东南的“百团汇演”、粉碎“九路围攻”祝捷会、晋冀豫区党代会、朱总司令祝寿晚会、反顽战役庆祝会、聂荣臻和吕正操南下支队欢迎会、百团大战祝捷会等大型演出活动，还多次派员到部队和地方各剧团帮助工作，指导演出业务，帮助他们培训文艺人才。

火星剧团在武乡驻扎一年多时间，中间曾多次到各地慰问演出，但大部分时间还是在武乡活动，参加了许多的大型演出。1940年11月，火星剧社随八路军总部转移至辽县。

八路军总部火星剧团西堖村旧址　李绍君　摄影

八路军总部火星剧团伙房西堖村旧址　李绍君　摄影

八路军总部随营学校城关村旧址

1937年8月，红军主力改编为国民革命军第八路军，红军前敌总指挥部改为八路军总指挥部，下辖“三师一校”，其中这所学校就是八路军总部随营学校。这所学校除担负保卫八路军总部安全，积极投入抗战任务外，主要任务是为八路军培养、输送干部。八路军总部随营学校以红军庆阳步兵学校（又称“红军教导师”）编成。韦国清任校长，陈明任政治委员。1937年10月，该校跟随八路军政治部副主任邓小平率领的政治部机关，进入吕梁山下的汾阳、孝义一带，开展发动群众工作。11月上旬，根据八路军总部电令，启程向武乡方向移动，计划于11月14日前到达武乡与总部机关会合。但政治部机关与随营学校一行从晋西南来到武乡时，已经是11月19日，八路军总部机关离开武乡已经5天了。

随营学校跟随八路军政治部到达武乡以后，驻段村镇（今城关村）。随营学校的学员分成十余个民运工作组，白天下乡发动群众，夜晚按组组织学习功课。军事理论课主要学习毛泽东的军事思想，如何消灭敌人、如何保存自己，如何在有利条件下不放弃运动中消灭敌人，如何集中兵力等；军事训练以单兵战术动作和队列训练为主，养成良好的军人素养；政治理论课讲中国革命问题、中共党史、马克思主义基本理论、抗日民族统一战线等。理论课晚间学习还可以，军事训练就难以夜间进行，于是大家克服困难，早上早起一个小时，集中进行军事训练，真正做到工作学习两不误。11 月 23 日，八路军政治部即随营学校等机关完成了对武乡各项工作全面检查指导，根据八路军总部指示，随即离开武乡，经襄垣、屯留、安泽、古县，到洪洞与总部机关会合。

八路军总部随营学校城关村旧址　郝雪廷　摄影

抗日军事政治大学蟠龙镇旧址

抗日军事政治大学，简称抗大，是中国人民解放军国防大学的前身。为满足华北前线培养军事、政治干部的需要，1939 年 7 月，中共中央决定将抗日军事政治大学（简称抗大）总校转移到晋东南前线办学，归八路军总部指挥。总校由副校长罗瑞卿带领，从陕北开赴前线，但因汾河水涨，敌人又在大举进攻晋东南，不得不改道晋察冀，到达河北灵寿县陈庄。又于 1940 年 2 月，经晋察冀军区组成的南下支队护送，辗转来到武乡，与此前由何长工率部来到晋东南的抗大一分校留守大队会合，直接接受八路军总部的领导。总部校部驻扎在距总部不远的蟠龙镇，对外番号为“青年抗日联合纵队”，副校长罗瑞卿，教育长何长工，政治部主任张际春，训练部部长王智涛。

当时，总校下设 3 个分校，一分校刚刚从晋东南开往山东，二分校设在晋察冀，三分校设在延安。各分校都由总校与各根据地党政军机关双重管理。在之后的一年里，又分别在苏北和太行建立了第五分校、第六分校。

蟠龙镇是武乡四大镇之一，村大便于较大的机关驻扎，再加上交通条件便利，又距八路军总部所在地王家峪较近，只有 5 公里，便于联系工作，也方便邀请总部领导来讲政治、抗战形势等。抗大总校到达蟠龙镇后，校部机关驻扎在原义昌家，训练部设在镇中心的法云寺。总校采用军事编制，下属四个团：第一团团长苏振华，政治委员王赤军，政治处主任张力雄；第二团团长郭林祥，政治委员杨光池，政治处主任傅崇碧；第三团团长刘忠，政治委员黄志勇，副团长聂凤智，政治处主任张昌大；第四团团长罗华生，政治委员穰明德，副团长洪学智，政治处主任何善元。

在总校到蟠龙之前的 1939 年 12 月底，第五期学员全部毕业。总校来到蟠龙后，立即着手进行招生工作，在 4 个团的基础上，又新招收一个特科大队和两个直属女生队。特科大队大队长刘鼎，副大队长邓国卿，政治处主任铁坚。加上原抗大一分校留守大队千余学员合并进来，第六期学员共 4900 多人，分散驻扎在蟠龙周边的许多村庄。

4 月 15 日，抗大总校第六期在武乡县蟠龙镇南的河滩正式举行了开学典礼仪式。朱德总司令、彭德怀副总司令和野战政治部傅钟主任都出席了开学典礼，并作了指示。朱总司令鼓励同学们说："你们这一期比以往任何一期都幸福，能够直接到抗日战争的最前线来受教育，接触更多的实际。希望你们继续发扬前五期的光荣成绩，努力学习，吃苦耐劳。抗大是中国共产党领导下的八路军、新四军的干部学校，它的任务是为八路军、新四军培养军事政治干部的。要求大家相信共产党的领导，在毕业以后积极参加部队工作，下决心沿着马克思列宁主义的道路前进。"

平时，总校各团以连为单位在驻地村庄上课、生产、练武；重大节日或聚会，在总校校部蟠龙镇活动。当时抗大师生，不仅克服了给养的种种困难，保证了自己生存发展，同时还尽可能帮助地方的工作，如宪政运动、社会文化教育、武装建设与训练等，这对于推动根据地的建设起到很大的作用。总校的政治、军事教员轮流到各学员队去讲课，总校领导经常不断深入各团、营、连、队去检查指导工作。5 月 4 日，抗大总校与鲁迅艺术学校的学员联合在蟠龙镇举办了规模盛大的"五四"青年节纪念活动。6 月 1 日，总校在蟠龙镇南河滩举行了纪念抗大成立四周年庆祝大会，会场中央挂着"迎滕送罗"的巨幅横标。会上，彭德怀副总司令代表党中央、中央军委宣布了罗瑞卿、滕代远的任命：罗瑞卿副校长调任野战政治部（十八集团军政治部）主任，滕代远继任副校长之职。

6月下旬，日军开始对武乡地区进行“扫荡”，蟠龙镇位于武东交通要道，为保证抗大教学不受影响，总校机关离开蟠龙镇，移驻石瓮村。

抗日军事政治大学蟠龙村旧址　李绍君　摄影

抗日军事政治大学训练部蟠龙村旧址　李绍君　摄影

抗日军事政治大学石瓮村旧址

1940年6月下旬，日军对武乡地区进行“扫荡”，为保证抗大教学不受影响，抗日军事政治大学总校机关离开蟠龙镇，移住石瓮村；驻扎在白家庄村的抗大政治部也同时来到石瓮村。总校校部、训练部等机关驻扎在张凤河家，总校首长滕代远、何长工住在张太宏家，抗大总校政治部驻向阳村。

石瓮村东依太行山，地形隐蔽，又便于撤退，一旦日寇袭击，可以在短时间内藏进深山。当时，太行抗日根据地十分困难，学员们一连数月只能吃高粱、荞麦和黑豆。特别是黑豆，原本是喂牲口的饲料，加之缺少石磨，只能用石碾压一压，吃后肚子发胀，难以消化。尽管如此，抗大的教职学员还得把它当作主食，不仅做饭用黑豆，做菜也是黑豆，致使许多人患了胃病。即使是这样的粗粮也不是轻而易举可以得到的，经常要到距离学校驻地几十里以外的抗日游击区或接敌区去背。抗大后勤部门要预先派人去收购，并在长达130公里的交通线上设置十几个粮站，布置武装掩护转运。为此，校务部专门成立了购粮委员会，统一划分地区，组织购粮工作队，负责采购与收集，而后再通知大家去背。为了背粮，有时甚至要停课。

为解决做饭烧柴的困难，尽管村里的老乡们不断地送些柴火来，但他们知道老乡们的时间非常紧，又要种地，又要站岗，又要坚壁清野，还要进行民兵训练，他们坚持不要老乡的柴火。后勤部门为此经常组织大家上山砍柴，自己解决柴火问题。有一次一位学员在砍柴时误砍了漆树，致使许多人都中了毒，皮肤过敏，有的全身红肿，连衣裤都穿不上。尽管生活十分困难，抗大学员仍然坚持政治、文化、军事理论学习，坚持军训。石瓮村的南场成了抗大学员的训练操场。

由于日军的“扫荡”，滕代远等总校领导人，不得不频繁地组织指挥全校师生向安全地带转移。1940 年 8 月间，由武乡石瓮村转移到黎城县西井、南桑鲁一带。

抗日军事政治大学石瓮村旧址　李绍君　摄影

滕代远副校长石瓮村旧居　李绍君　摄影

抗日军事政治大学政治部白家庄村、向阳村旧址

1940年2月，抗日军事政治大学总校校部移住武乡蟠龙镇后，抗大总校政治部驻扎在镇北不远的白家庄村。

政治部机关驻安苟孩家，政治部主任张际春、组织部长袁子钦、宣传部长谢翰文、保卫部长吴格成等领导住在李义堂家，教室设在村中天主堂。

抗大总校在武乡招收了第六期学员。第六期开学后，政治部对学员成分作了调查，这一期学员大多是太行山土生土长，知识分子学员的数量比第五期大幅度减少，工农分子的比例大大提高。据统计，出身于工农家庭的占学员总数的86%，他们主要来自八路军、新四军和山西青年抗敌决死队、中华民族解放先锋队、山西省牺牲救国同盟会等抗日群众团体以及地方抗日民主政权的干部，具有较高的阶级觉悟和丰富的基层领导工作经验，对敌斗争坚决，经得起艰苦斗争的考验。这是办好第六期十分有利的一面。但也有不利的一面，就是学员的文化程度与第四、五期比较明显降低。第四、五期的学员大部分是初中以上文化程度，第六期文盲与半文盲却占学员总数的43%，高小文化程度占24%，中学文化程度占31%，大学文化程度仅占2%。学员有近1／2的人不能记笔记，具有高小文化程度的同志也只能记简单的笔记，大部分学员自学和理解能力较差，有的根本不能自学。这种状况给第

六期的教学工作带来很大困难。这一期学员还有一个明显弱点，即由于农民成分的学员比例加大，思想上往往反映出较浓厚的农民意识，加之靠近家乡故土，经常有些家乡问题的牵挂，或多或少会给学习带来消极影响。

针对这一问题，政治部加强了政治学习与思想教育，把学员朴素的阶级感情引导到为社会主义、共产主义事业而奋斗的思想境界，还有计划地进行形势任务教育、抗日根据地各项政策教育、红军的优良传统教育等，从而有效地提高了学员的思想、政策水平和工作能力。由于学员驻地比较分散，政治部编印了政治课本下发各学员连队，还不断派干部深入各连队去检查指导，做好了学员的政治思想工作。

1940 年 6 月下旬，日军对武东地区进行“扫荡”，为保证抗大教学不受影响，抗日军事政治大学总校机关及各团学员向太行山里撤退，抗大政治部机关也移住向阳村。1940 年 8 月间，抗大总校转移到黎城县西井、南桑鲁一带。

抗大总校政治部白家庄村旧址　李绍君　摄影

张际春主任旧居（蟠龙镇白家庄村）　李绍君　摄影

抗大总校政治部向阳村旧址　李绍君　摄影

抗日军事政治大学第一团韩家垴村旧址

1940 年 2 月，抗大总校从晋察冀来到武乡，驻蟠龙镇。抗大第一团驻扎在韩家垴村，第一团团长苏振华，政委王赤军，政治处主任张力雄。团部机关住在韩安锁家，团长苏振华住东房，平时党员在村东灵霄殿上课。该团在这里招收了第六期学员，4 月 15 日正式开学，以连为单位分别住在东沟、郭家垴等村。

学员平时以连为单位进行学习、训练，团部领导经常分头到各连队检查指导。有时也集中学员到蟠龙上大课，听总部首长讲抗战形势。为了加强学习和组织各项活动，团部组织选出了军事研究委员、政治研究委员、文化委员、体育娱乐委员，经济协助委员等，由各委员负责组织学员参加各项活动，使学习形成了良好的气氛。

1940 年 6 月初，该团三营跟随总校第四团开赴涉县。下旬，日军对武东地区进行“扫荡”，该团离开驻地，向东以游击形式在关家垴、韩登、窑湾等村短暂停留后，于 8 月初转移到黎城彭庄。曾参加了百团大战，11 月，该团随总校迁往邢台浆水镇。

抗日军事政治大学第一团韩家垴村旧址　李绍君　摄影

抗日军事政治大学第二团石门村旧址

抗日军事政治大学第二团石门村旧址　李绍君　摄影

1940 年 2 月，抗大总校从晋察冀来到武乡，驻蟠龙镇。抗大第二团驻扎在石门村，第二团团长郭林祥，政委杨光池，政治处主任傅崇碧，团部机关驻在圪廊儿郝玉泉家后院。在这里，招收了第六期学员，4 月 15 日正式开学。教室设在村中的清泉寺，当地习惯称为大寺上。学员大部住在该村的百姓家中，大陌村驻一个营。

清泉寺是石门村最大的寺院，有前后两进院，还有东西廊房，非常适合办学。学员除在大寺上上政治、军事、文化课外，还在南场儿、灰井湾、上池上等几处开阔地进行军事训练。他们还在老林沟等地开荒种地，8 月初，遵照抗大总校指示，转移至黎城。到秋天村里群众帮助抗大收了粮食，但已经找不到抗大，不知道它转移到何地，只好将粮食转交给了太行三分区供给处。

抗日军事政治大学第三团马堖村旧址

1940年2月，抗大总校从晋察冀来到武乡，驻蟠龙镇。当时抗大第三团被派往冀中地区与冀中军区随营学校合并，就地培训干部。同年6月，由冀中军区将抗大第三团调回归建，6月下旬，抗大第三团长途行军达到武乡。当时抗大总校刚刚移驻石瓮村，抗大第三团也就驻扎在离石瓮村不远的长立头村。第三团团长刘忠、政治委员黄志勇、副团长聂凤智、政治处主任张昌大。团部首长住当村院郝炳宏家，团部机关驻上当村院郝兆文家，后勤处驻圪崂儿郝树则家。各连队分别驻附近的芝麻角、堖上、韩登等村。为了种地方便，长立头村在20世纪60年代进行了移民，搬迁到1公里之南的马堖村。

8月初遵照抗大总校指示，转移至黎城。11月间，总校从第三团抽调了100名教职员，组成第二华中派遣大队，由洪学智、吴胜坤同志率领，去华中新四军盐阜地区，加强在江苏省盐城县成立的第五分校，又有一大部分教工调往山东。本期结束时，第三团建制撤销。

抗日军事政治大学第四团老中角村旧址

抗日军事政治大学第四团老中角村旧址　李绍君　摄影

1940 年 2 月，抗大总校从晋察冀来到武乡，驻蟠龙镇。抗大第四团驻扎在老中角村，第四团团长罗华生，政委穰明德，副团长洪学智，政治处主任何善元。团部机关驻扎在老中角村李珍林家，有部分连队驻李家坪、苗杜等村。

6 月 3 日，遵照八路军野战政治部和抗大总校的指示，第四团第一、二营和第一团第三营共 9 个队 1000 余人，由第四团新任团长洪学智、政治委员穰明德，以及新任政治处主任铁坚等同志率领，前往第一二九师驻地河北省涉县王堡，准备与第一二九师随营学校合并，筹建第六分校。第三营由总校直接领导，6 月下旬转移到南郊村，不久又转移到黎城。

抗日军事政治大学特科大队季家岭村旧址

1940年2月，抗大总校来到武乡后，为培养专业技术人才，根据刘鼎的建议，经八路军总部同意，决定开办特种技术训练，在各地抽调人员组建了特科大队，大队长兼政委刘鼎，副大队长邓国卿，政治处主任铁坚。下辖参谋连、机枪连、通讯连、工兵连、兵器研究所等，特科大队大队部驻扎在季家岭村李厢则家，大队长刘鼎住李叶仓家，课堂设在村中三官庙社房。

特科大队专门培养从事参谋业务和特种兵的技术人才。其中在训练部下面，设立的兵器研究所，由沈丁祥担任主任，有四五名干部。刘鼎从延安出发时，就在延安兵工厂的库房中，选择了机枪、步枪、手枪等各式轻武器，作为研究对象，刘鼎对于兵器研究所的工作给予了很多的指导，准备在前方的兵工厂进行研制生产。刘鼎对通讯连的培训也非常严格，主要内容有：养军鸽，发展军鸽通讯；养军犬，为部队侦察兵服务；开展旗语通讯，方便远距离联系；发展灯光通讯，方便夜间联络。

5月底，刘鼎调任八路军总部军工部部长，本期特科大队学员也提前结业，学员除少量回到前线的作战部队，大部分跟随刘鼎到达黎城县下赤峪村，继续学习。后来，这批学员在各部队的参谋工作中起到了非常重要的作用。

抗日军事政治大学特科大队李家岭村旧址　李绍君　摄影

抗日军事政治大学女生队尚元村旧址

抗日军事政治大学女生队尚元村旧址　李勇　摄影

1940 年 2 月，抗大总校从晋察冀来到武乡，驻蟠龙镇。抗大招收第六期学员，专门组织了女生队，驻扎在皮烟村（今改名尚元村）。组建独立的女子作战部队是中国共产党人在强调妇女解放时的创举。在战争年代，八路军中的女兵不仅直接参战、直面敌人，甚至还担负了掩护大部队撤退的重任。女生队根据学员文化程度编为 4 个连。队部对各排也做了精心安排，针对这些学员的特点每周安排上文化课。6 月间女生队转移到石泉村，8 月转移至黎城。

抗日军事政治大学文工团牛家岭村旧址

抗日军事政治大学总校文艺工作团（简称抗大文工团），1938 年 12 月在延安成立。主要任务是：配合学校的军政教育，宣传中国共产党的抗日方针政策，进行创作和演出，活跃学校的文化生活。以抗大“团结、紧张、严肃、活泼”的校风作为团风，继承和发扬红军宣传队艰苦奋斗的光荣传统，做好政治工作的助手。抗大总校文工团随抗大辗转各个抗日根据地，开展群众工作，进行宣传鼓动，做好友军工作，先后创作和演出了《破草鞋》《同蒲快车》《窑黑子》《三江好》《战陈庄》《救国公粮》《横岭战斗》《路》《石井一郎》《维持，维持》等反映现实战斗生活的文艺节目，配合了政治工作和军事斗争，对于宣传抗日、教育群众、鼓舞士气、凝聚军心、增强部队战斗力起到了重要作用。1940 年 2 月，跟随抗大总校到达武乡县，抗大一分校演剧队与抗大总校文工团合并，驻扎在牛家岭村。杨恬任团长，孙明远任指导员。这个时期，是抗大总校文工团人员最多的时候。为了纪念“五四”青年节，八路军野战政治部决定要搞一次大型的纪念活动，并组织文艺节目。抗大总校文工团和前方鲁迅艺术学校实验剧团，联合排练冼星海的名作《黄河大合唱》。6 月初，文工团转移到石门村，8 月又迁往黎城县西井附近的南岗沟。

抗大文工团牛家岭村旧址　郝雪廷　摄影

抗大文工团石门村旧址　郝雪廷　摄影

抗大一分校留守大队大陌村旧址

抗大一分校成立于1938年12月，其组成部分包括原抗大的第五、六大队全部，第三、四大队一部，旬邑陕公分校和安吴堡青训班大部，学校组成后东迁晋东南办学。任命何长工为校长，周纯全为副校长，黄欧东为政治部主任兼党务委员会书记，韦国清为训练部长。一分校组建后，即从延安来到山西屯留故县村（今属长治市潞州区）。全校学员有3000多人。1939年7月，转移至壶关县神郊村。11月，中央军委决定抗大一分校东迁山东，将留一部分人员，组成抗大一分校留守大队。留守大队以四大队为基础，将因病因故不宜长途行军的同志，以及第二期招收的1300多名学员组成留守大队，由何长工总负责，赖光勋任大队长、铁坚任政治委员，在何长工领导下，北移武乡，迎接抗大总校的到来。11月19日，何长工等率一分校留守大队来到武乡。

留守大队驻扎在大陌村，大队部驻村西的刘新发家，校长何长工、大队长赖光勋、政治委员铁坚就住在正楼下，楼上是教室，训练部驻村中德兴寺，保卫部驻村西老爷阁。几个连队驻在村中的刘中祥、刘楚三、刘克诚、刘发祥、刘清才、刘世宁等人家，由于学员很多，房子非常紧张，为了缓解住房问题，村里的百姓与学员们一起，用木棍夹着高粱秆做成篱笆，并在里外抹上麦糠泥，搭成临时建筑。为解决取暖问题，村里组织人员到村西挖来浅层的煤炭供学校生火用。

留守大队仍然坚持教学，每天早上都要出早操和军事训练，上午学习政治与文化课，下午学习军事课，而且每周安排几天去附近各村去发动群众，宣传抗日救国。政治课主要学习《社会发展史》《中国革命的基本问题》《抗战理论》《党的建设》以及形势、任务、政策教育，有时也请八路军总部首长来讲课；文化课除识字外，主要学习写信、打便条、写申请、写报告等，还要学习地理、历史等；军事课主要学习步兵战斗条例、游击战术，还有射击、投弹、刺杀、土工作业和爆破五大技术训练。各连队的生活都非常有规律，从一日生活入手，培养紧张有序的战斗作风，起床、晨练、吃饭、上课，有严格的限时和标准，操课时，武器随身带，背包当坐凳，随时都可以投入战斗。

1940年2月26日，抗大总校抵达武乡蟠龙镇，留守大队即归入总校建制，抗大一分校留守大队正式取消，何长工被任命为抗大总校教育长，赖光勋担任总校军事教育科科长，铁坚担任新设立的特科大队政治处主任。4月15日，抗大总校第六期正式开学，留守大队的学员也分别编入新的团队，但第二团的一个营仍驻扎在大陌村。

抗日军事政治大学一分校留守大队队部大陌村旧址　郝雪廷　摄影

抗日军事政治大学一分校留守大队训练部大陌村旧址　郝雪廷　摄影

八路军野战卫生学校土河村、土河坪村、左会村旧址

1939 年 7 月，日寇第二次九路围攻晋东南，八路军总部机关由潞城移住武乡，总部野战卫生部也同时到达，驻扎在土河村。

由于日军经常“扫荡”，鉴于在山区转战，人多行动不便，带来了许多的困难，根据总部精简机构的精神，野战卫生部孙仪之部决定将部机关由 100 多人减为 11 人，包括部长 1 人、助理员 3 人、秘书 1 人、警卫通讯员 6 人，不设机关。并结合当时根据地部队兵员猛增、医务人员奇缺的实际情况，将精减下来的专业人员，一部分充实到了野战医院，另一部分组建了前总卫生学校，由野战卫生部领导。校长由孙仪之兼任，于宁任教务主任，学校设在土河村，分设军医班、护理班、兽医班，高级班。校部驻张福生家，教室设在申家祠堂。

1940 年 11 月，为了加强晋冀豫地区的后勤力量，统一调配、统一部署晋冀豫区的后勤管理工作，经中共中央批准，八路军野战卫生部与一二九师卫生部合并。同时，将前总卫生学校与一二九师卫生学校合编为新的野战卫生学校，由钱信忠部长兼任校长，涂锡道任政治委员，于宁任教务主任，年底，两校在土河坪村完成了合编工作。不久于宁调去北方局党校学习，由任傅九接任教务主任。

1941 年 11 月，野战卫生学校迁到武乡县左会村，校部驻申道存家。在残酷的战争环境下，卫生学校教学和生活是十分困难的。教员上课缺乏粉笔，同学们把破庙粉壁墙的粉皮扒下来，研成末自制粉笔。1942 年 6 月，学校迁到辽县上武村。1945 年秋编为晋冀鲁豫军区卫生学校，后与太岳军区卫生学校合编为第二野战军医科大学，1952 年 10 月改为第七军医大学，1954 年 4 月，与第六军医大学合编为第三军医大学。

前总卫生学校土河村旧址　任宇飙　摄影

八路军野战卫生学校土河坪村旧址　李绍君　摄影

八路军野战卫生学校左会村旧址　李绍君　摄影

八路军供给学校桥南村旧址

1939 年初，八路军供给部在屯留西白兔村（现为长治市潞州区管辖）成立供给干部训练队（简称供训队），对外称会昌校，同年 7 月该队移驻武乡桥南村。供训队在艰苦的环境下，一面与鬼子周旋，一面进行训练，一年时间里，为八路军各直属部队输送了一批供给、财务干部到部队工作。1940 年 1 月下旬，第二批学员毕业。在毕业典礼仪式上，朱德、杨立三、周玉成、周文龙、刘鹏等领导同志出席。就在这次仪式上，朱德总司令亲笔为供训队题写了“洁己奉公”四个大字，这也成为该校的校训。在典礼结束的时候，后勤部部长杨立三同志宣布，经八路军总部批准：供给部供给干部训练队正式扩编为八路军供给学校。由供给部部长周玉成兼任校长，雷代夫任副校长，栾俊任教育长。学校驻地主冯来聘家。原为前后两串院，后院今已经倒塌。春节之后，供给学校正式招生，主要为太行、太岳、冀南等军区的八路军各旅、团培训供给主任和会计科长、股长，加强业务技能，培养后勤人才，学制通常定为 6 个月。

1940 年底，学校离开武乡，迁移到涉县，同时由第一二九师供给干部训练班并入。1945 年 10 月，改名晋冀鲁豫军区供给学校；1948 年 6 月，与晋察冀军区经理学校合并组成华北军区供给学校；1951 年 8 月，根据中央军委命令，改建为第六后勤学校；1952 年 9 月，又改名为北京通县财务学校，隶属总后方勤务部，负责培训全军营职以下后勤专业勤务干部。1958 年 6 月裁减整编中，与其他后勤学校合并成武汉高级后勤学校；1986 年 12 月，武汉高级后勤学校和襄樊后勤学校合并改建成解放军军事经济学院。

八路军供给学校桥南村旧址　李绍君　摄影

华北财政经济学校韩北村旧址

为了加强对根据地经济建设的领导，北方局于1940年4月1日发出了《财政经济政策的指示》，提出了系统的财政经济政策，包括财政制度、关税税率、田赋原则、货币政策、生产建设、统制贸易等。

为加强太行、太岳、冀南抗日根据地的联合与统一领导，建立统一的政权机构，制定和完善各项政策，统一财经货币，统一认识，加强统一战线的政策教育。4月11日至26日，北方局在黎城第一二九师司令部附近的北社村召开了由冀南、太行、太岳3个根据地的党、政、军高级干部参加的会议，史称黎城会议。会议提出建党、建军、建政是巩固敌后根据地、支持长期抗战的战略任务。会议决定成立冀南、太行、太岳联合办事处，统一领导党政军群工作。

为了统一指导各根据地的财经建设工作，北方局还成立了华北财政经济委员会，由彭德怀、张慕尧、杨立三、聂荣臻、邓小平、郭洪涛、高捷成7人组成，彭德怀任书记，张慕尧任副书记。通过财政经济委员会的管理，统一了根据地的党、政、军财政政策，建立财政经济制度。为解决财经管理人才的缺乏问题，决定设立华北财政经济学校，将原来在冀南创办、后转移到太行黎城县的冀南财政经济学校，进行了整编，改建为华北财政经济学校，任命八路军总部财政经济部部长兼华北财政经济委员会副书记张慕尧为校长，柳林（周子明）任教育长，彭圣昔任政治处主任。

1940 年 5 月，华北财政经济学校在武乡县韩壁村（今改名韩北村）正式成立。该校由中共中央北方局与八路军总部共同领导，校部设在李炳家，教室设在西关老爷庙。该庙在后来街道改建时拆除。下设财政班、税务班、金融班和高级班；财政、税务、金融三个班培养一般工作人员，高级班培训各专署的财经领导干部。培训干部的范围扩大到整个北方局所领导的区域，同时，从扩大毕业生中选拔了一批优秀学员充实了老师队伍。由于各地学员到太行十分困难，山东分局的学员在途中要走 3 个月，根据这一情况，北方局决定创办分校，1940 年 10 月，先后在冀南（后迁冀鲁豫）、山东、晋西北创办三所分校。1941 年秋，以华北财政经济学校总校为基础创办了晋冀鲁豫行政干校，各分校继续存在。1945 年 4 月改称太行行政干校。1946 年 1 月，晋冀鲁豫边区政府决定创办北方大学，以该校原财政、税务、金融方面的师资编为北方大学财经学院，原该校的行政干部培养部分并入长治师范学校。1948 年 8 月，北方大学与晋察冀边区的华北联合大学合并，改名为华北大学。1950 年 10 月，华北大学从邢台迁址北京，改建为中国人民大学。

华北财政经济学校韩北村旧址　李绍君　摄影

太行工业学校温庄村旧址

为解决军火生产的专业人才，1940 年 9 月，根据彭德怀副总司令指示，军工部以抗大特科大队为基础，并与从冀中军区调入的部分干部合并，在黎城县下赤峪村组成军工部干部训练队，简称“干训队”。由李非平任队长兼工科教员，厉瑞康任政治指导员兼党支部书记兼政治教员。下设两个分队，一分队培训军事工业技术，二分队培训军事通讯联络。为配合百团大战第三阶段反“扫荡”，军工部机关编制为两个梯队，干训队编在第二梯队，开赴武乡砖壁村。此时，彭总正在组织部署关家垴战斗，军工部一、二梯队作为战斗预备队开赴石门村参战。战斗结束后，“干训队”选址温庄村驻扎下来，继续进行业务训练。一分队主要学习金工常识、钳工操作等，二分队学习电台、通讯、密码等。

1941 年 1 月，八路军总部决定在此基础上，组建一所“军事工业学校”，并得到毛泽东主席的支持。于是，八路军总部向各根据地的部队发出指示，要求选派一定名额的干部和战士到学校来学习培训，不久，各地学员陆续到来。

3 月 1 日，太行工业学校在武乡县温庄村正式开学。校长由军工部刘鼎部长兼任，总部还派柳沟铁厂副厂长、英国留学生、冶金工程师刘致中担任副校长，并主持日常工作；李非平任教务主任，厉瑞康任副政治教导员，夏明任教职干部党支部书记，校部驻扎在温庄村的财主李应南家东房、西房，教室在正楼，土改后分配给了杨更新和郝振方。这里村落较大，又靠近柳沟铁厂，学习条件较好，学员可以根据学习进度分步骤到厂里实习。

学校共有教职工 20 人，学员 129 人（含原干训队学员 33 人），根据文化程度分别编为 3 个专科班，2 个普通科班，1 个预科班和会计班。5 月初，在温庄村举行了隆重的开学典礼。同时，这 6 个教学班又分编为 3 个武装排，以适应边学习、边战斗的形势需要。

普通科：学制 6 个月。以培养具有高小文化的学员为主，主要学习国文、算术（代数、珠算）、物理、画图和政治，普通科毕业可升入专科。

专科：学制 8 个月，学习内容按专业而定，机械专科主要有数学（代数、几何、三角）、物理（热学、力学、电学）、原动（锅炉附属品、蒸汽机、内燃机）、材料（金属组织、铁、硫、钢、铜）、制图（复杂机件图）和机构。化工专科主要有普通化学、工业化学、化学工程、物理、数学（代数、三角）和机构。矿冶专科主要有冶金、采矿、矿务、物理、化学、算术和政治。专科班在学习期间，均有认识实习和毕业实习，根据不同专业，分别到对口厂、矿完成。通过实习锻炼动手能力，培养劳动观点，精通技术手段，学会管理生产。

课堂讲授是教学的主要环节和基本形式，教室在李应南家正楼上，讲专业课时就在这里上课，政治课、基础课以大班的形式，一般是在操场、树荫下上。门板当黑板，背包当坐凳，膝盖当课桌。尽管条件艰苦，师生热情都很高，课堂秩序良好，教师讲课也非常认真。在教学中联系学员实际，从军工生产需要出发，自编讲义，深入浅出、具体生动、条理清晰、重点突出，精讲多练，复习作业题全批全改，深受学员欢迎。为加强学员的理解能力，不断组织学员深入到柳沟和显王兵工厂进行机加、铸锻等工种的认识实习。预科班的大部分到兵工厂去学徒，会计班毕业后分配到工厂工作。

1942 年 5 月反“扫荡”中，学校转移到黎城西头和南陌村一带，后又转移到辽县青城白寺蛟。反“扫荡”结束后，学校又返回武乡温庄村。直到1943年6月，日寇占领了蟠龙镇，距工校驻地仅4公里，直接威胁着学校的安全。同时，太行山区正值严重干旱，粮食供养十分困难，根据地进入了最艰难的时候，工校不得不停课开展了大生产运动。9月初，朱德总司令从延安致电彭德怀副总司令，大意是陕甘宁边区正在加紧兵工建设，因缺乏技术力量，请从晋东南抽调。此时，彭德怀同志已经离开前方，走在了回延安的路上，准备去出席党的七大。八路军总部杨立三副参谋长接到指示，授意军工部，“太行工校原则上开赴延安”。

1944年5月，历时3年的太行工校奉命停办，部分教师开到延安，留下的员工安排在兵工厂。1946年2月，由于国民党积极内战，战争形势非常严峻，晋冀鲁豫军区军工处决定，恢复太行工业学校，继续为军工生产培养人才，改名为长治工业学校。1948年5月，华北人民政府兵工局又将此改建为兵工职业学校，校址迁往太原市上兰村原进山中学院内。1958年扩建为太原机械学院，并开始招收本科生，1963年更名为华北工学院，成为国防科委直属的八所院校之一，2004年更名为中北大学。

太行工业学校温庄村旧址　李绍君　摄影

太行陆军中学石盘村旧址

1942年，抗日战争进入最艰苦的岁月，敌人对抗日根据地的“扫荡”更加频繁，太行山区炮火连天，硝烟弥漫。太行山上诞生了一所新的军事学校，那就是抗日军政大学附属陆军中学。

1943年，是根据地最困难的一年，敌人对太行区“扫荡”非常频繁，面对这样的形势，陆军中学留在敌后继续办学确实非常困难。为了保存革命力量，培养优秀干部，党中央和中央军委作出决定，要求太行陆军中学离开太行山开赴陕甘宁边区。陆军中学在途中，任白戈校长带领400余名教职工和学生转移进驻武乡县石盘村。

陆中在石盘村时，校部驻陈金堂家，学生散住于村中民宿。学员们一边等待机会穿越封锁线，一边在石盘村坚持上课。驻扎半个多月，转经太岳区再过同蒲铁路。

1945年7月，党中央鉴于抗日战争胜利在望、日寇末日将临的敌后形势的变化，命令太行、太岳陆中合编的抗大七分校第三大队，重返晋冀鲁豫前线。10月20日再次来到武乡，队伍在武乡县城（今故县）进行了几天休整，并接到上级电报，取消了抗大七分校第三大队的番号，改名为晋冀鲁豫军区陆军中学。

太行陆军中学石盘村旧址　李绍君　摄影

八路军供给部被服厂义门村、寨上村、蒺藜坪村、大石脚村、南郊村旧址

抗日战争时期，国民政府发放给八路军的军需物资远远满足不了实际需求，有相当一部分军需物资是我抗日根据地军民自力更生的结果。为了满足部队扩充新军的需要，八路军供给部首先筹建了被服厂，布料选当地农民纺车、土布机制的白粗布，并用草木灰水煮后染成灰色，由技术人员剪裁，缝制成八路军军服。当时的八路军军服不高级，有的战士连这土制的军服也穿不到。有的战士冬天没有棉衣，没有袜子，光着脚和日本鬼子战斗。因此，被服厂的工人们，昼夜不停地赶制衣服、被褥，供应着部队的子弟兵。

1938 年 4 月，八路军总部进驻武乡，供给部被服厂也在供给部部长杨立三的率领下来到武乡，先驻义门村富农李茂堂家，因全院用石板铺就，所以村里人称为石板院。这个院子在 20 世纪 70 年代拆除，木料用于修建学校。被服厂把整个院子都住满了，为了满足日益扩大的八路军队伍的需要，日夜不停地在做军服、绑腿，他们只有几架缝纫机，许多都是靠手工缝制。4 月 20 日，又搬迁到寨上村，被服厂驻村中的旗杆大院。大院因前清出过武举人而在大门上立有两根旗杆而得名。这是武举人的后人弓富荣家的院子，有东西两串楼院，杨立三部长住东楼院正楼，被服厂的缝纫组在东楼院，缝纫机安装在三大间的西房内，手工组在西楼院。当时由于八路军已经发展壮大，

但军费严重不足，被服厂的原材料供给有点捉襟见肘。寨上村的富户较多，在八路军首长的动员下，他们以抗日事业为重，以民族大义为重，在动员会上纷纷表态，愿意为抗战出力，于是一个个慷慨解囊，筹集了许多银圆，在故城、段村等镇收购了大量的土布，捐赠给了八路军被服厂，极大地支持了八路军的后勤工作，受到朱德总司令的表扬。同年5月下旬，被服厂迁往沁县。

1939年7月，供给部被服厂再次移住武乡东部的蒺藜坪村，厂部驻闻海忠家，各生产组分别驻村中农户家中。1941年，又迁到大石脚村，生产车间在大石脚，厂部驻张竹林家，仓库在上庄村崔国良家西房。1942年夏，迁到南郊村，厂部住张四英家，缝纫组驻张怀旺家，手工组驻李海旺家。1943年10月，被服厂调归太行军区管理，后迁到涉县。

八路军供给部被服厂寨上村旧址　李绍君　摄影

八路军供给部被服厂大石脚村旧址　李绍君　摄影

八路军供给部被服厂仓库上庄村旧址　李绍君　摄影

八路军军工部柳沟铁厂柳沟村、庄底村旧址

八路军总部接管鼙山工厂后，改厂名为军工部柳沟铁厂，对外称“焦作”，在河南岸建了厂部，当时称南厂部。八路军总部委派高原任厂长，张先进为教导员，留任王化南为副厂长，接收职工220人，土窑洞6孔，木质风车2个，铁砂箱50多付，土化铁方炉一座，继续生产手榴弹。不久，八路军总部第六科将第一二九师建在辽县（今左权）杨家庄的炸弹厂、第一一五师建在壶关的炸弹厂的设备和人员全部合并过来，并从冀南、晋冀豫各支队修械所抽调来一批技术工人，帮助改进生产，工人增加到460多人。工厂实行军事管理，按军队建制供应粮款，工人加发技术津贴。工厂设有工务、材料、管理三个科，一个警卫队和三个生产队。第一队，管辖完成股、铁工股、通讯排、饲养班；第二队，炼铁股，熔炼供应翻砂和铁工股所需的生铁；第三队，管辖木工和翻砂两个股。厂长高原住窑申峬连松青家。

该厂根据当地素有民办小工业的历史传统，采用经济合同的形式，把附近民办的铁矿、煤窑、铝矾土矿（做炼铁坩埚的主要原料）、酒坊等单位的生产统一纳入兵工厂的生产计划之中，任务由“焦作”安排，生产受“焦作”指挥，产品由“焦作”收购，但经济自主，组织独立，被称为焦作的“儿女公司”。这些单位有工农兼做的劳动力近600人，他们农忙时上地耕种，农

闲时下井采矿，成为一种特殊形式的兵工。

为增加手榴弹、地雷的产量，适应游击战争的需要，1941 年 3 月军工部派陆达等，将柳沟铁厂的部分人员和设备，迁往和顺县青城镇，组建军工部炸弹厂，对外称“第二焦作”。1941 年秋季，日军不断调动大兵“扫荡”黄崖洞，企图摧毁我兵工厂。工厂只得化整为零，分散进行生产。将翻砂部迁到庄底村，炼铁部迁到马岚头村，完成部迁到窑申峪村，木工部迁到上庄村，住崔金良家西房，生产车间在观音庙西廊房，村民与部分工人负责上山砍木料，旋工负责旋手榴弹木柄。

“百团大战”后，军工部遵照彭德怀的指示，为加强我军的火力，组织试造五〇炮弹，责成柳沟铁厂铸造五〇炮弹毛坯。这种弹的外径为 50 毫米，故简称“五〇弹”。弹坯铸造成后经切削加工，再制成成品弹壳。而柳沟铁厂炼的是白口生铁，质硬而脆，不能切削加工，为此组织技术人员，采用土法焖火技术，终于将弹坯表面软化，可以进行切削加工。于 1941 年 4 月，开始批量生产。同时还研制生产了五〇掷弹筒。此后，柳沟铁厂便成为总部军工部的铸造炮弹毛坯厂，源源不断地将炮弹壳毛坯运往水窑一所和高峪村三所加工。为了使柳沟铁厂集中力量铸造炮弹毛坯，军工部决定将手榴弹的大批量生产任务交由各军分区炸弹厂承担。同时，还在柳沟进行自制硫酸的试验，生产出了硫酸。

1942 年，日军加紧了对根据地的“扫荡”，为保存军工实力，军工部决定将工厂规模缩小，于同年 3 月分别迁往三个地方设厂，成为三个独立生产的分厂。第一分厂，由原柳沟铁厂的铁工股组成，迁驻庄底村，厂长先后为黄枫、李非平，指导员为李薪，厂部住河则儿冯福堂家。除继续炼铁铸造手榴弹壳和五〇弹毛坯外，还增加了六〇炮弹、八二迫击炮弹毛坯的铸造，并生产当地群众所需的农具和铁锅等；第二分厂，由原柳沟铁厂火工股、完成股和青城铁厂的部分工人组成，迁驻黎城县卜牛村，厂长为石成玉，指导员为林溪，组装手榴弹和生产黑色炸药；第三分厂，由柳沟铁厂的硫酸实验组为基础组成，迁驻黎城县白不峧村，厂长为王化南，指导员为杨霞村。三个分厂仍在柳沟铁厂的直接领导下组织生产，铁厂厂部设在一分厂庄底村，厂长高原，副厂长杜吉祥，政委肖光明。工厂分散转移后，职工进行了精减，一部分就地安置，一部分送太行工业学校培养，三个分厂有正式职工243人。

1943年9月，柳沟铁厂一分厂分出一部分同志到和顺县青城镇，还有一部分工人调到太南二所。1944年2月，日军撤离蟠龙镇后不久，根据军工部指示立即恢复生产。7月，军工部派陆达、陈海清等同志到庄底村重建柳沟铁厂，定厂名为军工部四厂，由陆达代厂长，魏道全任副厂长，陈海清任教导员。管理机构设置工务、材料、总务三个股，生产方面设立三个工部。第一工部（翻砂部）在庄底村，工长高秀春，职工约130人；第二工部（炼铁部）在马岚头村，工长粟全林，职工约100人；第三工部（炼铜部）在马岚头村对面，主要试炼黄铜，供造枪弹壳用。后又从黄崖洞兵工厂搬来三节锅炉2台、蒸汽发动机1台、机车20台，工人增至800余人。从1944年10月到1945年8月，工厂生产出大批麻尾弹、掷弹筒、五〇和八二炮弹，有力地支援了抗日战争的大反攻。

1946年，晋冀鲁豫军区司令部军工部派程志坚、李育英率领30余人来到柳沟，扩建兵工厂。到12月增加到1000余人，盖新房700间，厂名改为华北军工处柳沟炮弹厂，主要生产五〇和八二炮弹。到1947年初，军工处为加紧军火生产，支援解放战争，经调整扩充，柳沟编为兵工一厂，管辖三个分厂，工人已增加到1200余人，机器100多部。动力机械有蒸汽机、发电机、锅炉等，机床有冲床、钻床、刨床、车床等80多部。随着机械化程度的提高，工厂内部分工也更细了，有翻砂、冶铁、铁工、机工、钳工、铜货、完成、检验、煤炭、炼焦、木工等11个工段。柳沟兵工厂已成为一个机械化的炮弹厂，每天可造22000发炮弹。1948年，为了保卫兵工厂，防御国民党的飞机来柳沟轰炸，仅用了3个月的时间在前沟口盖起了3孔完全是青石板砌成的石窑洞，每个窑洞深60米，宽4米，高5米（该窑洞于1957年由县民政局改建为八一陶瓷厂），并在白和村成立了硝磺所，人员100多名，主要制作炸药。1948年下半年，军工处与晋察冀工业局合并，归企业部统一领导，柳沟兵工厂领导机构有所调整，厂长阎守信，政委熊杰，副厂长牛季良（兼副经理）、教导员陈海清、保卫科长李效仁、检验科长来金烈、工会主席隋仁贵、秘书李炳秀。为了加强军火生产，柳沟兵工厂又下设五个分厂、一个所。一分厂是翻砂部在柳沟，二分厂是铜货部在柳沟，三分厂是完成部在柳沟，四分厂是冶铁部在马岚头，五分厂是铁工部在显王，一所是硝磺所，在白和。这年产品成倍增加，每月生产10万颗炮弹，有力地支援了华北野战军和民兵武器弹药的需要，尤其柳沟的炮弹在名震中外的淮海战役中立下了战功。

1949年8月，随着华北中小城市的解放，奉上级命令从柳沟的兵工厂抽调了1000余名工人和一些机器设备，支援了长治市五马（淮海）机械厂、惠丰机械厂、长治钢铁厂，还为石景山钢铁厂、二四七厂、三〇七厂、太原钢铁公司、太原建工局、太原矿山机器厂，以及东北、四川、青海、武汉等地的厂矿输送了不少干部和技术力量，留下的职工仍在柳沟坚持生产，办起了柳沟铁厂、翻砂厂等，这些工厂为农业生产服务，归县政府管理。

八路军军工部柳沟铁厂旧址　（老照片）

八路军军工部柳沟铁厂厂区旧址　李绍君　摄影

八路军军工部柳沟铁厂第一分厂庄底村旧址　李绍君　摄影

八路军军工部青背塔煤矿窑申峭村旧址

八路军军工部青背塔煤矿老井口　李绍君　摄影

青背塔煤矿，原是当地私人开采的小型煤窑，一般是冬天开，夏天停。在当地算是一个规模较大的煤窑。每到冬天开始生产，武乡西部的百姓都会用牛车远道而来拉运。八路军总部军工部接管柳沟铁厂后，为解决燃料问题，即收购了这座煤窑，开始用花车绞煤，日产量为四至五吨。后因生产需要，再加上要供给当地百姓的生活需求，扩大了生产量，日产量达到200吨左右，成为军工生产的主要能源基地。直到1949年8月，柳沟铁厂的兵工生产迁往长治等地，青背塔煤矿移交地方管辖，成为武乡手工业局的下属企业。

八路军军工部一所锻工部显王村旧址

1939年夏，随着太行根据地的巩固和扩展，朱德指示刘鹏要扩大总部修械所的造枪规模，为避免敌人的破坏，工厂应搬迁到更为隐蔽安全的地方重新建设，使它成为我军的可靠造枪基地。经过左权亲自勘察，工厂新址选择在黎城县黄崖洞。

黄崖洞位于黎城县西北部赤峪沟西端的大山里，紧靠武乡左会村。这里群峰矗立，陡崖千仞，北部的山崖峭壁上有个天然大石洞，俗称黄崖洞。洞南有一片名为水窑的山谷，兵工厂就坐落于此。水窑兵工厂，也称军工部一所，对外保密代号“工兵营”。一所下设三科、四部。三科即总务科、工务科、器材科；四部即机工部、钳工一部、钳工二部、锻工部。

其中锻工部建在武乡县显王村，厂部驻赵连北家，锻工部工长韩国祯，指导员陈海清。显王距黄崖洞10多公里，除制造锻件外，还开设小煤窑，供应全所用煤。工作部类似工厂的车间，每个工作部都配有正、副工长和指导员。工作部下设若干生产班组，驻在杨生尧家。

黄崖洞兵工厂试制的五〇炮和五〇弹试制成功并投入批量生产以后，其炮体、炮管锻件都是由显王村的锻工部供应。这些半成品均从黄崖洞北麓的左会山上运进，制造出的成品由南口运出，有时，也从南口运进一些由黎城敌占区采购的物资。从武乡显王，横跨太行山主峰，境内广大农民兼任这条生产线上的运输员，毛驴是唯一的运输工具，农民房舍是运输的中继站和在制品的保管库。农民赶着毛驴从显王装上毛坯，当天驮回家过夜，第二天再从家出发，把毛坯运到黄崖洞兵工厂，如遭敌人“扫荡”就设法埋藏。黄崖洞兵工厂就是靠这条钢铁运输线坚持生产的。仅 1941 年下半年，就制造出五〇炮 120 门，五〇炮弹 15000 发。这些产品的锻件毛坯都是由显王锻工部供给的。

1941 年 11 月，日军出动 5000 余众，围攻黄崖洞兵工厂，企图摧毁这一兵工基地，我总部特务团战士们英勇抗击，取得黄崖洞保卫战的胜利。但工厂目标已经暴露，且受到严重破坏，厂房大部被炸毁，机器损坏待修理，难以恢复生产。1942 年 2 月，遵照总部军工部命令，将一所改制为分厂形式继续生产。其中，显王锻工部改建为三分厂，厂址仍驻显王村。

八路军军工部一所锻工部显王村旧址　任宇飙　摄影

八路军军工部三分厂、五厂显王村旧址

1941 年 11 月，日军围攻黄崖洞兵工厂，工厂遭到严重破坏，厂房大部被炸毁，机器损坏待修理，难以恢复生产。1942 年 2 月，八路军总部军工部指示，将原军工部一所锻工部扩建为军工部第三分厂，直接受军工部领导，厂址仍驻显王村。

这期间虽然日军经常在武东地区“扫荡”，但三分厂以游击形式，敌人从据点出发到工厂“扫荡”，行程至少要半天。我们获得情报之后，只要 2 至 3 小时就可把工厂的主要设备、器材埋藏完毕，做好坚壁清野，职工分散向安全地区转移。在反“扫荡”中青年职工组成的自卫队埋设地雷，阻敌入厂，利用有利地形与敌人展开麻雀战，扰乱他们的“扫荡”步骤，减少工厂的破坏和损失。敌人一走，自卫队迅速通知职工返厂，一般情况下，一至两天就可以恢复生产。一直到 1943 年 6 月，因敌人在不远的蟠龙镇建立据点，工厂安全受到严重威胁，只好搬至黎城县漆树沟，保密代号“石灰窑”，厂长韩国祯，指导员陈海清，有职工 80 余人。生产对象是锻制炮弹尾翅和五〇炮炮筒毛坯。

1944 年春，蟠龙敌人在我三分区军民围困下终于败退，三分厂又返回显王村，继续生产。同年 9 月，军工部对军事工业的组织机构进行了一次大的调整，将分散在偏僻山沟的工厂又逐步集中扩大，统一组编成 8 个生产厂和 1 个实验所。撤销了所一级的建制，各工厂直接受军工部领导。显王三分厂，再次扩编为军工部第五厂，厂长韩国祯，副厂长阎海士，指导员吕炎，仍生产炮筒、炮弹尾翅锻件毛坯，供一厂、二厂、三厂、六厂加工为成品。

抗日战争结束后，该厂合并到柳沟铁厂，作为柳沟铁厂五分厂继续生产，在解放战争时期，该厂对晋冀鲁豫地区和华北解放区工业的发展，起到了重要作用。

八路军军工部三分厂显王村旧址　任宇飙　摄影

八路军军工部第五厂显王村旧址　任宇飙　摄影

八路军野战卫生材料厂刀把嘴村、笛子角村旧址

由于太行山区交通不便，部队药品供应困难，1939 年春，八路军前总卫生部部长孙仪之为了持久抗战，要自己动手生产纱布、绷带、药品等供应部队。决定成立前总卫生部制药所（简称前卫），刘英桂任所长，王志良为政治指导员，制药所设在潞城县南村（今属长治市潞州区）。同年 7 月，由于日军对晋东南发动第二次“九路围攻”，制药所跟随总部卫生部机关转移到武乡县刀把嘴村。

制药所住在韩海宁家，所长刘英桂，政治指导员温萱，住韩海宁家西窑，下设散剂、丸制、膏剂、制药等四个生产组。当时生产设备很简陋，借用老乡的大缸、铁锅、盆、罐、石碾子、笸箩等，就在这样的条件下，他们采用上党地区的党参、首乌、苍术、枸杞、枣仁、甘草等中药材，制成了党参膏、补力多、党参丸等几种成药和十余种酊水剂，受到部队医院的欢迎。并根据南洋胡文虎、胡文豹兄弟所创的“八卦丹”，改进试制出了“行军丹”，“行军丹”具有提神醒脑、防治感冒、清热解暑、调整肠胃功能等多种功用。

随着部队的需要，制药所增加人员，并根据前方所需，着手生产片剂，开始没有压片机，他们就用土办法，把和成的药粉装在废子弹壳里，用筷子压成型，效率很低，一次只能压一片。1940 年经卫生部批准，在长治买了

一台单冲头的旧压片机，是手摇式，后来安装了偏心轮，改成脚踏式，生产效率提高很多。此后，片剂生产代替了某些丸剂。由于刀把嘴村缺水，制药所曾移驻笛子角村，住在史水唐家。笛子角村子较小，住房紧张，不适应药品生产需要，等天下雨后，又搬回到刀把嘴村。

1940 年 5 月，制药所改称十八集团军（八路军）野战卫生部卫生材料厂。张其榜任厂长，温萱任协理员。下设生产股、材料股、总务股。当时除生产丸、散、膏中药制品外，还土法上马制作卫生材料，如纱布、脱脂棉、救急包等，纱布是用土布机织成的，脱脂棉用弹花弓来弹。1940 年底，为了加强后勤机关的战斗作用，进一步实行精兵简政，根据总部决定，将野战卫生部与第一二九师卫生部合并，同时，将第一二九师卫生部在黎城背坡村创办制药厂（简称师卫）合并。合并工作在安乐庄村进行，合并后卫生材料厂就驻扎在安乐庄村。

野战卫生材料厂刀把嘴村旧址　李绍君　摄影

野战卫生材料厂笛子角村旧址　李绍君　摄影

八路军野战卫生材料厂及制药厂安乐庄村旧址

1940年底，钱信忠部长和孙仪之政委召开了合编工作会议，决定以野战卫生材料厂为基础，与第一二九师制药厂合并。在此基础上，将原来的几个生产组扩大编为分厂，分别成立制药厂、绷带材料厂（设在辽县）、食品厂、酒精厂，总厂厂部不另设置，与制药厂混合。根据上述决定，1941年1月，野战卫生材料厂与第一二九师制药厂在安乐庄村正式合编。合编后继续称为第十八集团军野战卫生部卫生材料厂，厂长张其榜，后由张劲夫接任，副厂长曹洪山，协理员温萱，特派员曹登益。职工人数已达100余人，并陆续成立各个分厂。其中制药分厂设在安乐庄，厂部在籍永昌家西房，总厂办公室及厂长张劲夫住籍永昌家东房，生产车间在籍炳堂家等。

两厂合编后，根据钱信忠部长的建议，开始了柴胡提取试验。制药分厂经过多次试制，发明了第一支柴胡注射液，西药名为“暴泼利尔”，开了中药西制的先河。经临床试用，治疗疟疾及一般的发热疾病效果显著，且未发现有毒副作用。由于疗效较好，使用广泛，部队的需求很大，因此，一个药厂每月要生产一万盒左右。

1941年10月，为了适应战争形势的发展，野战卫生材料厂下设的五个分厂改编为制药所、绷带材料所、制造所三个生产单位。12月份，又将绷带材料所与制造所合并，形成两个生产单位。制药所所址迁到烟里村，所长是韩刚；制造所设在温庄，所长是宣心愚，主要生产酒精、玻璃、绷带材料等。同时，将制药所分出一部分，搬迁到龙洞沟。这一时期，职工人数大发展，建立了生产管理制度，制定了劳动纪律，生产总值达13万元，成绩令人瞩目。

野战卫生材料厂及制药分厂安乐庄村旧址　李绍君　摄影

野战卫生材料厂办公室安乐庄村旧址　李绍君　摄影

八路军野战卫生材料厂及制药所烟里村、焦龙庙旧址

1941 年 12 月，为了适应战争形势的发展，野战卫生材料厂下设的五个分厂改编为制药所、绷带材料所、制造所三个生产单位。为适应合并后的需要，卫生材料厂总厂及制药所迁至烟里村。1942 年 3 月，八路军卫生部决定，卫生材料厂所生产的药品除供应部队外，尚应考虑解决地方缺少医药的燃眉之急。报请上级批准，撤销了制药所、制造所，由总厂直接领导，该厂对外称“利华制药厂”，由温萱任厂长，商钦、王永庆任协理员。接着进行了较大规模的精简，厂部的各科、股一律撤销。

厂部设在韩步霄家，生产车间设在奶奶庙、村社房，玻璃组在戏台上，工人住在麻地圪老，有人住在村民史德全家，后来住不下，自己在旁边打了土窑洞。总厂厂部直接领导针剂、玻璃、酒精和卫生材料的生产；制药生产组由张劲夫负责，迁到小窝铺村焦龙庙，继续丸、片、膏、丹、散剂的生产。

1942 年 5 月，日军发动了大“扫荡”，八路军副参谋长左权将军不幸遇难。27 日，彭德怀副总司令率总部机关重返砖壁村，彭总专程到烟里村看望了工人，他告诉大家左权将军不幸遇难的消息，又说，我也可能牺牲，但中国革命必定胜利！他要求大家化悲痛为力量，为左权将军报仇，为牺牲的革命战友报仇，把反侵略战争进行到底。彭总讲话的声音不高，但信心百倍，字

字如钢。他的讲话对全体到会的同志具有极大的教育作用，使大家在恶劣的环境中看到了希望和光明，增强了中国革命必胜的信心。

1943 年 6 月，敌人侵占了太行腹心地区蟠龙镇，距烟里村只有十余里路程，并广修炮楼。厂部决定：在烟里村的厂部和针剂组、酊剂组搬到龙洞沟。烧玻璃需用焦炭，而焦炭就在蟠龙镇附近，所以留下玻璃组继续在烟里村坚持生产，厂部留下张有藻同志负责烟里村的生产。在敌人眼皮底下坚持生产，十分危险。玻璃组的同志们紧紧依靠老百姓，烟里村的民兵组织起来了，他们在村西头的高地上插了一个信号杆，放哨监视敌人。在村里生产的同志看到信号杆倒了，就立即停产赶快转移。一次，岗楼上的敌人出动了，枪声在距烟里村四里的地方响了起来，民兵把信号杆拉倒，厂里的职工立即停下活，有的扛风箱，有的拿工具，往村东北边的山沟里去了。鬼子到了烟里，看到房里什么东西都没有，气得把烧玻璃的炉子给捣毁了。可敌人一走同志们又回到村里，很快砌好炉子，重新开始了生产。在那艰苦的岁月里，同志们白天坚持生产，晚上带着工具和材料到苞谷地、高粱地里睡觉。遇到下雨天，就躲到群众在野外挖的土窑里过夜，几乎是一天换一个地方。遇到敌人“扫荡”，一天也吃不上一口饭。但大家十分乐观，坚信胜利一定是属于我们的。

1943 年 10 月，日寇在大陌村西头对面的侯家垴高处盖了炮楼，距柳沟兵工厂焦炭炉只有二里地，焦炭炉无法生产就转移到中村。中村距烟里远一些，焦炭供不应求。为了解决焦炭运输难题，11 月份，玻璃组搬到距中村较近的韩登村。韩登村距敌人占领的蟠龙镇有 10 多公里，工房就建在村西大庙里。1944 年春节后，为了更安全地生产，玻璃组全部搬到了龙洞沟。

野战卫生材料厂生产车间烟里村旧址　李绍君　摄影

野战卫生材料厂生产车间小窝铺村焦龙庙旧址　韩炳祥　摄影

八路军野战卫生材料厂小窝铺村（龙洞沟）旧址

1941年，战争仍处在敌我双方相持阶段，为了保存抗战的有生力量，适应游击战争的需要，制药厂要转移到比较隐蔽的地方，以保证在长期的抗战中坚持敌后生产。这年秋天，野战卫生材料厂决定将制药分厂分出一部分来，搬迁到东部大山里小窝铺村的龙洞沟。这里林木茂密，荆棘丛生，泉水不断，清冽纯净。半山上有座焦龙庙，是个既隐蔽保险又有利于生产的好地方。分厂进山后，由于交通条件太差，困难接踵而来，衣、食、住、行摆在全体同志面前，山上虽然有中药材，但其他物资很难运输进来，困难不除，生产无望。为了解决问题，后勤部杨立三部长批示，解决了三个问题：第一盖部分厂房；第二拨款两千元，解决资金问题；第三买八头骡马，解决运输工具之急。这样他们自己动手，盖房修路，才使生产顺利进行。1942年春，工人们又利用生产间隙，开荒种地，解决了部分粮食与全部蔬菜的供给。

1943年底，由于日寇的“蚕食”政策和频繁“扫荡”，卫生材料厂又一次进行了机构缩编，人员精减，当时厂级领导只有厂长韩刚、指导员张有藻，下设针剂、包装、玻璃、安瓿、丸片五个生产小组。全厂仅剩32名职工，当时是建厂以来机构最小、人员最少的时期，除“利记”“华记”两药房和烧焦炭的6名职工外，其余26人全部迁到小窝铺村龙洞沟坚持生产。厂部和研究室设在卧龙池；片剂、玻璃生产设在焦龙庙；蒸馏水工序设在龙洞口，材料库、成品库设在榆树古道。由于该处人烟稀少，这些旧址除焦龙庙尚在，其他都已经倒塌破坏。

随着战争形势的发展，抗日根据地不断扩大，卫生材料厂配合正规部队进行有计划的转移。1945 年初，卫生材料厂从小窝铺村龙洞沟迁到黎城县北委泉村，厂部设在关帝庙。

野战卫生材料厂小窝铺村（龙洞沟）厂部遗址　姜向东　摄影

野战卫生材料厂生产车间小窝铺村旧址　姜向东　摄影

野战卫生材料厂生产车间小窝铺村焦龙庙旧址　姜向东　摄影

八路军野战卫生材料厂玻璃分厂、制造所温庄村旧址

为了解决药品包装的配套问题，需要自己烧制玻璃安瓿，材料厂决定成立玻璃分厂。为解决生产技术问题，就将玻璃分厂设在太行工业学校驻地温庄村，以借用工业学校的技术力量，来协助解决玻璃炼制的技术难题。玻璃分厂设在村里的戏台上，工人分散住在老百姓家里。1940 年底玻璃分厂正式成立，由张浩任厂长，共有职工 9 人。

他们自己动手，盘制火炉，安装风箱，用石英粉、碱面、石灰等原料用不同的比例配料，在八百度以上的炉内进行烧制。前几次因原料配比不合适造成失败，但并没有灰心，经过反复试验，试制的第一炉玻璃终于成功了。玻璃烧出来了，要制成玻璃瓶、玻璃管又是一个难关，为此杨立三部长从抗大六分校调来会吹制玻璃的师傅常丹桂，攻克了一道道难关，没有耐火砖，就用土砖代替；没有坩埚，就用老百姓家腌菜的小菜缸；没有保温材料，就将黏土和炉灰面混在一起和成泥，抹到缸外面，做成溶化玻璃炉，使炉温达到 1200—1500 摄氏度。经过反复试验、练习，终于拉出了比较像样的安瓿。第一支安瓿生产出来了，这在卫生材料厂的历史上是一大创举。一次兵工厂急需四五百斤水玻璃，技师张浩、常丹桂和同志们一起研究，改变原料配方，大胆试验，终于成功，满足了部队的特殊需要。该厂生产成功安瓿，结束了

不能生产针制药物的历史。这一年，制药分厂经过多次试制，发明了第一支柴胡注射液。

1941 年 10 月，野战卫生材料厂将下设的 5 个分厂改编为制药所、绷带材料所、制造所 3 个生产单位。12 月，又将绷带材料所与制造所合并，制造所设在温庄，所长是宣心愚，主要生产酒精、玻璃、绷带材料等。1942 年 4 月，为适应战争形势，撤销两个所的编制，制造所迁至烟里村并入总厂，各生产组由厂部直接领导。

野战卫生材料厂玻璃分厂温庄村旧址 （老照片）

八路军野战卫生材料厂奶牛场枣宸坪村旧址

野战卫生材料厂牛奶场枣窳坪村旧址　李绍君　摄影

1939年夏，前卫制药所搬迁到武乡后，根据武乡东部有山有草、便于放养的自然条件，卫生材料厂决定成立组建畜牧场，于是买来40多头奶牛，畜牧场设在枣宸坪，由宣心愚任场主任，职工10人，村里人都叫花牛厂，厂部设在马虎全家。不久开始生产牛奶，畜牧场又叫奶牛场。生产牛奶全部供给野战医院重伤病员。1940年底，野战卫生部与第一二九师卫生部合并，合编工作会议上，决定野战卫生材料厂成立5个分厂，奶牛场改为食品厂，厂长仍为宣心愚，除生产牛奶外，又增加了养蜂，生产蜂蜜。

八路军野战卫生材料厂食品厂岭则村旧址

野战卫生材料厂食品厂岭则村旧址　李绍君　摄影

1941年春，日寇“扫荡”武乡，食品厂受到破坏，有37头奶牛被敌人抢走，造成很大损失，为更加隐蔽，又将工厂搬迁到岭则村，厂部住史二孩家。同志们想方设法增加生产，在牛奶减少的情况下，用蜂蜜、甘草、牛奶等做成饼干和小糕点，继续供给野战医院，满足了伤病员的需要。1941年10月，实行精简，野战卫生材料厂将下设的5个分厂改编为制药所、绷带材料所、制造所三个生产单位，12月，又将绷带材料所与制造所合并。厂长宣心愚调任制造所所长，设在温庄，主要生产酒精、玻璃、绷带材料等。1942年4月，为适应战争形势，撤销两个所的编制，制造所迁至烟里村并入总厂，各生产组由厂部直接领导。食品厂撤销了厂建制，降为生产组，继续在岭则村生产。1944年春，迁至小窑铺村龙洞沟。

八路军野战卫生材料厂酒精分厂温庄村旧址

1941年春，为解决野战医院消毒所需酒精，卫生材料厂在温庄村组建了酒精厂，由王永昌任厂长。厂部驻安云井家，厂房在酒坊院，职工7人，在部队中挑选了曾经有过酿造经验的人来当工人。采用传统发酵工艺，包括原料粉碎、温水拌料、高温蒸煮、糖化、发酵和蒸馏产酒几个工序，每个工序又各有不同的方法，用农村的大铁锅、瓮、缸等工具来进行生产。一开始主要生产酒精，后来，为改善部队生活，也生产了白酒、醋、酱等食品。

不久，又根据纺织厂、印染厂和卫生材料厂的要求，开始生产淀粉，工厂利用当地盛产的玉米、山药蛋为原料，经过调浆、加水搅拌、糖化等，淀粉生产成功后，不仅为制药厂提供了原料，药物片剂的压制成型等得到了良好的改善，而且也为八路军后勤各工厂提供了方便，调制印花浆、纺织品上浆、纸张上胶等都得到广泛运用。

1941年10月，根据野战卫生材料厂指示，将下设的5个分厂改编为制药所、绷带材料所、制造所3个生产单位，酒精分厂与玻璃分厂合并为制造所。

野战卫生材料厂酒精分厂温庄村旧址　李绍君　摄影

野战卫生材料厂酒精分厂制酒专用水井　李绍君　摄影

八路军前总野战医院土河村、刀把嘴村、石门村、土河坪村旧址

八路军前方总部卫生部野战医院（简称前总野战医院），于 1939 年 7 月跟随八路军总部机关来到武乡。该院在武乡驻扎的点很多，在医疗救护中，经常分成几个所在不同的地方救护伤员，这里只选择几个驻扎时间较长的旧址进行介绍。

前总野战医院设在土河村真如寺南殿，有 100 多名伤病员，都是各战斗部队送来需要住院治疗或施行手术的重病号。这所设在农民家里的医院，条件是非常简陋的，它没有正规的病床、病房和手术室。医务人员都住在老乡家。德国医生汉斯・米勒来到这里，成为野战医院的大夫。有一天，卫生学校的一名学员，因在抢救伤员时不幸摔伤，膀胱肿胀，解不出小便，十分痛苦，医院请汉斯・米勒诊治。汉斯・米勒仔细检查后确诊是尿道断裂，必须马上进行手术。即时采用肛门后侧切开术，把断裂的尿道缝合起来。几天后病人就治愈出院了。这是汉斯・米勒在太行山区施行的第一例手术，他的高超技术在土河村引起了轰动，人们很快便知道了八路军中有一位外国神医。前来求医的人蜂拥而至，他除了在医院为伤病员治疗外，村里的农民有病时，都来找他，甚至有人请他接生。无论是刮风下雨，或是半夜三更，汉斯・米勒不辞辛苦，对群众有求必应。

1940年春，前总野战医院又搬到刀把嘴村，卫生部部长孙仪之经常跟随医院行动，医院机关住在韩玉堂家。手术室在韩家祠堂。每当战斗打响，大量伤兵抬到医院来时，由于住房紧张，孙仪之部长的办公室，就作为临时手术室。手术床平时吊在房梁上，做手术时放下来，伤病员都安排在村中的农民家里。这里的群众以前基本上不看病，生了病就是求神拜药。野战医院来到这里后，得知这一情况，经常到群众中宣传卫生知识，一方面大力宣传破除封建迷信，另一方面用生动的事例教育群众。群众生病，医院就主动帮助他们治疗。

关家垴战斗前夕，野战医院迁到石门村清泉寺，手术室设在郝法旺家正房。战斗打响后，抬来的伤员不计其数。不仅整个医院住满，而且村里的百姓家也住了许多，各家各户把所有的门板、木板、家具、木块等都拿出来，院内院外支起满满的床铺。有时床铺紧缺不够用，还把男女分开，调整村民和士兵住到一块儿。

医院刚刚住进石门村的时候，条件非常艰苦，到了大冬天士兵们仍然穿着草鞋，身着破旧单薄衣服，每天三顿饭吃的是高粱糊饹饹、黑豆瓣、豆米糁糁，面对他们的艰苦生活，村民看在眼里，疼在心上，纷纷拿出自己并不宽裕的粮食送给医护人员，有时医院领导不允许随便收取群众的东西，他们就把窝窝头偷偷装进小战士和伤病员的衣袋里。医院进村的第二年春季，部队开始开展“自力更生、丰衣足食”的大生产运动，让士兵到山上开荒种地。医院在该村驻扎近一年多时间，中间有时因战争需要也分组到前线去实施救治，大部分时间是长驻在这里，后又转移到土河坪村，驻扎在村西的关帝庙与财神庙。

野战医院土河村旧址　任宇飙　摄影

野战医院刀把嘴村旧址　李绍君　摄影

野战医院石门村旧址　李绍君　摄影

野战医院土河坪村旧址　李绍君　摄影

第二部分　中共中央北方局

中共中央北方局烟里村旧址

中共中央北方局是中国共产党中央委员会在华北地区的派出机关，领导北方地区党的工作。初建于1924年，曾驻于北京、天津，几经破坏和撤销，又几经重建重组。1936年春，刘少奇以中共中央代表的身份，到达天津市，重建北方局，并兼任书记。全国抗战爆发后，中共中央北方局进驻山西太原、孝义、临汾等地，根据中共中央指示，大力恢复与发展地方党组织，充实和健全各战略区党的领导，运用多种形式建立统一战线，发动群众，组织武装，广泛开展游击战争，支持和配合八路军开展敌后游击战争，建立抗日根据地。1938年11月，根据中共六届六中全会精神，中共中央决定由朱德、彭德怀、杨尚昆、聂荣臻、关向应、邓小平、彭真、程子华、郭洪涛等任北方局委员，朱德、彭德怀、杨尚昆为常委，杨尚昆接任书记。中央决定，北方局由晋西移驻晋东南随八路军总部一起行动。12月初，杨尚昆率北方局机关到达屯留县故县村（今属长治市潞州区）与总部会合。年底，移驻潞城县北村，1939年4月底，移住中村龙泉山。

1939年7月15日，朱德、彭德怀、杨尚昆等率八路军总部和中共中央北方局转战抵达武乡县砖壁村一带，在这里指挥反“扫荡”作战。北方局机关驻扎在烟里村，代号“香港”，烟里村相距八路军总司令部机关驻地砖壁村仅1.5公里。北方局机关与杨尚昆书记住韩布霄家院子里，机关办公在西房；杨尚昆同志住东房。局机关各部均住在烟里村的民房里。北方局组织部长刘锡五、宣传部长李大章、秘书长杨献珍、青委书记宋一平、直属政治处主任康克清也都驻扎在该村。同时，八路军野战政治部机关也住在烟里村。

中共中央北方局机关工作人员统一穿八路军的军装，随八路军总部一起行动，对外称为野战政治部第二梯队，杨尚昆同志的对外职务也是野战政治部第二梯队主任。中共中央北方局的主要职能是：领导华北地区的党组织，正确执行党的“巩固华北”的方针，创建华北各根据地；管辖区域包括晋、冀、鲁、豫、察、热、绥各省和平、津两市全部，以及皖、苏、辽部分地区。

中共中央北方局进驻武乡烟里村后，正是日军向我晋冀豫抗日根据地进行第二次九路围攻的时刻，北方局与八路军总部指挥华北军民与日军在各地展开作战，保卫各抗日根据地，寻机歼灭敌人。而在此时，顽固派却乘机向八路军、抗日政府、山西新军和抗日民众不断发起进攻，一味地制造摩擦，极力破坏抗日民族统一战线。在这种形势下，华北抗日军民面临“前门打虎、后门拒狼”的局面。针对这种虎狼夹击的严重局面，为维护抗日民族统一战线，团结各种力量抗日，杨尚昆书记研究了华北的形势，要各地八路军采用多种形式宣传团结抗日的政策，揭露顽固派制造摩擦、破坏抗日的可耻行径。1939年9月，在北方局指示下，中共晋冀豫区党委在武乡县东堡村召开了全区第一次党员代表大会，中共中央北方局书记杨尚昆在会上作了政治报告，提出了全区党的战斗任务，要求太行区各县党组织要深入发动群众，广泛开展游击战争，粉碎敌伪夹击，巩固根据地。10月，就山西开展反逆斗争的问题发出指示，指出：山西形势继续逆转，必须有适当的斗争才能克服这一危机。10日，以山西省委的名义公开发表了《关于坚持山西抗战，克服危险倾向的宣言》，号召坚持山西抗战，反对妥协投降；坚持山西团结，反对内部分裂；力求山西进步，反对向后倒退。

就在第二天，也就是10月11日，为解决生活缺水问题，八路军总部机关和北方局移驻到王家峪村。

1940年6月27日，由于日军突然包围王家峪村，对北方局及八路军总部形成了威胁，北方局机关再次返回烟里村。紧接着，两日后，北方局与野战政治部一起，发出《对晋西北工作的补充指示》，要求晋西北在发展进步势力及反对顽固力量方面加强对中间势力的争取工作，爱护一切抗日人民的利益，用一切方法来帮助民众，减轻民众负担。紧接着，杨尚昆同志又在《党的生活》第十六期发表《中国共产党十九周年》，总结了抗战以来华北党的工作，指出没有共产党坚持华北抗战的正确方针，没有八路军在敌后的英勇奋战，就不会有今天的河北、今天的山西……今天整个华北的局面。

8月1日，遵照北方局黎城会议精神，冀南、太行、太岳行政联合办事处在涉县东辽城正式成立。20日，北方局领导协同总部在华北展开了规模巨大的“百团大战”。

9月，北方局再次在砖壁村召开了高级干部会议，会议由杨尚昆主持，彭德怀在会上作关于巩固抗日根据地的长篇报告，重点讲了形势、统一战线、财政经济政策、经济建设和1941年的经济建设计划。会议强调要自力更生，艰苦奋斗，自给自足，以支持长期战争，提出建设根据地的各项政策。这两次会议的召开，对于统一根据地领导机构的建立，推动根据地各方面建设的深入发展，起到了极其重要的作用。

北方局会议刚刚结束，华北日军就集中兵力对华北各抗日根据地发动了大规模的报复性“扫荡”，其重点是八路军总部、北方局、第一二九师师部、晋冀豫区党政机关所在的太行区，以武乡、辽县、黎城、涉县一带为重点。为摆脱敌人的围追，北方局机关离开烟里村，于10月14日经石瓮村向黎城西井转移。10月22日，返回武乡，经大井盘、石瓮、郊口再次返住烟里村。这时，日军第四混成旅团冈崎大队800余人向八路军总部设在黎城县北部的黄崖洞水窑兵工厂发动进攻，该厂是总部最大的兵工厂。得此消息，彭德怀决定寻歼冈崎大队，将其包围在关家垴村。彭德怀于29日下午到达石门村，指挥部署战斗，经过两昼夜激战，歼敌500余人。

日军在关家垴遭受沉重打击后，于11月3日集中兵力合击八路军总部。刘伯承得到消息，下令第三八六旅到西营、蟠龙以东的大陌村南北一线，阻击进犯之敌，掩护八路军前方总部和北方局机关转移。11月4日，中共中央北方局机关与八路军总部机关一道，从烟里、砖壁村撤出，经黎城、涉县，转移到达辽县，北方局机关驻扎在上南会村。

中共中央北方局烟里村旧址　郝雪廷　摄影

杨尚昆书记旧居（蟠龙镇烟里村）　郝雪廷　摄影

中共中央北方局王家峪村旧址

为解决生活缺水问题，1939 年 10 月 11 日，八路军总部机关和中共中央北方局机关移驻到武乡县王家峪村。北方局机关驻扎在前王家峪村赵秃孩家，杨尚昆住正房。北方局妇委、政权工作部、秘书处、调查研究室、财经委员会、社会部等都分散在该村群众家办公。

为了更好地指导各地区党的工作，在创办《新华日报》华北版的基础上，又于 11 月 15 日创办了北方局机关刊物《党的生活》。正如发刊词中说：它的出版，适应了当时华北抗战，单靠少数同志努力是不成的，必须使《党的生活》担负巩固、发展华北党组织的历史重任，成为全华北党集体的刊物。此间，在下北漳创办了鲁迅艺术学校，为根据地培养文艺宣传骨干。

1939 年 12 月，在阎锡山授意下，山西发生了新旧军冲突，也就是“晋西事变”。为了抵制顽固派的逆流，于 1940 年 1 月 12 日，在王家峪村召开了北方局扩大会议，讨论在反逆流斗争中自卫反击的问题。经过我军的有力反击，蒋介石、阎锡山的反共逆流没有达到他们预期的目的，反而吃了不小的亏，形势朝着有利于我们的方向发展。2 月，杨尚昆在《斗争生活》上发表《论晋南政治事变（十二月事变）的教训》一文，总结这次反逆流斗争中我遭受损失最严重的晋南地区的教训，强调：（一）要正确认识中国资产阶级两面性的特点，才能正确处理抗日民族统一战线中的团结和斗争问题，坚决打击已经明目张胆地实行投降反共的分子，争取中间分子和中产阶级，继续抗日下去；严重的正确的斗争可以保持已取得的革命阵地，可以团结整顿革命队伍，可以提高群众的政治觉悟。（二）要提高革命警觉，预见情况发展趋势，恰如其分地处理问题。临汾失守后，山西境内逆流横行，有人主张停止新设施，打击进步青年，排斥进步军队，有的同志常常从“顺境”方面着想，丧失应有警惕。原因是在民族抗战怒潮中发展起来的党，“没有经过阶级斗争的锻炼”，“缺乏革命失败的切身体会”，这就要具备政治眼光，注意国内国际的政治动向，学习党的历史，恰如其分地处理“可能到来问题”。（三）严密党的组织，加强党的战斗力，清除混入党内的不纯分子，彻底改造抗日的政权机构。（四）学习布尔什维克的领导方式等。

1940 年 3 月 1 日，八路军总司令部、中共中央北方局在离八路军总部驻地王家峪村仅 1.5 公里之遥的下合村与城底村中间的城墙根，召开了晋东南各界反汪拥蒋大会。参加这次大会的有晋东南军、政、民各界领导人，以及各机关、团体、学校，共 3 万余人。会议由八路军政治部副主任、野战政治部主任傅钟主持，朱德总司令致开幕词。他在讲话中痛斥了汪精卫的卖国罪行后，号召全华北的军、政、民，广泛开展反汪运动，反对一切公开和暗藏的“汪精卫”。号召各抗战党派、军队和人民，必须紧密团结起来，抗战到底！彭德怀副总司令也在会上作了重要讲话；聂荣臻以及青年、妇女和抗日团体代表都争先恐后地进行了讲演。最后，大会决议：以 3 万军政民的名义，通电全国各界同胞，加强团结，声讨汪逆，肃清内奸，抗战到底。这次大会，对坚持华北抗战，克服投降、分裂、倒退危险和肃清暗藏在抗日营垒中的投降派，起到了巨大的推动作用。

为总结抗日战争以来党在华北的工作，根据新的形势和中央关于 1940 年工作的指示，朱德离开八路军总部前，在前王家峪北方局机关驻地召开会议，讨论了根据地工作，并决定在黎城县北社村召集太行、太岳、冀南三区和第一二九师党政军高级干部参加的会议。11 日至 26 日，北方局黎城会议正式召开，会议由杨尚昆、邓小平主持。杨尚昆作了《目前政治形势与统一战线中的策略问题》的报告，邓小平作了成立冀南、太行、太岳行政联合办事处和财政经济政策问题的报告和会议总结，刘伯承作了《关于党军建设问题》的报告，薄一波作了《关于建政问题的结论》。会议提出了建政、建军、建党三大建设方针，强调纠正在反逆流斗争中出现的“左”的思想，坚持抗日民族统一战线。会后，在根据地内开展了建政、建军、建党工作。会后，杨尚昆等领导立即返回武乡北方局驻地，从 5 月开始在八路军中进行整编工作；在各级组织内，重点是基层党组织开展了第一次整党。

6 月 27 日，住段村的日军与襄垣日军配合，从北、西两个方向突然包围王家峪村。面对这一紧迫的形势，总部警卫部队立即对敌进行反击，掩护北方局及八路军总部撤退。当天，北方局机关再次返回烟里村。

中共中央北方局王家峪村旧址　郝雪廷　摄影

杨尚昆书记旧居（韩北镇王家峪村） 郝雪廷 摄影

中共中央北方局大塘村旧址

八路军部队在百团大战第一、第二阶段作战中，给予了日军非常沉重的打击，日军从 1940 年 10 月上旬开始，纠集了驻辽县、武乡、沁县、潞城等地 3000 余兵力，向我军根据地进行报复性“扫荡”，分多路包围榆社、武乡地区，日军的目标直指武东。这充分表明日军已经怀疑武东山区一带有八路军高级指挥机关驻扎，而调动重兵来围剿。

当时八路军总司令部驻扎在砖壁村、野战政治部与北方局驻扎在烟里村，日军正是探测出了武乡东部地区有密集的电台信号，从而判断出有我军高级指挥机关驻扎，所以集中重兵前来“扫荡”，以图报复。

日军的“扫荡”来势凶猛，他们从沁县、潞城、武乡、辽县等据点出发，采取拉网式搜索，步步为营，包围圈越压越小，企图在榆社、武乡一带寻找我八路军主力和高级指挥机关，妄想一口把我指挥机关和主力部队吃掉。13 日，麇集武乡东部的洪水、蟠龙、西营一线；14 日继续东进，进大陌、东堡一线，八路军总部指挥第三八五旅、第三八六旅、决死第一纵队等部队节节阻击。

敌人越来越近，距中共中央北方局、八路军总部所在地烟里、砖壁两村已不足 5 公里。在如此紧急的情况下，为避免损失，彭德怀、左权等首长决定，立即将不易搬运的物资就地掩埋，轻装转移。于是，中共中央北方局与八路军总部机关，离开驻地向东山撤退，利用深山树林作掩护，翻越琉璃顶，回旋于深山密林之中。临近黄昏的时候，转移到石瓮村，中共中央北方局与野战政治部驻扎在距石瓮村 0.5 公里远的大塘村。

北方局机关驻扎在张凤亭家院里，秘书处住西房，杨尚昆住东房。一住下来就开展工作是战争时期我党我军领导同志养成的好习惯，他们刚刚住下，一边安排造夜饭，一边就与地方党组织联系。吃过晚饭后，北方局书记杨尚昆、野政主任罗瑞卿就在大塘村驻地接见了石瓮编村党支部书记张泉，支部委员、村长张遇元等人，听取了他们发动群众支前参战的情况汇报，并作了指示：现在正值秋收季节，日本侵略者为了破坏百姓收秋，进行残酷“扫荡”，妄图从生活上、经济上打垮我们，村里要积极组织民兵与敌人打游击，掩护群众抢收粮食。村里住着决死纵队二十五团的连队，必要的时候可以与他们联系，军民配合共同作战，以保证百姓生活不受影响。

虽有我军奋力抵抗，但日军纠缠不退，企图寻找我总部机关，为确保总部机关安全，15 日一早，中共中央北方局与野战政治部机关离开大塘村继续东移，于当日晚到达黎城县西井镇。

中共中央北方局大塘村旧址　李绍君　摄影

北方局组织部烟里村、王家峪村旧址

北方局组织部烟里村旧址　郝雪廷　摄影

北方局组织部王家峪村旧址　郝雪廷　摄影

中共中央北方局组织部，是北方局机关的重要组成部分。抗战初期，华北地区党的基础比较薄弱，为适应形势需要，组织发展党员成为重要的工作，促进华北地区党的建设，发展、巩固抗日根据地，坚持敌后抗日游击战争。在北方局的领导下，具体负责落实党的组织工作路线方针政策和决策部署，研究组织工作重要理论和实践问题，负责党的组织体系建设，加强基层党组织和党员队伍建设等工作。1939年7月15日，北方局组织部跟随北方局机关抵达武乡县，驻扎在烟里村。同年10月11日移驻王家峪村，1940年6月27日再返烟里村。

北方局宣传部烟里村、王家峪村旧址

中共中央北方局宣传部，是北方局机关的重要组成部分。为了从思想上巩固党，宣传部加强党内阶级教育，提高马列主义学习，研究中共党史和中国革命发展史，加强教育机构、创办党校和各种培训班，达到从思想上武装全党的目的。1939 年 7 月 15 日，北方局宣传部跟随北方局机关抵达武乡县，驻扎在烟里村。同年 10 月 11 日移驻王家峪村，1940 年 6 月 27 日再返烟里村。

北方局宣传部王家峪村旧址　郝雪廷　摄影

北方局宣传部烟里村旧址　郝雪廷　摄影

北方局统战部烟里村、王家峪村旧址

中共中央北方局统战部，是北方局机关的重要组成部分。统一战线是党的三个主要法宝之一。1937 年 8 月中共中央北方局就下设统战部。在抗日民族统一战线中，由于国共两党间存在着两条不同的抗战路线，加上复杂的国际国内形势，如何处理统一战线中的统一与独立、团结与斗争的关系，成为极为重要的问题。1939 年冬至 1940 年春，国民党顽固派反共活动迅速扩大，向敌后抗日根据地发动较大规模的武装进攻，掀起了第一次反共高潮。在反对国民党顽固派反共摩擦的斗争中，采取发展进步势力、争取中间势力、孤立顽固势力的策略，达到团结一切抗日势力的手段，对顽固派进行“有理、有利、有节”的斗争，为巩固和发展抗日民族统一战线奠定了策略基础。1939 年 7 月 15 日，北方局统战部跟随北方局机关抵达武乡县，驻扎在烟里村。同年 10 月 11 日移驻王家峪村。1940 年 6 月 27 日再返烟里村。

北方局统战部烟里村旧址　郝雪廷　摄影

张友清部长旧居（韩北镇王家峪村）　郝雪廷　摄影

北方局社会部烟里村、王家峪村旧址

中共中央北方局社会部，是北方局机关的重要组成部分。抗日战争时期，日军和国民党顽固派公开地或秘密地向抗日根据地派遣大量的特务和汉奸，实行摩擦、渗透、捣乱和破坏。为加强锄奸反特工作，中共中央于 1939 年 2 月设“中共中央社会部”，有系统地与汉奸敌探作斗争，防止他们混入党的内部，保证党的政治军事任务的执行和组织的巩固。不久，中共中央北方局设立社会部，先由八路军总部锄奸部部长杨奇清兼任北方局社会部部长，后由郭任芝任部长。1939 年 9 月，北方局社会部在武乡县烟里村设立。同年 10 月 11 日移驻王家峪村。1940 年 6 月 27 日再返烟里村。

北方局社会部烟里村旧址　郝雪廷　摄影

北方局社会部王家峪村旧址　郝雪廷　摄影

北方局妇女工作委员会烟里村、石圪垤村旧址

中共中央北方局妇女工作委员会，是北方局机关的重要组成部分。1939年2月，中共中央书记处发表《中共中央关于开展妇女工作的决定》，提出要建立健全各级党委领导下的妇女部以及妇女运动委员会，成为各级党委内最重要的工作部门之一，这充分说明妇女工作是党的工作的重要组成部分。同年5月，中共中央北方局成立妇女工作委员会，领导根据地的妇女工作。北方局妇委由杨尚昆同志兼任书记，浦安修担任副书记。1939年7月15日，北方局妇委跟随北方局机关抵达武乡县，驻扎在烟里村。同年10月11日移驻石圪垤村。1940年6月27日再返烟里村。

北方局妇委烟里村旧址　郝雪廷　摄影

北方局妇委石圪垤村旧址　郝雪廷　摄影

北方局青年工作委员会烟里村、王家峪村旧址

中共中央北方局青年工作委员会，是北方局机关的重要组成部分。1939年5月，中共中央北方局成立青年工作委员会，领导根据地的青年工作。北方局青委书记由江明同志担任，后由宋一平同志接任。1939年7月15日，北方局青委跟随北方局机关抵达武乡县，驻扎在烟里村。同年10月11日移驻石圪垤村。1940年6月27日再返烟里村。

北方局青年工作委员会烟里村旧址　郝雪廷　摄影

北方局青年工作委员会石圪垴村旧址　郝雪廷　摄影

新华社华北总分社大坪村、安乐庄村旧址

为了加强华北根据地新闻对外发布，沟通华北与延安、重庆的新闻稿交流，以及对诸多国际通讯机构的联络，根据中共中央指示，中共中央北方局党报委员会批准，1939 年 10 月 19 日，新华社华北总分社在大坪成立，总分社归中共中央北方局直接领导。限于当时条件，没有设立独立机构，而同华北新华日报社合署办公，报社与华北总分社是两块牌子一套机构。总分社社长兼总编辑由报社社长何云兼任，陈克寒任副社长兼副总编辑。收发报由报社编辑科统一安排，每天向延安新华总社发稿，不久设立了专门的电讯科。12 月，报社又移住安乐庄村。

新华社华北总分社，是华北敌后新闻通讯的总机关。在新华社华北总分社的领导下，华北所有报纸的新闻稿，均采用“华北新华社”或“新华社华北分社”的电头向延安新华总社和华北各抗日根据地播发。还先后下设了晋冀豫分社、晋察冀分社、冀鲁豫分社、山东分社、晋绥分社。新华社华北总分社在敌我斗争尖锐复杂的形势下，紧密联系当时的形势和斗争实际，深刻揭露了日伪军在华北敌后各抗日根据地连续不断的“扫荡”“围攻”中的暴行，反映了华北敌后军民浴血奋战，坚持抗战所取得的战绩，系统报道了华北各个抗日根据地进行的各项建设事业，有力地宣传了我党坚持抗日民族统一战线的基本方针，新华社华北总分社成为华北通讯的最高领导机关。

新华社华北总分社大坪村旧址　李绍君　摄影

新华社华北总分社安乐庄村旧址　郝雪廷　摄影

华北新华日报社大坪村、安乐庄村、上庄村旧址

华北新华日报社（也称《新华日报》华北分馆）创办的《新华日报》（华北版），是抗日战争时期中共中央北方局、八路军总部领导的华北敌后最大的新闻报纸，1939 年元月在沁县后沟创刊。八路军总部进驻武乡以后，华北新华日报社也从沁县迁驻武乡，9 月底驻扎在大坪村魏松英家。对外称为“十八集团军教导队”。

《新华日报》（华北版）是中共中央北方局机关报，其编辑方针是：宣传马列主义和国际共产主义运动，宣传苏联；宣传党的路线、方针、政策、任务；宣传广大军民的抗日斗争；宣传抗日民主根据地建党、建军、建政的成就；揭发日寇的暴行；报道国内外大事。在抗日战争中，在艰苦的岁月里，这份报纸无论是对前方还是后方，无论是对军队还是人民，都起到了巨大的鼓舞和激励作用，特别是在指导根据地的工作上作出巨大贡献。所以，它既是根据地军民喜闻乐见的宣传阵地和动力，也是广大军民的精神支柱与力量源泉。

在安乐庄村时，报社社长何云住西沟籍承贵家西房，办公室在东房；编辑部在籍贵江家东房；电台在三亩儿白海元家西房；排字车间在东场儿牛丙南家东西房；印刷车间在牛明玉家东西房；总务科在圪老儿白二云家正窑；

发行科在籍春芳家东房；灶房在圪廊儿籍承祥家东房，事务处在正窑；警卫科在老顶儿李金水家四合院，有30多名警卫战士；刻字室在牛玉华家西房，负责人叫宋克志。首长出门都是骑马，养着五匹大红马。马夫住籍锦绣家。

当时报社的工作人员很多，整个村里住得满满当当，村里的群众家里一间闲家也没有，报社的编辑、记者，刻字、印刷工人与村里的人都住得很熟悉了。还有专门刻木刻版画的为报纸插图，村里人知道他们刻版需要特殊的木头，就主动把自己家里的梨木、果木、枣木送给搞木刻的同志，每到这时，八路军总是要付给老百姓冀南票，说不拿群众一针一线。可村里群众自觉性都很高，知道八路军抗日是为咱老百姓，咱做点贡献是应该的。有时，村里群众还专门上山里砍檀木，送给他们。檀木是细木头，过去老百姓刻象棋都是用檀木，又没有枣木、梨木硬，是刻人物画像的最好木料，刻版的同志非常高兴。为了报答百姓们的支持，给百姓钱百姓不要，他们就做些小本本，送给村里的孩子们让大家学文化。有空也组织村里人到一起读夜校，办识字班，还把多色套印的年画赠送给村里群众。村里人非常高兴，当时农家墙上都贴过报社印刷的年画。

华北新华日报社同志们在村里驻扎时，经常给群众担水、扫院，收夏收秋时还帮助老百姓劳动，老百姓见他们出力流汗，送点南瓜、豆角，他们从来不要。敌人来了，他们就转移到东山上的树林里继续工作，不让耽误了报纸的出版。

1940年10月，报社转移到上庄村，驻崔中厚家，报社社长及编委会在东房，印刷车间在西房，其他人员分住村中各户。关家垴战斗期间，曾派出战地报道组开到前线进行采访，并油印出版了号外版。

创办在小山沟沟里的《新华日报》，在整个根据地产生了巨大影响，连国统区也有许多订户，就是苏联、美国的新闻机构都专门订阅。报纸的常年发行量在3万份以上。当时报社还设有丛书编辑部，专门编印各类图书，有政治、经济、文化、教育，还有社会科学方面的。1940年底，八路军总部机关转移离开武乡以后，报社机关也随之迁到辽县（今左权）后庄村。

华北新华日报社大坪村旧址　李绍君　摄影

华北新华日报安乐庄村旧址　郝雪廷　摄影

华北新华日报社编辑部安乐庄旧址　郝雪廷　摄影

华北新华日报社上庄村旧址　李绍君　摄影

华北新华日报社印刷厂（铅印厂）安乐庄旧址

华北新华日报社初创阶段，为解决印刷设备，将八路军西安办事处已经关闭了的永新印刷厂设备搬迁到晋东南，有对开机、四开机、圆盘机及铸字机，还有老五号仿宋铜模一副，老五号铅字和一号、二号、三号、四号标题字，并有部分工人相随来到太行。在此基础上，组成了报社铅印厂。

1939 年 7 月以后，日军打通了白晋路，进而实施“蚕食政策”，占据了大部分县城。为保证报社的安全，新华日报社从沁县迁到武乡县大坪村，不久又迁到安乐庄村。报社印刷厂（铅印厂）也随报社搬迁到安乐庄村。厂部在牛金玉家小东房；排字车间在牛明玉家东、西房；印刷车间在牛青玉家东、西房。

该厂厂长为周永生。当时印刷厂的设备有：铅印四开机两台，脚踏圆盘机一台以及排字、铸字、打版等全套设备。主要承担《新华日报》印刷。报社由校对人员住在厂里负责校对工作，并有专门的美术编辑负责雕刻木板插图。当时日寇经常前来 “扫荡”，为保证报纸出版，遇到日军“扫荡”时就转移到安乐庄村后的深山里在野外排版。为坚持战时出报，把铅字的字盘改小，制作了八开的简易印刷设备。有时也派刻蜡版人员跟随部队到前线去，将战地记者采写的稿件直接用蜡纸刻好油印成“号外”。

1940 年 10 月，该厂迁往上庄村，驻崔中厚家西房；年底迁至辽县（今左权）后庄村。

华北新华日报社印刷厂（铅印厂）安乐庄村旧址　郝雪廷　摄影

华北新华日报社书刊印刷厂（石印厂）大坪村旧址

华北新华日报社不只重视新闻工作，而且重视书刊出版发行工作。报社专门成立了丛书编辑部，部长张磐石，副部长韩进，负责编印各种丛书。并在报社迁到大坪村后，专门成立了华北新华日报社书刊印刷厂（石印厂），厂部设在大坪村魏五孩家。不久，报社与太行文化教育出版社合并，改为图书编委会，印刷厂所印图书大多以太行文化教育出版社的名义出版。当时是石印厂，也就是采用传统的石印工艺，石印利用油水不相容的原理在石灰石板上印刷，先将质地十分细腻的石灰石板打磨得非常平整光滑，然后用油性墨在上面绘图或写字，再刷上薄薄的一层水，用墨滚在上滚动。这时有油性图文线条的地方因为没有水就获得油墨；相反，空白处有水，不沾染墨，然后覆上纸，加压，就获得一份印刷品。

石印厂开始只有十来个工人，两台石印机，由张越任厂长。该石印厂除印刷图书编委会的丛书外，也印一些表格、账簿之类，还负责印刷由中共中央北方局青委主办刊物《青年与儿童》，青委派干部杨俊住石印厂，负责刊物的出版工作，设计版面、画插图、写美术字并负责校对。每月印一期，几百份，多至一千份。还印过八路军总部绘制的军事地图、军号谱、电报密码、武器设计图。1940 年 3 月又承担了冀南币的印刷，将印好的纸币送总行人工加盖行长印章后发行。1940 年底，该厂搬迁到辽县后庄村。

华北新华日报社石印厂大坪村旧址　李绍君　摄影

太行造纸厂一分厂苏峪村旧址

在抗日战争时期，太行根据地的造纸工业十分落后，只有少数几家生产民用纸张的手工业作坊，主要生产土毛纸、草板纸，根本不能生产文化用纸。印刷报纸和书籍的纸张只能通过商人从敌占区购进，不仅价格昂贵，而且运输十分困难。为了改变这种局面，华北新华日报社社长何云、副社长杜毓沄和经理部长王显周研究决定，立足根据地，自力更生，生产文化用纸，由王显周负责抓这项工作。

王显周提出了改建当地小造纸作坊的方案，自力更生，生产文化用纸。他们面对现实，一是改造生产民用纸的作坊转向生产文化用纸，二是建立一个生产文化用纸的小型纸厂。1940 年春，首先收购武乡县苏峪村的太行造纸厂。该厂是民国 8 年（1919 年）由栗家沟村刘兆南、刘兆武兄弟创办的。为发展抗日根据地的经济，1938 年，由晋冀豫第三专区劳动部职工联社接办，并更名为太行纸厂。厂部住李福祥家，工厂在南背上。工人 30 多名，为手工操作，生产的白麻纸，大部分供给县牺盟会创办的《大众力量》报用。华北新华日报社收购以后，改名为太行造纸厂一分厂，归华北新华日报社主管。报社不仅对该厂的生产规模进行了扩大，而且增加了纸张品种，提高了生产质量，源源不断地供给报社用纸，还面向广大农村市场销售。

太行造纸厂一分厂苏峪村旧址　李绍君　摄影

太行造纸厂二分厂栗家沟村旧址

1940 年春，华北新华日报社收购武乡县苏峪村的太行造纸厂后，更名为太行造纸厂第一分厂，紧接着又购买了栗家沟、前张庄、活庄三座个人纸坊，在栗家沟村建起了太行造纸厂第二分厂，厂部设在路脚沟纸坊儿陈银河家。专门为报社和出版社生产纸张。之后又吸收襄垣县西营三个生产民用纸的作坊建成三分厂，并将三个分厂合组为联营纸厂，由王显周兼任厂长，试生产文化用纸，技术上由报社指导，改建费用由报社负责，生产出的文化用纸由报社收购。报社还投资对工厂进行了扩建，由原来的人工碾纸浆改为骡、驴碾纸浆，还派来了技术工人，增加了漂白工序，将原来的土麻纸改造为文化用纸，成为专供报社使用的产品。此后该厂生产的纸张就全部供应给了新华日报社。

1940 年底，新华日报社搬走后，由于运输困难，纸张无法运到辽县（今左权县），该厂被迫停产。1944 年交由武乡县抗日政府并恢复生产，直到 1949 年停办。

太行造纸厂二分厂栗家沟村旧址　李绍君　摄影

华北新华日报社油墨厂安乐庄村旧址

油墨是印刷厂的主要原料，而在抗日战争时期，根据地的油墨主要从敌占城市外购。由于敌人的严密封锁，从敌占区购进非常困难，油墨成了最紧缺的物资之一。而印刷报纸一天也不能离开油墨。为了解决这一问题，报社社长何云决定自力更生，自己研制生产油墨，以保证报纸、书刊的出版。具体由负责油印工作的王嗣英亲自负责，开始自制油墨。王嗣英与有关人员就地取材，用农村生产的蓖麻油或豆油熬制，并将松油燃制的松烟按配比掺入制成油墨，虽然效果不是很好，但还是可以作为代用品。

华北新华日报社搬迁到安乐庄村后，又抽调数人，专门成立了报社油墨厂，归报社经理部管理，村里人们都叫黑工厂。油墨厂驻籍希清家，现为籍启秀居住，厂务工作在小东窑，生产车间在东房。他们对生产工艺进行了改革，增加了氧化剂，使油墨产量质量有了进一步的提高，用自制的油墨印报，效果也很好。该厂日产油墨 10 至 20 斤。自制油墨，基本可承担印报、印书所需油墨的 70%~80%，做到了自力更生。

1940 年 11 月，该油墨厂跟随报社迁到辽县（今左权）。

华北新华日报社油墨厂安乐庄村旧址　李绍君　摄影

华北新华日报社油墨厂生产车间旧址　李绍君　摄影

太行文化教育出版社土棚村、安乐庄村旧址

太行文化教育出版社，是根据中共中央北方局决定由朱瑞同志主持筹办，于1938年10月在长治正式成立的，由北方局主管。社长张柏园，副社长杜毓沄。下设编辑部，由陈沂任部长；文化教育部，由杜毓沄兼部长；出版后勤部，由杨叙任部长。其主要任务是：宣传党的抗日民族统一战线政策；联络团结文化教育界人士；训练小学师资，开展抗日教育工作；编辑出版小学教科书及各种图书、教材、宣传画。其所出版图书主要由陆定一、李大章和陈沂负责审查。1939年7月，因日军发动对晋东南的“九路围攻”，出版社撤出长治，迁往壶关。由于经常遭遇日军“扫荡”，又几经搬迁，后迁到武乡土棚村。这个村子很小，只有20多户人家。出版社机关设在王家彦家，职工分住农民家里，他们又在背后的石崖下垒起房子做图书装订车间。

1940年2月，中共中央北方局决定将太行文化教育出版社与《新华日报》华北版合并，杜毓沄任报社副社长。2月底到3月初，出版社员工全部搬迁到了安乐庄村。合并后，报社成立了两个编委会：一是报纸编委会，由原报社编辑成员组成；二是图书编委会，由出版社的编辑成员与报社丛书编辑部组成。图书编委会住在白海元家。

合并之后，虽然在管理上成为一个单位，但所编印的书籍，仍然以“太

行文化教育出版社”的名称出版。图书编委会由副社长杜毓沄主管，张磐石任主任。该出版社在武乡期间编印了大量的图书，主要有《新千字文》《华北形势详图》《华北敌后——晋察冀》《世界地理初级读本》《世界简史》《关于宪政问题》《近代史讲话》等。

1940年底，八路军总部机关转移离开武乡以后，随报社机关迁到辽县（今左权）。

太行文化教育出版社土棚村旧址　李绍君　摄影

太行文化教育出版社安乐庄村旧址　李绍君　摄影

《党的生活》杂志社王家峪村旧址

1938 年 11 月，全民族抗战进入战略相持阶段，华北战事也随之转入更艰苦的局面。此时，各级党组织和党的干部及时听取党中央指示，统一全党思想变得十分重要。然而，根据地和党组织又长期处于被日伪分割封锁的状态，战争形势也在不断变化，集中开会变得更加困难，利用党报党刊来传达中央精神、保证党的思想建设和组织建设显得更加迫切。1939 年 11 月 15 日，中共中央北方局创办《党的生活》刊物。先为半月刊，出至 50 期后改为月刊。

《党的生活》的《发刊词》表明其宗旨："第一，它将努力阐明马列主义的原则，批评一切资产阶级、小资产阶级的错误理论，使自己成为在思想上、政治上巩固布尔什维克党的武器；第二，它将努力解释马克思列宁主义政党的布尔什维克组织原则，使自己成为在组织上巩固党的队伍的武器；第三，它将努力使自己成为华北各地工作经验交换的园地，帮助各地同志解决工作困难，成为对各种工作实际指导的刊物。"主要刊登党的文献、政治形势、党的任务、群众工作、党性原则、根据地建设、对敌斗争、锄奸工作、宣传工作、党的建设、工作报告、青年工作、妇女工作、统战工作、支部工作、经验交流、党校工作、党报与党刊、秘密工作等方面的内容，可以说是华北根据地党的指导性刊物。该杂志社于 1940 年 6 月迁至烟里村办刊，同年底迁至辽县（今左权县）。

《党的生活》杂志社王家峪村旧址　郝雪廷　摄影

《青年与儿童》杂志社王家峪村旧址

1939 年 12 月，北方局青年工作委员会在王家峪村创办综合性通俗读物《青年与儿童》。该刊为半月刊，其阅读对象主要是具备高小文化程度的青年学生、小学教师和部队青年。内容主要包括社会、自然、军事、文艺等方面的知识；体裁为通俗简短论文、青年与儿童工作研究、通讯、科学常识、诗歌小说、故事笑话及富有教育意义的漫画木刻。这本杂志当时在太行山影响很大，是太行山发行量最大的杂志，发行量高达 6 万多份，创太行山杂志发行量之最。读者除了青年外，还有一般干部和各界人士，许多小学教员都把它用来做教材，对活跃当时太行各县的青年工作起了极大的作用，深受当时根据地青年与儿童的欢迎。该杂志社于 1940 年 6 月迁至烟里村办刊，同年底迁至辽县（今左权县）。

《青年与儿童》杂志社王家峪村旧址　郝雪廷　摄影

《华北妇女》杂志社石圪垤村旧址

《华北妇女》杂志社石圪垤村旧址
郝雪廷　摄影

为了长期指导根据地妇女工作，从理论上提供精神食粮，也推广妇女工作中的先进经验，1940 年 3 月，北方局妇委创办《华北妇女》杂志，月刊，每月 15 日出版。主要刊登妇女工作及妇女问题研究文章，国内外妇女生活、妇女工作、模范妇女介绍等，妇女卫生及医药知识，还有文艺作品。在《华北妇女》的宣传鼓动下，广大妇女不仅学文化、争解放，而且拥军支前，走上抗日前线，成为抗战的重要力量。有许多优秀妇女的事迹在《华北妇女》刊登以后，在根据地展开了比学赶帮运动，极大地推动了妇女工作的开展。该杂志社于 1940 年 6 月迁至烟里村办刊，同年底迁至辽县（今左权县）。

《抗战生活》杂志社安乐庄村旧址

《抗战生活》杂志社安乐庄村旧址　郝雪廷　摄影

1939 年 4 月 1 日，由太行文化教育出版社创办的《抗战生活》在长治创刊，半月刊，辟有时事述评、经验教训、信箱词典、文艺等栏目，后因战争影响停刊。1940 年 2 月，太行文化教育出版社与华北新华日报社合并后，恢复出版《抗战生活》杂志，内容方面有专论、时事展望、学术讲座、文艺作品、通讯、学习经验、书报介绍、信息等，每期约 6 万字。该刊通过新华日报社的发行渠道发行。由于刊物通俗易懂，深受广大民众的喜爱，很快就传遍根据地。该杂志社于 1940 年底迁至辽县（今左权县）。

鲁艺木刻工作团拐垴村旧址

1938年冬，由延安鲁艺二期部分同学组成鲁艺木刻工作团，由北方局宣传部长李大章同志率领，于1939年1月到达太行山根据地。鲁艺木刻工作团以胡一川为团长，成员有罗工柳、彦涵、华山等，由中共北方局与野战政治部领导。1939年7月，鲁艺木刻工作团跟随八路军总部机关来到武乡，木刻团驻扎在拐垴村，当时叫果烟垴，团部住刘帮魁家。1940年1月，前方鲁艺成立后，该工作团隶属于前方鲁艺领导。

木刻工作团的主要任务是，结合抗战形势，捕捉抗战中发生的生活瞬间，利用木刻这一艺术形式，来达到宣传抗战、活跃军民文化生活、激励民众积极投身到抗战中来的目的。木刻团在拐垴村创作了大量的优秀木刻作品，创办了《敌后方木刻》，作为《新华日报》华北版的副刊出版。他们创作的木刻作品受到广大军民的喜爱。1940年春节前，针对当地百姓贴年画的风俗，他们创作了一套以表现战斗和生产、参军、支前为主要内容的新年画，如《保卫家乡》《春耕大吉》（门画，彦涵作）、《送子弹》《军民合作》（胡一川作）、《一面抗战，一面生产》（罗工柳作）、《抗日军民大团结》（陈铁耕作）、《织布图》（杨筠作）。新年画印出后，在王家峪、蟠龙、西营等地集市上销售，深受农民的欢迎，两万多张新年画很快就出售光了。有些住在偏僻山区的老乡，听到消息后，还带上干粮跑几十里路程到木刻工作团住处来购买，使大家深受感动。

1940 年春节期间，八路军总部召开了文化教育工作座谈会，在太行的文艺界名人何云、李伯钊、徐懋庸、任白戈等人出席，朱德总司令亲自参加了这次座谈会，在这次座谈会上，朱德总司令在会上提出，笔杆子要赶上枪杆子，木刻等艺术形式要充分发挥作用，要创作出老百姓喜欢的文艺作品，要积极宣传抗日。彭总司令在得知新年画很受老百姓欢迎的事情后，给予了高度评价，还给彦涵他们写了一封信，肯定木刻团的工作，对他们提出表扬。同时提出文艺要为农民服务，要为军人服务。这些极大地鼓舞了彦涵他们的创作热情和工作干劲。

由于群众对新年画的欢迎，木刻团队伍进行了充实，调来了邹雅、黄山定、艾炎、刘韵波、赵在青等同志也参加新年画的工作。1940 年秋，为扩大木刻作品的宣传作用，野战政治部决定，派胡一川带领木刻工作团的罗工柳、刘韵波、邹雅、杨筠等人到冀南根据地。留下来的一部分同志由彦涵负责，组建了木刻工厂，仍然驻扎在拐堖村。木刻工厂，吸收地方和部队中的美术工作者参加创作，使印刷年画成了一项经常性的工作。

1940 年底，木刻工厂离开武乡，转移到辽县（今左权县）。

鲁艺木刻工作团拐堖村旧址　李绍君　摄影

中共中央北方局党校烟里村旧址

为大力培养抗日干部，提高全党、全军的马列主义理论水平，根据中共中央指示，北方局于 1939 年 1 月 8 日，在潞城县中村（今属长治市潞州区）创办了党校，由朱德兼任校长。北方局党校是华北地区党组织培养干部的最高学府。

党校的组织形式采取党、政组织合一制，受北方局直接领导，以校委会和教务主任为领导机构，日常工作领导关系隶属北方局组织部及宣传部，由李大章部长兼任教育长。有关部队学员入学、分配及其他问题，协同八路军野战政治部组织部处理。党校在潞城办了一期之后，第二期学员入学不久，由于日寇组织对晋东南地区实行第二次“九路围攻”，北方局党校随八路军总部及中共中央北方局向武乡转移，党校校部驻扎在烟里村赵玉龙家，教室设在奶奶庙（该庙现已经倒塌）。第二期学员在这里继续学习。党校没有专职教师，各项课程都由总部机关的首长亲自授课。朱德总司令讲《军事战术概则》，杨尚昆书记讲《联共党史》，李大章部长讲《中国革命近代史》，陆定一副主任讲《唯物辩证法》，傅钟主任讲《党的建设》等。其学员管理由学员总支书记鲁瑞林负责。

1939 年 9 月 1 日，首期学员在烟里村奶奶庙戏台上举行了结业典礼，朱德总司令、彭德怀副总司令、杨尚昆书记、邓小平政委、傅钟主任都出席了结业典礼。邓小平政委介绍了第一二九师建立晋冀豫、冀南抗日根据地的情况，部队由原来的几千人发展到十来万人，需要大量的军政干部，欢迎学员们到第一二九师工作。最后李大章宣布本期学员学习完成结业，学员们有的回到原单位，有的调到第一二九师工作。9月15日，党校第三期学员报到。由于这次招收学员较多，烟里村驻扎着北方局和野政机关，住处紧张，移住本县上北漳村。

中共中央北方局党校烟里村旧址　李绍君　摄影

中共中央北方局党校上北漳村旧址

1939年9月15日，北方局党校第三期学员开始报到。由于这次招收学员较多，烟里村驻扎着北方局和野政机关，住处紧张，北方局领导决定将党校移驻本县上北漳村。

党校教务处驻扎在东村郝培堂家，代号青海部，由杨献珍担任党校党委书记兼教务主任。党校移住上北漳村后，第三期招收100余名学员。这些学员大多为八路军的旅、团级干部。这些人在前线都是很能打仗的战将，有很高的声誉。课程主要有政治理论和联共党史，也讲授一点社会发展史、政治经济学、哲学等。除了政治理论学习，党校还安排了军事课，主要内容是八路军的军事原则、战略方针、游击战的战术原则等。教授方式大都为上大课：选一块村头空地，学员席地坐，教员站着讲，大家一边听，一边记笔记。到了冬天，由于天冷，不能到空地里上课了，就选晴朗无风的日子，在窦二灯家院子里上课。这个院子是个半圆形的院落，村里人们叫“圪崂儿”，朝阳避风，坐在院子里很暖和。

1940年春暖花开时，学员们结业了。当时太行山环境比较稳定，有大片根据地，敌人“扫荡”也少了。八路军总部和北方局决定继续开办党校第四期，并增加学员人数。由于杨献珍同志离开上北漳住在王家峪北方局机关，党校将第一二九师政治部宣传科长、第三期学员刘华清同志留校担任学员党总支书记，负责领导党校的日常工作。刘华清住在窦如玉家正窑。

党校第四期学员有 200 多人。学员中有地方上的县、专署干部，军队有太行、太岳、冀南、山东等地的八路军旅、军分区级干部，都是高级干部，每个学员都带有警卫员、马和马夫，加在一起近千人。

党校设总支委员会，党总支下设两个学员连队，每个连队一个支部，支部下分组，作为日常活动、学习、党员生活的单位。从学员中选任小组长和各支部书记。每周开小组生活会，每月开支部大会；有事就召开党的会议来讨论解决。

他们常到附近的襄垣、武乡等县、乡去背粮担菜，来回一趟往往要一整天。刘华清和管理科的人都去背粮担菜，主要是小米和白菜、萝卜。有一次，为了进行劳动锻炼，全校学员都去背粮，每人 15 公斤，走几十里路。这些学员已经较长时间没干过这种重活了，回去就累坏了。以后背粮担菜，只好让他们带上马匹；实在走不动，就以马代步。

北方局党校设置的课程有联共（布）党史、中国问题、党的建设和党的政策等。主要有张衡宇、漆克昌、刘锡五等领导作为理论教员，彭德怀、杨尚昆、陆定一、杨献珍等领导也抽空来讲授课程。由于学员水平不一致，教育对象不平衡，在学员当中职务、党龄、文化程度、社会出身、工作部门、理论修养、斗争经验有很大差异。

在学习的间隙，党校还组织学员同上北漳村群众一起在南滩修筑了一条百米长坝，造地20多亩，党校学员们利用课余时间，在这里种植了蔬菜、粮食，使生活基本达到自给。

1940 年 5 月，朱德总司令离开武乡返回延安，由北方局书记杨尚昆继任校长。1940 年底，由于日寇经常“围剿”武乡，党校无法正常授课，只好随总部机关转移到辽县上口村。1942 年 5 月反“扫荡”后又转移到熟峪村。1944 年秋，根据中共中央指示，在前方的北方局党校宣告结束，学校又转到延安与中共中央党校合并。

中共中央北方局党校上北漳村旧址　郝雪廷　摄影

党校学员党总支书记刘华清旧居（蟠龙镇上北漳村）　李绍君　摄影

晋东南鲁迅艺术学校下北漳村旧址

为培养更多更好的文艺骨干，促进根据地文化教育、文学艺术、新闻宣传事业的发展，在中共中央北方局和八路军前方总部的倡导与支持下，以山西民族革命学校为基础，以及延安鲁艺调来部分教职员工，决定成立晋东南鲁迅艺术学校。

晋东南鲁迅艺术学校于1940年1月1日在武乡县的下北漳村正式成立，学校归中共中央北方局与八路军野战政治部双重领导，设有校务委员会、教务处、总务处和党支部等机构，由李伯钊任校长、陈铁耕任副校长，牛犇任教务主任。下设三个系：戏剧系、音乐系、美术系，分别由伊林、常苏民、杨角等同志任系主任。之外，还有一个普通科，这是一个各种艺术领域都学一点儿的初级班，同时也由彦涵、洪荒、朱杰民、吕班等一大批著名文学艺术家来任教。不久，由延安派来的鲁艺木刻团也归属前方鲁艺领导，在木刻团的基础上创办了木刻工厂，同时创建了鲁艺实验剧团、鲁艺戏曲团，还成立鲁艺校刊编委会创办了校刊。中间曾拟成立文学系，后因条件不具备没有办成。

校部驻李怀庆家，教务处设在李怀庆家后面的地主李克明家，李克明家东房用作教室。鲁艺学校是军事化管理，学员的生活既严肃紧张又生动活泼。

每天早晨吹号起床之后全体出操跑步，白天上课和工作，晚间自由活动。这时，或在街上刷新标语，张贴墙报；或给老乡扫院、担水和打扫街道；或到学校开辟的小菜园劳动以补给伙食、部分蔬菜及粮食，尽量做到生活自足。同时，也经常组织学生到山上打柴以解决煤炭不足的问题……

北方局和八路军总部的领导同志差不多每个星期都要挤出时间来给学员们作报告，讲抗日的形势。朱总司令、彭副总司令、左权副参谋长、杨尚昆同志、傅钟同志、罗瑞卿同志、陆定一同志等都先后来到学校给大家讲课。学校的条件非常艰苦，特别是首长到学校讲课时，没有大教室，同学们只好坐在老百姓的打谷场上，没有桌凳，只有坐着小凳子、砖头、石头蛋，把小木板或书本放在膝盖上做课桌，写笔记。尽管如此，学员们的学习积极性却是非常高涨，不仅认真地做课堂笔记，课后还要进行热烈的讨论。

为了提高学员业务水平，学校组建了鲁艺实验剧团和戏曲团，组织师生创作结合战斗形势的剧本，并由老师和学员共同演出。在李伯钊同志的提示下，无论是歌曲、木刻、版画，还是剧本，都结合现实生活，创作出了一大批优秀的作品。

1940 年夏，敌人占领了武乡段村，在这里扎下了据点，从此不断出来骚扰“扫荡”，严重干扰了学校的正常教学工作。为了保证学校安全和继续教学，学校曾一度转移到大陌、城底等地，等敌人撤回据点后，又转回到下北漳村。8 月间，八路军总部发动了百团大战，学校组织宣传百团大战英勇事迹文艺活动，深入部队慰问演出。百团大战结束以后，由于战争形势变化，八路军总部与北方局等机关转移到了辽县，前方鲁艺也跟着转移到了辽县上武村。1941 年底，李伯钊同志回延安，由陈铁耕同志代理校长，野战政治部罗瑞卿主任和宣传部王东明部长直接参与学校的领导。

1942 年 5 月反“扫荡”以后，根据前方严重的战争形势，野战政治部决定，撤销前方鲁艺，并入延安鲁艺，一部分同志回了延安，还有一部分同志分配到各抗日根据地的文艺团体。1943 年 4 月，鲁艺并入延安大学。1950 年 4 月，又从延安大学抽调原鲁艺教职工，组织成立了中央戏剧学院。

晋东南鲁迅艺术学校下北漳村旧址　郝雪廷　摄影

李伯钊校长旧居（蟠龙镇下北漳村）　郝雪廷　摄影

第三部分　第一二九师及其部队

第一二九师师部马堡村旧址

在整个抗战时期，第一二九师师部在山西省辽县（今左权县）、武乡县、河北省涉县驻扎时间较长，而马堡村处于武乡通往辽县、涉县的交通要道之中。所以第一二九师师部便选择了马堡村作为转移的落脚点。从 1937 年冬，第一二九师随八路军总部第一次进入武乡之后，总部机关向晋西南转移，师部便向辽县转移，第一次驻扎在马堡村。该村中共地下党组织建立较早，有很好的群众基础，八路军部队进驻时，村里不仅立即组织号房子、安排住宿，而且热情地安锅做饭，为牲口准备草料等，八路军将士也主动为房东担水、打扫卫生，军民关系非常融洽。之后，第一二九师师部多次进驻马堡村。

司令部机关驻扎在地主李振瑨家，刘伯承师长、邓小平政委住在李磨林家。邓小平政委住西正房二间，刘伯承师长住西房三间。倪志亮参谋长及后来的李达参谋长也住在李振瑨家院里。师直其他机关分别设在村中较为富裕的农户家中，师政治部机关在墨镫村。其中有两次是与第三八六旅旅部一起到达的，陈赓等首长也在此驻扎过。

第一二九师司令部马堡村旧址　李绍君　摄影

刘伯承师长、邓小平政委旧居（洪水镇马堡村）　李绍君　摄影

第一二九师师部西堡村旧址

1938 年 3 月初，第一二九师师部从辽县西河头出发，经马堡村来到武乡县西堡村，驻扎在大财主李祖寿家。李祖寿的爷爷是清末进士，曾任山西省咨议局议员，其家庭是西堡村最富的大户，其宅院分为东楼院、西楼院，共十多个院落。师部机关驻扎在李祖寿家东楼院前院，刘伯承师长、邓小平政委、徐向前副师长住李祖寿家东楼院后院。师部到达西堡村后，为了打击邯长路上的日军，立即派出侦察人员赶往邯长路沿线侦察敌情，了解地形。师首长还到驻扎在韩北村的第三八六旅去进行作战研究，3 月 6 日，分别召开了各营党员大会，各连士兵大会，进行政治动员和军事动员，邓小平到第七七一团，刘伯承到第七七二团，徐向前到补充团，进行战前动员。3 月 8 日，得到 2000 余日军由临汾向太行山开来的情报时，刘伯承当即带李达等人南下，到邯长大道上的潞城一带察看地形。10 日，刘伯承回到西堡村师部，与邓小平、徐向前研究，决定以“攻其所必救，歼其救者”的战术，佯攻黎城，引潞城之敌出援，在神头岭予以伏击。作战方案同时上报总部朱彭总副司令，12 日，根据朱彭总副司令电报指示，邓小平、徐向前到总部汇报工作，刘伯承赴前线指挥神头岭战斗。

之后不久，朱德总司令在沁县小东岭主持召开东路军将领会议，刘伯承师长奉命参加。在刘伯承赴会之前，与邓小平及徐向前认真研究了敌情，决定在邯长大道上再打一次大仗，袭击日军运输线，以牵制日军向晋南、晋西的进攻。邓小平坐镇师部，徐向前到邯长大道上察看地形。两日后，徐向前返回西堡村师部，邓小平与他进行分析研究，决定在黎城响堂铺一带设伏，袭击由黎城经东阳关过响堂铺之敌。接着师部在西堡村召开了全师战斗动员大会，徐向前亲自作了动员报告。邓小平、徐向前率师部从韩北出发，经西营、下良，进驻晋豫交界处的佛堂沟，徐向前将前沿指挥所设在响堂铺路北后狄村的小山坡上。31 日上午 9 时，响堂铺战斗打响，激战两小时，歼敌 400 余人，烧毁敌汽车 180 辆，缴获步枪 300 支，轻重机枪 10 挺，迫击炮 4 门，弹药甚多。下午 5 时，日军出动飞机轰炸，邓小平、徐向前率部转移至秋树垣一带。响堂铺战斗后，师部离开西堡村，向辽县转移。

第一二九师师部西堡村旧址　李绍君　摄影

第一二九师师部寨上村旧址

1938年4月，长乐战斗结束后，第一二九师主要做了两件事：一是安葬在长乐战斗中牺牲的第七七二团团长叶成焕；二是与野战政治部一起，为召开反九路围攻祝捷大会做准备。

在武乡长乐村战斗中，八路军优秀指挥员、年轻的第七七二团团长叶成焕不幸中弹，由于伤势过重，抬到榆社县郝壁村野战医院的第二天，经抢救无效，就光荣殉国了。为了纪念叶成焕及其他阵亡将士，4月19日师党委在第七七二团所驻扎的榆社县郝壁镇云安村东北角山坡上的墓地，为叶成焕召开了追悼大会，刘师长致悼词。朱德、彭德怀等首长也离开总司令部机关义门村，前往云安村吊唁。

在长乐村战斗中，我军共毙伤日军2200余人，缴获各种枪支百余支和一大批军用物资，是八路军出师以来最辉煌的一次战斗，是刘邓首长采用急袭战术置敌于死地的光辉战例。刘伯承曾在战役总结中说，“决心迅速正确，夹击与追击配合得当，撤退时战术灵活机动”，是这次战斗的优点，这次战斗是粉碎日军对晋东南“九路围攻”最关键的一次战斗。至此，日军“九路围攻”宣告失败，八路军雄踞太行的局面得以实现。为了鼓舞民心和士气，振奋八路军的军威，八路军总部决定，在寨上村举行“反‘九路围攻’祝捷大会”，并布置陈列缴获物资进行展览。根据总部首长指示，战斗结束后，第一二九师与野战政治部配合，将长乐村战斗的战利品用牛车和毛驴全部运送到了寨上村，辎重炮、枪支、子弹、手雷、服装等物资，堆放在弓狗娃和殷五孩家的窑洞里。

4 月 20 日，八路军总司令部机关也从义门移驻寨上村。上午 11 点，在大庙前的场地召开了反“九路围攻”祝捷大会。这一天，第一二九师师部机关也移驻寨上村。驻扎在东沟弓世泰家的新楼院，此院是寨上村单院规模最大的，为新正楼五间、东西新房各五间的三合院。由于是新房，当时房屋主人还未居住，该院全部驻着师部机关。刘伯承师长住正楼中三间，并兼师部会议室；邓小平政委住正楼东一间；徐向前副师长住正楼西一间；东西房驻着师司令部各科。陈赓旅长也曾几次在东房里住过。

在这里，第一二九师首长与总部首长多次开会研究，第一二九师开辟晋冀豫根据地和打过平汉铁路、开辟冀南、豫北根据地的问题。根据总部指示，第一二九师机关在此住了几天后，便移师辽县（今左权）西河头村。在此又接到总部指示，根据中共中央指示精神，八路军总部要求第一二九师主力立即向冀南、豫北平原及铁路沿线展开。刘伯承、徐向前、邓小平在西河头召开会议，研究具体行动部署。由徐向前率领第七六九团等部向冀南挺进，飞兵下太行，开辟冀南根据地。师部机关领导和组织部队进行了整训，组建了新的第三八五旅，继续在正太路沿线活动，并指挥由陈赓旅率第三八六旅主力进至平汉路西的冀豫地区，相机向豫北发展。同时，从师部分出部分人员在师参谋长倪志亮的带领下成立了晋冀豫军区，倪志亮兼司令员，黄镇任政委，并组建五个军分区。

第一二九师师部寨上村旧址　李绍君　摄影

第一二九师师部宋家庄村旧址

1938年春到1941年底，第一二九师师部曾五次进驻宋家庄村，时间长达半年。其间第一二九师在八路军总部的指挥下，取得了榆辽、长乐等重大战役的胜利。刘伯承、邓小平、陈赓、宋任穷、黄镇等首长都在宋家庄留下足迹。

当时师部设在王万鳌家。该村董林书是一位开明士绅，为了保证师部八路军将士的吃住，他曾捐粮上百石，村里百姓还踊跃上村庄对面的山上为八路军砍柴。据村里老人回忆，一座树木很茂盛的山几乎被百姓砍光。

为粉碎敌人的“九路围攻”，1938年4月15日，刘伯承、邓小平奉总部命令，亲率第一二九师主力与第一一五师第三四四旅，由涉县、辽县星夜赶至武乡西北的东、西黄岩与东、西胡家垴一带，师部驻长庆凹。次日晨，师部移驻合德甲，刘伯承、邓小平在此设立临时指挥所，指挥所部与沿浊漳河东窜的敌一一七联队作战，也就是著名的长乐村急袭战。血战竟日，歼敌2200余人，并击退东返的援兵。之后师部移驻宋家庄村，在这里指挥根据地军民，乘胜追击，连克18座县城，将日寇赶出晋东南，为创建晋冀豫抗日根据地奠定了坚实的基础，为我军向冀南、豫北发展创造了条件。

第一二九师师部宋家庄村旧址　籍建军　摄影

第一二九师政治部宋家庄村旧址　籍建军　摄影

第一二九师师部石板村旧址

1939年夏至1942年，第一二九师师部曾四次在石板村驻扎。四次全部驻扎在“三先生”家。三先生大名王全瑾，因其排行老三，人们尊称他为三先生。王家是石板村最富的大户，老大王全璋，老二王全珍，老三王全瑾，老大住新院。由于王全璋去世早，家产由其子王跃元继承，老二王全珍住东院，老三王全瑾住转角院。

1939年晋东南反第二次“九路围攻”战斗之后，第一二九师来到石板村，师部驻王全瑾家转角院西院，刘伯承师长、邓小平政委住转角院东院，师政治部驻三官庙。为了解决军队的服装问题，师部在王跃元家创办了纺织厂，还成立了修枪所。纺织厂主要生产毛毯、袜子、毛巾等，一直到1945年以后才离开。1940年夏秋之际，第一二九师师部再次进驻石板村，彭总曾到该村的过亭院住一晚上，专门与师首长商讨百团大战的部署。关家垴战斗前，第一二九师师部又从宋家庄移驻该村。战斗打响后，师部首长曾在石板村前的老林圪顶王家祖坟地里搭起临时指挥所，与东北的彭总指挥所、东南的陈赓指挥所遥相呼应，共同指挥了关家垴战斗。为了解决部队吃水和饮马的困难，八路军在离村一华里远的道场沟挖出了一股山泉，上百匹马都在这里饮水。这里当时有一大片森林，关家垴战斗时，马匹就是藏在这里躲过了日军飞机的轰炸。

三先生王全瑾是前清秀才，性格刚正严谨，温良宽仁，颇具古仁人之风，与其侄子王跃元都有一颗爱国之心。第一二九师师部几次在该村驻扎，师部数百人的生活，上百匹牲口的喂养，都由他们父子负责，深受八路军及当地百姓尊敬。1941 年，王全瑾与侄子王跃元双双被选为晋冀鲁豫边区参议员，留下了一门两参议的佳话。

第一二九师师部石板村旧址　李绍君　摄影

刘伯承、邓小平旧居（蟠龙镇石板村）　李绍君　摄影

第一二九师政治部石板村旧址　李绍君　摄影

第一二九师师部中村旧址

第一二九师师部中村旧址　李绍君　摄影

百团大战结束之后，第一二九师师部曾在中村驻扎，对部队进行整训。驻扎在大地主肖方亭家的老宅。第一二九师师部进驻中村后，肖方亭将其名曰花果园的宅院腾出来让给了师部驻扎。师长刘伯承、政委邓小平住在韩德全家东、西房中。师部在这里对所属部队进行了整编，并组织营、连、排干部在驻扎在相距 1 公里的义安村抗大六分校进行了学习培训，增强了营连战斗力。其间，为了克服粮食供给不足的困难，还组织广大战士在武乡东部山区大量开荒种地，收到了很好的效果。

刘伯承、邓小平旧居（洪水镇中村） 李绍君 摄影

第一二九师师部炉家掌村旧址

1938年春到1941年底，第一二九师师部在武乡征战期间，曾多次进驻武乡，先后在马堡、白和、西堡、寨上、刘家嘴、中村、石板、宋家庄驻扎，同时也常住于辽县西河头、桐峪，榆社潭村等地，而炉家掌则处于这些地方的中间位置，在西往东来的作战行军中，炉家掌村就成为师部小憩歇脚的地方，曾数次进驻炉家掌村，时间长达月余。第三八五旅也曾数次进驻。师部机关经常驻扎的地方就是村中的黑龙庙。

第一二九师师部炉家掌村旧址　郝雪廷　摄影

刘伯承师长、邓小平政委旧居（大有乡炉家掌村）　郝雪廷　摄影

第一二九师师部刘家嘴村旧址

1940 年至 1942 年，第一二九师师部曾先后三次进驻刘家嘴村，师部机关及刘伯承师长住曹增祥家，邓小平政委住乔二帮家，政治部驻村中三官庙。跟随师部机关的还有师轮训队，轮训队部驻乔书文家。这个村子只有二十来户人家，一下子住了许多八路军，每家每户都住满了八路军战士。刘师长在繁忙的战斗生活中，抽时间上山采药，他走遍了二龙山、黄烟山，采到了近百种药材，解决了我军缺药的困难，使设在这里的第三医务所的 300 多名伤病员很快痊愈。师部首长还与轮训队的战士们一起在村对面的三皇节开荒 300 余亩。

第一二九师司令部刘家嘴村旧址　李绍君　摄影

第一二九师政治部刘家嘴村旧址　李绍君　摄影

第三八五旅旅部西黄岩村、宋家庄村、王家峪村、熬垴村旧址

第三八五旅是第一二九师主力部队之一，由红四军第十、十二师改编而成，旅长王宏坤、副旅长王维舟，参谋长耿飚，下辖第七六九团、七七〇团，由陈锡联、张才千分任团长。改编后旅部与七七〇团留守陕甘宁边区，划归八路军后方留守兵团指挥。第七六九团脱离旅建制，归第一二九师直接指挥，开赴山西抗日前线。

1938 年 6 月，根据八路军总部指示，第一二九师在第七六九团的基础上组建了新的第三八五旅，由陈锡联任旅长，谢富治任政委。下辖第七六九团、独立团、太行支队，不久太行支队调出。1939 年 3 月，与冀豫游击支队合编，独立团改为独立一团，新组独立二团、独立三团。1940 年 6 月，再次进行整编，独立一团改编为第十三团，独立二团改编为第十四团，独立三团撤销。直到 1943 年 3 月，第三八五旅与太行第三军分区合并。这期间，第三八五旅旅部与所属各团都多次进驻武乡，较长时间转战武乡，在武乡许多地方驻扎，这里只以驻扎时间较长的地方作一介绍。

1940 年春，第一二九师决定发动白晋路战役，第三八五旅从黎城转移来到武乡，旅部驻西黄岩村郝金旺家。根据师部安排，旅长陈锡联在这里召集第七六九团团长郑国仲、政委鲍先志，讨论了攻打南关战斗部署，接着，

陈锡联与旅作战参谋铁夫，带领第七六九团团长郑国仲和李德生、张天恕、马忠全三位营长，亲自步行数十里前往南关镇对面的大官寨顶峰，进行了实地侦察，摸清敌人的火力情况，利用“打虎掏心”的战法，劈开了日军套在太行、太岳根据地的枷锁——南关镇。

战役结束之后，于6月底旅部移驻宋家庄村董林书家。第七六九团、十三团、十四团分别驻洪水、榆社讲堂等村，在这里进行了整训。其间，沁县与辽县之敌分路向我武乡地区进犯，为粉碎敌人“扫荡”，保护八路军总部安全，以第三八五旅十三团、第三八六旅十六团、师特务团等部，由贾豁一带转至西营附近，歼灭合击西营之敌；接着十三团和十六团一部于29日下午经上司村、铺上尾追西窜之敌，进到武乡以南之白家窑时，恰遇敌人800余及大批骡马正集合于城西小庙至城墙边的树林中。我部即以迅雷不及掩耳之势，趁敌休息且又毫无戒备之机，予以突然猛烈的袭击，敌伤亡惨重，仓皇窜入城内。翌日晨6时许，敌兵分四路又向我上司、铺上及以南一带山地进攻，该两团即以这一带山地为依托，冒毒抗击敌数次猛攻。7月3日，十三团和十六团转到南皋、东皋、峪口等地，积极袭扰、疲困与打击由武乡可能出城活动之敌，敌伤亡较大，遂回窜至史北，退向沁县。9月，该旅奉命开往武乡东部山区，旅部移住熬垴村，旅部机关住张明武家。10月底，率部参加了著名的关家垴战斗。

1941年春，移住河北武安县刘家庄。这年秋，河北邢（台）沙（河）永（年）战役结束后，第三八五旅再次返武乡，旅部仍住熬垴村。指挥所部参加了冬季反“扫荡”战斗、平汉路破击战、1942年春季反“扫荡”战斗等。并在这里进行了精兵简政和部队整训，为贯彻精简机关、充实连队的方针，旅部建立了集体办公制度，合并了性质相近的部门，全旅伙食单位总数由70个减少至52个，人数由5302人减少至4519人，而且有一大部分年轻力壮的战士补入了战斗连队。粉碎日军5月“大扫荡”后，旅部曾转战武安一带，1942年10月初，为保卫秋收，旅部移住王家峪，旅部机关驻张富生家，在这里指挥所部采取内线坚持、外线出击相结合，主力军、游击队、人民武装本相结合的游击作战方针，对敌展开斗争。

1943 年春，旅部再次移驻熬垴村。不久，根据温村会议精神，太行区继续进行精兵简政，第三八五旅直机关与太行三分区合编为新的太行第三军分区，该旅番号停止使用。第七六九团、十四团划归三分区，十三团划归六分区，陈锡联旅长担任三分区司令员，彭涛任政委，鲁瑞林任副司令员，王智涛任参谋长，卢仁灿任副政委兼政治部主任。3 月，两机关完成了合编任务，新的太行第三军分区开始办公。

第三八五旅宋家庄村旧址　李绍君　摄影

第三八五旅王家峪村旧址　李绍君　摄影

第三八五旅熬垴村旧址　李绍君　摄影

第三八五旅第七六九团石盘村、熬垴村、凤台坪村、下合村旧址

第七六九团是由红四方面军第四军第十师改编而成的，首任团长陈锡联，该团作为师部的前卫，由刘伯承率领挺进华北前线，出师第一仗夜袭日寇阳明堡飞机场，炸毁敌机 24 架，使该团名声大振，被誉为抗战四大名团之一，也是在武乡驻扎时间较长的部队之一。

1938 年春，该团由陈锡联率领进入武乡参加了反“九路围攻”的长乐村战斗，后随徐向前副师长开赴冀南开辟根据地。1938 年 6 月，新第三八五旅成立，陈锡联调任旅长，该团由王近山任团长，鲍先志任政委。1940 年 5 月，该团在时任团长郑国仲带领下，再次进驻武乡，团部驻扎在石盘村，团部驻陈金堂家。该团作为主力部队破击白晋线，进行了攻打南关战斗。6 月，集结在熬垴村进行整训，团部驻乔旭才家。百团大战开始后，离开武乡到正太路附近作战。9 月底，榆辽战役结束后，再次返住熬垴村，在西岭背、青草烟、土棚一带抗击敌寇。10 月，又参加了关家垴战斗，战后移住凤台坪休整，团部驻杨锦春家。1941 年春，曾到武安、沙河一带作战，也多次返武乡作战，1942 年 10 月，又返武乡，团部驻扎在下合村魏月珍家，在这里进行了长期的对敌斗争。之后基本上长期驻扎在武乡，特别是 1943 年在武东地区参加了强袭柳沟战斗和蟠龙围困战，该团较长时间在武乡分散

活动，以营、连、排为单位与地方武装密切配合，开展群众性游击战争，其各部几乎跑遍了武乡各个村庄，团部也先后在坪上、桥南、斗底、拐堖、圪留等村短暂驻扎。1945 年 8 月，参加了解放段村战斗之后，离开武乡奔赴上党战役战场。

第七六九团石盘村旧址　李绍君　摄影

第七六九团凤台坪村旧址　李绍君　摄影

第七六九团下合村旧址　李绍君　摄影

第三八五旅独立一团石盘村旧址

1938 年 1 月，根据第一二九师指示，由赞皇独立营、临城独立营与以师骑兵团一部扩编而成的阳邑新兵营改编为独立团，团长夏云廷，政委邓永跃，后团长为邹国厚，政委韩连生。该部组成时在冀西活动，6 月，新的第三八五旅成立后，独立团归该旅编制，1939 年 3 月改称独立一团。1940 年 5 月，为执行白晋战役，独立一团跟随第三八五旅一起调至武乡一带，在石盘村驻扎。后经石盘到达祁县地区，主要在来远至南关一线破击，战斗结束之后，该团驻扎在上广志村。

第三五八旅独立一团石盘村旧址　郝雪廷　摄影

第三八五旅第十三团上广志村旧址

1940年6月，根据北方局黎城会议精神，对部队进行整编，在第一二九师整军过程中，第三八五旅将独立一团与独立三团部分合编为第十三团，由石志本任团长，肖德明任政委，陶国清任副团长，刘金轩任参谋长，曾庆梅任政治处主任。驻扎在上广志村关元林家。是月，日军进袭八路军总部驻地王家峪，第十三团和第三八六旅第十六团一部经上司、铺上尾追敌人，在白家窑附近将敌包围，并给予猛烈打击，敌伤亡惨重仓皇逃窜。此后十三团长期驻扎武乡，并参加了百团大战。在关家垴战斗中，十三团担任北线攻击任务，三营两个连曾数度猛攻，由于地形不利，收效甚微，也付出了很大的代价。百团大战结束后十三团调至武安一带，蟠武战役期间十三团奉旅部之命再次回到武乡参加战斗，主攻盘山垴、侯家垴之敌，全歼守敌伪军一个中队，二营营长金正林不幸牺牲。之后，该团调归太行第六军分区。

第三五八旅第十三团上广志村旧址　李绍君　摄影

第三八五旅独立二团马堡村旧址

独立二团马堡村旧址　李绍君　摄影

1937 年 12 月，以第七六九团七连为骨干，与昔阳、和顺等地游击队合编为独立支队，也叫汪支队，支队长汪乃贵，政委李定灼。1938 年 6 月，新的第三八五旅成立后，支队归该旅编制，8 月，第一二九师决定收编赵辉楼领导的抗日民众自卫军，与汪支队合编为冀豫支队，支队长赵辉楼，政委赵月舫，副支队长汪乃贵，下辖两个团。赵部编为一团，汪支队编为二团，团长孔庆德。1939 年 3 月，冀豫支队一团团部并入二团，改称第三八五旅独立二团，团长孔庆德，政委赵彩艮。之后独立二团从辽县七里店移住武乡马堡、墨镫一带休整，团部驻马堡村李振玉家。7 月，调至榆社、辽县一带作战。1940 年 5 月，为执行白晋战役，该团担任预备队，并在权店、勋欢一带袭击敌人。战斗结束之后，整编为第三八五旅第十四团。

第三八五旅第十四团王家峪村、下广志村、胡峦岭村旧址

第三八五旅第十四团，是在武乡驻扎时间较长的部队之一。

1940 年 6 月，根据北方局黎城会议精神，对部队进行整编，第三八五旅独立二团与独立三团一部整编为第十四团，由孔庆德任团长，刘鬻亭任副团长，韩卫民任参谋长，赵兰田任政治处主任。10 月参加了保卫黄崖洞和关家垴战斗，年底由马堡移至涉县。1942 年 5 月，该团返回武乡在王家峪村休整，团部驻张志明家。之后，在武乡参加了韩北、大有、广志等战斗，带领民兵开展游击战争。1943 年 5 月该团主力在武东公路上袭击敌人，并参加了蟠武战役、蟠龙围困战，10 月奉命在下广志村缩编为丙种团，撤销了营的建制，直辖一、三、七、九、十一连、机枪连，全团共 900 人，团长肖永银，政委张卓之。团部驻李中先家，1944 年多次袭击白晋铁路，搬回大量铁轨，支援了兵工生产。1944 年 2 月蟠龙围困战结束后，曾在胡峦岭驻扎，团部驻李怀庆家。1945 年 2 月，部队在王家峪休整并进行扩编，恢复乙种团建制，全团 1500 余人，团长肖永银，代理政委宋晋明，参谋长吕世英。参加解放段村战斗后，该团离开武乡奔赴上党战役战场。

第十四团下广志村旧址　李绍君　摄影

第十四团胡峦岭村旧址　李绍君　摄影

第三八六旅旅部韩北村、宋家庄村、马堖村、拐堖村旧址

第三八六旅是第一二九师主力部队之一，由红三十一军第九十一、九十三师改编而成，旅长陈赓、副旅长陈再道，参谋长李聚奎，下辖第七七一团、第七七二团，由徐深吉、叶成焕分任团长。9月30日，该旅随第一二九师出兵山西抗日前线。1938年1月，新增补充团，7月，第七七一团调往新编的独立旅，又新编了新一团；1939年8月，又新编了第四团。

该旅第一次进驻武乡，是在1937年11月到武乡进行扩军和地方工作，因谢张大队已经在此活动，在县城（今故县）住了两三天就撤走了，旧址因被日军烧毁，已经无从考证。3月4日，第三八六旅与第一二九师师部一起从辽县西河头来到武乡，在马堡村宿营一晚，次日驻扎韩北村，旅部驻东头地主魏文兰家院，土改后分配给韩俊宏家。在韩北村，刘伯承、徐向前、邓小平等首长到旅部视察，并与陈赓旅长一起商讨了战斗方针，准备在黎城、东阳关、涉县一带，寻求敌人弱点或创造其弱点而给敌人打击，通过侦察，在半个月之内，先后进行神头岭、响堂铺两次战斗，创造了典型的“吸敌打援”最好战例。之后，离开武乡开往黎城、涉县，几天后又重返武乡，参加了著名的长乐战斗。在反“九路围攻”中著名的长乐村战斗中，该旅是作战主力，战斗结束调至平汉路东西发展。

1939年4月，该旅又回到武乡，住韩北村，不久转到榆社南马会，并参加了云竹、石盘战斗，后驻防宋家庄，旅住董林书家。在白晋路祁县、武乡、沁县等地到处袭击敌人，以破路、炸桥、收割电线等为中心，进行了大小战斗千余次，毙伤日伪军1000余名，给敌以沉重打击，并担任八路军总部机关的保卫任务。1940年2月，第一二九师决定由平汉纵队接替防备，该旅离开宋家庄，调往太岳区以旅机关兼任太岳军区机关。

1940年6月，部队进行大整编，除第七七二团之外，新一团改为第十六团，补充团改为第十七团，第四团改为第十八团。

在百团大战期间，第三八六旅率第七七二团、第十六团到太行区参战。1940年10月，榆辽战役之后又奉命进驻武乡东部的垴上、芝麻脚、长立头（今马垴村）一带，旅部驻扎在长立头村，陈赓、王新亭住当村院郝炳宏家，旅部机关及周希汉参谋长住上当村院郝兆文家，政治部机关及主任苏精诚住村南芦林庵，后勤处驻李德孩家。各连队分别驻在附近的芝麻角、垴上、韩登等村。为了种地方便，长立头村在二十世纪六十年代进行了移民，搬迁到二里之南的马垴村，该旧址被破坏。23日，旅部在这里指挥第十六团进行了长立头战斗，几天后，我军将日寇包围在关家垴，关家垴战斗中，陈赓与罗瑞卿的指挥部就设在该村的西腰桥。

关家垴战斗结束后，第三八六旅迁到韩壁村（今改为韩北村）整训，1941年1月，日军包围韩北村，旅部在这里组织了突围战，因敌众我寡，旅部遭受很大损失，旅政治部主任苏精诚不幸牺牲。战斗结束后，为恢复元气，旅部移驻拐垴村，当时叫果烟垴，旅部驻崔广玉家。部队也在王家峪、下合一带驻扎，进行了军政大整训。5月，该旅部主力担任了护送总部炮兵团返晋西北的任务，6月奉命调往太岳区开辟中条山根据地。第七七二团仍留太行，活动于襄垣、武乡、沁县、潞城一带，发动群众，打击顽敌，发展地方武装，开展游击战争。

第三八六旅韩北村旧址　李绍君　摄影

第三八六旅宋家庄村旧址　李绍君　摄影

陈赓旅长旧居（贾豁乡宋家庄村）　李绍君　摄影

第三八六旅马垴村旧址　李绍君　摄影

第三八六旅第七七一团东堡村、窑头村、丈牛坡村旧址

第七七一团是由红三十一军九十一师改编而成，是八路军主力团之一。团长徐深吉，政委吴富善。1938 年 3 月初，该团从辽县（今左权县）转移前来武乡，驻扎在东堡村，团部驻史任武家，根据师部和旅部决定，准备在潞城、黎城、东阳关、涉县一带，给邯长线上敌人以沉重打击，团部在东堡村召开了各营党员大会，进行了战斗动员，3 月 7 日，第一二九师邓小平政委在陈赓旅长陪同下视察了该团，战士们作战士气非常高涨。不久，离开武乡去参加神头岭、响堂铺战斗。4 月 12 日，该团又奉命急行军来到武乡，14 日集结在贾豁村，15 日移住东村，当晚作为右纵队，沿浊漳河南岸尾随日军进行追击，团部指挥所驻扎在窑头村，团部驻赵永福家。在这里参加了反“九路围攻”的长乐村战斗。这次战斗中，第七七一团在白草辿对面的郑峪、张庄一线伏击敌人。22 日，离开武乡挺进冀南，编入师独立旅，不久又编入青年抗日游击纵队。1939 年 4 月，该团又返武乡，在武西一带作战，团部曾驻扎在丈牛坡村，在此多次袭扰白晋线敌人，参加了石盘、云竹战斗，太行山地区反“扫荡”战斗结束后调冀南军区。

第七七一团东堡村旧址　李绍君　摄影

第七七一团窑头村旧址　李绍君　摄影

第三八六旅第七七二团斗底村、凤台坪村、蒺藜坪村、下合村旧址

第七七二团是由红三十一军九十三师改编而成，是八路军主力团之一，曾在武乡长期驻扎。团长叶成焕，政委谢富治。

1938 年 3 月初，该团从辽县转移前来武乡，驻扎在斗底村，团部驻李向喜家，根据师部和旅部的决定，准备在黎城、东阳关、涉县一带，给邯长线上敌人以沉重打击。7 日，第一二九师师长刘伯承视察了该团，并进行了战斗动员，不久，离开武乡去参加神头岭、响堂铺战斗。

4 月 12 日，该团又奉命急行军来到武乡，14 日集结在凤台坪村，15 日晚，根据旅首长指示，与第六八九团作为左纵队，沿浊漳河北岸尾随日军进行追击，团部指挥所驻扎在牛家庄村，在这里参加了反“九路围攻”的长乐村战斗。这次战斗共毙伤日军 2200 余人，缴获大批军用物资。团长叶成焕光荣牺牲，之后由易良品接任团长，肖永智接任政委。战斗结束后移驻榆社县云安村休整。

1939 年 7 月，该团再次来到武乡，团部驻扎在蒺藜坪村张德全家，在武乡一带以连队为单位结合地方武装开展游击战争，中间也曾到屯留一带作战，但大部分时间驻扎于武乡，并肩负警卫八路军总部的任务。1940 年 2 月，由平汉纵队接防警卫八路军总部任务后，该团开到武乡西部，参加了白晋路

战役。榆辽战役结束后，又回到蒺藜坪村，在武乡东部坚持反“扫荡”战斗。关家垴战斗中，该团又跟随第三八六旅参加了战斗，担任正面主攻。1941年曾驻扎在下合村，团部驻魏水江家，在娲皇庙对部队进行了整训，并在武乡、襄垣一带多次作战。1942年3月开赴太岳区。

第七七二团凤台坪村旧址　李绍君　摄影

第七七二团蒺藜坪村旧址　李绍君　摄影

第七七二团下合村旧址　李绍君　摄影

第三八六旅新一团石盘村旧址

第三八六旅新一团石盘村旧址　李绍君　摄影

1938年7月，由东进纵队第一、三团合编为新一团，编就后调归第三八六旅，团长丁思林，政委程悦长。1939年4月，该团从冀南平原调来武乡西部，团部驻扎在石盘村陈万马家。7月5日，敌一〇九师团一〇七联队300多人，由南关、分水岭、来远镇分路来犯，丁思林率领新一团与敌发生战斗，敌人留下上百具尸体，连夜离开了石盘村，朝云竹逃窜。6日夜，新一团又对云竹村进行了围攻，新一团追击至新庄、高庄、桃阳一线，与远道赶来的八路军总部特务团一起对敌人进行了合围。这次战斗，全歼这股敌人。战斗中团长丁思林牺牲，谢家庆接任团长。

第三八六旅第十六团芝麻角村旧址

第三八六旅第十六团芝麻角村旧址　李绍君　摄影

1940年6月，遵照黎城会议精神，进行了整军，第三八六旅新一团整编为该旅第十六团，团长谢家庆，政委程悦长。在百团大战中，该部参加了榆辽战役等，之后来到武乡休整，驻扎在芝麻角村，团部驻霍金木家。在这里受命开赴长立头村南，进行了长立头战斗，又参加了著名的关家垴战斗，战斗中该团向关家垴阵地上的敌人连续攻击18次，肉搏多次，敌第一线阵地被我夺取，敌人拼命拒险顽抗，大半遭我歼灭。英雄团长谢家庆同志在夺取柳树垴高地的战斗中不幸牺牲。之后，该团调至太岳区。

第三八六旅补充团洪水村、下合村旧址

第三八六旅补充团洪水村旧址　李勇　摄影

1938 年 1 月，第七七一团副团长韩东山率三个连在和顺一带开展发动群众和扩军工作，并新编为补充团。团长韩东山，政委丁先国。该团于 3 月初来到武乡，先驻扎在洪水村，后移驻下合村魏如金家。7 日，副师长徐向前亲临该团进行战斗动员，不久，参加了神头岭伏击战，并担任左翼突击。战斗打响后，第七七二团一营与补充团由公路东西两翼向敌主力纵队猛冲，将敌人的队伍截为数段。战士们用鸟枪、梭标与日本鬼子展开搏斗。这场战斗，共歼敌 1400 余人，并缴获了大量武器弹药，部队装备相应得到改善。1940 年 4 月，第三八六旅香城固战斗结束后返回山西，补充团再次来到武乡，之后开到太岳区。

平汉纵队队部宋家庄旧址

平汉纵队，全称平汉抗日游击纵队，是由著名爱国军人范子侠将军组织起来的一支部队，原为冀察战区游击第二路军第二师，范子侠任第二路军副指挥兼二师师长。由于范子侠与八路军合作抗日的举动，惹恼了国民党顽固派，从扣发军饷发展到武装袭击，后来又命令范率部队到黄河以南整编。范子侠坚持在前线抗日，洛阳第一战区长官司令部发布命令，取消番号，停发军饷，并且悬赏通缉范子侠。面对威胁，范子侠部全体官兵团结一心，坚决不解散，沙河、武安、涉县等县民众纷纷集合，支持范子侠将军坚持抗日斗争。在八路军总部和第一二九师刘伯承、邓小平的关怀下，范子侠毅然决定部队易帜，接受八路军的领导。经与第一二九师领导商定，1939 年 11 月 20 日，在武安县正式将所部改编为“平汉抗日游击纵队”，列入第一二九师序列，下辖第二、三、五团。

1940 年 2 月，由于日、伪、顽对平汉纵队实行围歼，第一二九师出于对平汉纵队的保护，决定调平汉纵队进驻武乡，一方面进行休整、补充兵源，另一方面接替第三八六旅执行保卫八路军总部、中共中央北方局等首脑机关的重任。纵队司令部驻扎在宋家庄村王万鳌家。并在上王堡村开办了平纵干部训练班，学员有基层连排干部和个别班长，也有机关参谋、干事，主要学习党的统一战线主张、军队纪律与战时政治工作、第一二九师对日作战的特殊战例等。野战政治部、师政治部派政工教员来担任教师，野政组织科长李文楷、青年科长魏洪亮，师政治部副主任黄镇等同志专程前来讲课。训练班共办两期，每期20天，培训了200余中下层干部。

1940年5月，第一二九师发起白晋铁路北段破击战役，平汉纵队也是参战主力之一，平纵的任务是破击白晋线勋欢至土门段，并扼守分水岭高地，以掩护南关等重点路段的破击。范子侠率领所部参加了白晋路破袭战，经两天两夜的激战，我破路大军共破坏铁路50余公里，炸毁桥梁50余座，火车一列，仓库2座，毙伤敌350人，平汉纵队也缴获了许多战利品。战役结束后，刘伯承对平汉纵队参战给予了很高的评价，他说：平纵除完成指定地段的破击任务以外，当在友邻地段权店之敌出击沙堰时，他们勇敢地扼守分水岭，并与增援部队协作，击退了敌人，使攻南关的第三八五旅部队顺利破毁了铁路和桥梁。平纵在此次战役中，由于政治动员深入、破击部署适当、坚决执行命令，取得了辉煌战果。

1940年5月底，根据北方局黎城会议精神，第一二九师对所属部队进行了大整编，平汉抗日游击纵队与边纵一、三团及决死队所属保安第六团，合编为第一二九师新编第十旅。旅长范子侠，政委赖际发，副旅长汪乃贵，政治部主任黄欧东。原属的二团与边纵一团合并为二十八团，原属的三团与保安六团合并为二十九团，原属的五团与边纵三团合并为三十团。

平汉纵队改编为新编第十旅后，旅部仍然驻扎在宋家庄村。

平汉纵队队部宋家庄村旧址　郝雪廷　摄影

新编第十旅旅部关家垴村旧址

新编第十旅旅部关家垴村旧址　李绍君　摄影

平汉纵队改编为新编第十旅后，在百团大战期间，部队离开武乡到辽县、和顺一带参战，之后旅部又返住宋家庄村，1940 年 10 月，参加了关家垴战斗。在战斗中范子侠旅长不幸负伤，并送往左会三分区医院治疗。之后新编第十旅机关移驻关家垴村，旅部驻关留锁家。

1941 年 3 月，范子侠接到师部命令，受命前往邢台、沙河一带展开工作，着手筹建太行第六军分区，范子侠旅长率旅机关离开武乡前往河北邢台。同年 10 月，新编第十旅机关与太行第二军分区合并，范子侠带二十九团组建为新的六分区部队。

范子侠旅长、赖际发政委关家垴村旧居　李绍君　摄影

平汉纵队第二团上王堡村旧址

平汉纵队第二团上王堡村旧址　李绍君　摄影

1939 年 11 月，在八路军总部首长和第一二九师刘伯承师长、邓小平政委的亲切关怀下，冀察战区游击第二路副指挥兼第二师师长范子侠率部3000多人毅然易帜，编入八路军队伍，改番号为“平汉抗日游击纵队”。第二团由共产党吴子彦担任团长。冀西作战后，该团随纵队调至武乡进行整训，团部驻扎于上王堡村，团部驻小楼底李云家，在这里连排干部参加了政治整训班。5 月参加了白晋战役，战斗结束后，受到第一二九师刘邓首长的表彰。根据黎城会议精神，5月底，该团与边纵第一团合编为第一二九师新编第十旅二十八团，仍驻上王堡村。团长齐开宏（王耀南代理），政委刘应启。

新编第十旅第二十八团关家垴村旧址

新编第十旅第二十八团成立后，多次在武乡参加战斗，在关家垴战斗中，该团是主力之一，担任西北方向的进攻任务。之后，在武乡、榆社一带活动，团部驻扎在关家垴村关书玉家，1941 年 10 月，该团编入太行第二军分区，离开武乡。

新编第十旅第二十八团关家垴村旧址　李绍君　摄影

平汉纵队第三团、新编第十旅第二十九团凤台坪村旧址

平汉纵队第三团、新编第十旅第二十九团凤台坪村旧址　李绍君　摄影

1939 年 11 月，冀察战区游击第二路副指挥兼第二师师长范子侠率部易帜，参加八路军，改番号为“平汉抗日游击纵队”。第三团团长李惠田。冀西作战后，该团随纵队调至武乡进行整训，团部驻扎于凤台坪村魏培和家。在这里，连排干部参加了政治整训班。5 月，参加了白晋战役，根据黎城会议精神，5 月底，该团与山西新军保安六团合编为第一二九师新编第十旅第二十九团。合编后新的团部仍然住在凤台坪村，团长宗凤洲，政委舒烈光。该团曾多次在武乡作战，在关家垴战斗中，该团负责西北方向的打援任务。1941 年 3 月，该团奉命离开武乡，跟随范子侠将军组建太行六分区。9 月军分区正式组建，该团一分为三，分别与武安团、邢台团、沙河游击队合编为军分区第一团、第二团、沙河团。

平汉纵队第五团、新编第十旅第三十团贾豁村旧址

平汉纵队第五团、新编第十旅第三十团贾豁村旧址
李绍君　摄影

1939年11月，冀察战区游击第二路副指挥兼第二师师长范子侠率部易帜，参加八路军，改番号为“平汉抗日游击纵队”。第五团团长宗凤洲。宗凤洲团长1933年9月就加入了中国共产党，后与党组织失去联系，在家乡组织游击队抗日，其部被范子侠收编，冀西作战后，该团随纵队调至武乡进行整训，团部驻扎于贾豁村张炳奎家，在这里连排干部参加了政治整训班。5月，参加了白晋战役。根据黎城会议精神，5月底，该团与边纵第三团合编为第一二九师新编第十旅第三十团。合编后，团部仍然驻在贾豁村，团长胡震，政委姚大非。该团成立后，曾在左会山参加战斗。1941年10月，该团编入太行第二军分区，离开武乡。

决死第一纵队石瓮村旧址

1937 年 8 月 1 日，经第二战区司令长官阎锡山同意，由共产党员薄一波等人负责组建山西新军，以原军政训练班、民政干部教练团和国民兵军官教导团一部为基础，在太原成立山西青年抗日决死队第一总队，1938 年初，扩编为决死第一纵队。政委薄一波，纵队长鲁应麟（阎锡山的晋绥军旧军官），政治部主任牛佩琮。1939 年“十二月事变”中，在八路军的支援下，经过坚决斗争和激烈战斗，终于击退了旧军的进攻，同时粉碎了新军内部反动军官的叛乱活动，并肃清了内部的反动军官。1940 年 1 月纳入第一二九师序列，为争取阎锡山继续抗日，仍保留晋绥军番号。司令员兼政委薄一波，副司令员牛佩琮、李聚奎，参谋长颜天明，政治部主任周仲英。

1937 年 10 月底，决死一总队就曾经昔阳、辽县、和顺到达武乡县城，并招收新兵补充了部队。扩编为一纵队后，又多次进入武乡活动。1940 年北方局黎城会议之后，薄一波为便于与北方局、八路军总部联系，讨论成立冀太联办以及根据地建设问题，率决死第一纵队一部进驻武乡石瓮村。机关驻扎在张凤河家前院南房，司令员兼政委薄一波住前院西房。同年 10 月，所属第二十五团、第三十八团参加了关家垴战斗，此后不久，一纵队机关一部与第二十五团、第三十八团开往太岳区。

决死第一纵队石瓮村旧址　李绍君　摄影

薄一波司令员旧居（蟠龙镇石瓮村）　李绍君　摄影

决死第一纵队第二十五团石瓮村旧址

决死第一纵队第二十五团石瓮村旧址
李绍君　摄影

“十二月事变”后，山西新军进行整编，决死第一纵队编入第一二九师序列，辖5个大团。其中第三总队和游击第一团合编为第二十五团。归属八路军第一二九师太岳军区，1940年9月参加榆辽战役之后，该团到武乡休整，团部驻石瓮村，团长苏鲁，政委凌则之。团部驻张来青家正窑。10月22日，日军再次进犯武东，第二十五团、第三十八团归总部直接指挥，第二十五团在蟠龙镇以东河不凌、温庄、石门一线占领阵地，以温庄为主阵地设五道防线，阻击从沁县出犯之敌。温庄血战了一整天，日寇连续进攻，被我军一次又一次地击败。敌人合击我八路军总部的图谋，最终彻底破灭，第二十五团完成了保卫总部的任务，团政委凌则之不幸牺牲。10月底奉命参加关家垴战斗，战斗结束后开赴沁源。

决死第一纵队第三十八团石门村、东庄村旧址

决死第一纵队第三十八团石门村旧址　李绍君　摄影

“十二月事变”后，山西新军进行整编，决死第一纵队编入第一二九师序列，辖5个大团。其中由第一总队和游击第二团合编为第三十八团。归属八路军第一二九师太岳军区，1940年9月在榆辽战役中，该团为左翼队，攻取榆辽公路西段榆社、沿毕、王景据点。之后，该团到武乡休整，团部驻石门村老爷庙，团领导住在戏台上，团长蔡爱卿，政委刘有光。温庄战斗时，该团奉命占据河不凌村南高地，阻挡敌人向韩北、砖壁一带进犯。不久，参加关家垴战斗，战斗结束后，在蟠龙东庄村休整，住东庄村老爷庙，后开赴沁水。

决死第一纵队第三十八团东庄村旧址　李绍君　摄影

晋冀豫边游击纵队内义村旧址

为加强地方武装建设，1938 年 4 月下旬成立晋冀豫军区，对外称八路军第一二九师后方司令部。司令员由第一二九师参谋长倪志亮兼任，黄镇任政治委员，下辖五个军分区，各军分区对外仍以支队名义出现。活动于西起同蒲路，东抵平汉路，北到正太线，南到黄河北岸的广大地区。同年 12 月 30 日，根据集总命令，晋冀豫军区改称晋冀豫边游击司令部，倪志亮任司令员，王树声任副司令员，黄镇任政治委员，1939 年秋，晋冀豫边游击司令部改称晋冀豫边游击纵队，简称边纵，直辖三个团。

1940 年 5 月，因开展白晋战役，第一二九师调边纵参加战役，晋冀豫边游击纵队副司令员王树声率机关一部移驻武乡内义村孙氏祠堂。带领第一、第三团参加了南关战斗。战斗结束后，于 5 月底，边纵首长及机关一部返回辽县，第一、第三团与平汉纵队合编为新编第十旅，边纵二团编入新十一旅。

晋冀豫边游击纵队内义村旧址　李绍君　摄影

王树声司令员旧居（分水岭乡内义村）　李绍君　摄影

晋冀豫边游击纵队第一团内义村旧址

1938年8月，晋冀豫军区所属部队改称晋冀豫边游击纵队，简称边纵，同时整编了三个团。第一团以秦赖支队第一、三大队为主改编而成，团长姚大非。1940年5月，该团奉命参加白晋路战役，从太谷调至武乡，团部驻扎在内义村李培田家。这次战斗中，该团主要进攻南关至分水岭段。战斗结束后，在此短暂休整后，遵照第一二九师命令，离开内义村开赴上王堡村，与平汉纵队第二团合编为第一二九师新编第十旅第二十八团。

晋冀豫边游击纵队第一团内义村旧址　李绍君　摄影

晋冀豫边游击纵队第三团玉品村旧址

1938年8月，晋冀豫军区所属部队改称晋冀豫边游击纵队，简称边纵，同时整编了三个团。第三团以秦赖支队第二大队、先遣支队第二大队为主改编而成，团长黄长轩，政委宋志兴。1940年5月，该团奉命参加南关战斗，从辽县调至武乡，驻扎在玉品村，团部驻李太生家，政治处住李保五家。白晋路战役中，主要进攻分水岭至权店段。战斗结束后，在此进行了短暂休整，遵照第一二九师命令，离开玉品村，开赴贾豁村与平汉纵队第五团合编为第一二九师新编第十旅第三十团。

晋冀豫边游击纵队第三团玉品村旧址　李绍君　摄影

太行第三军分区司令部东沟村旧址

1940年6月，根据北方局黎城会议精神，第一二九师和晋冀豫军区部队进行了整编，得到了补充和加强。为加强部队领导和适应作战需要，第一二九师决定，撤销晋冀豫军区（即后改称为晋冀豫边游击纵队），将晋冀豫边游击纵队分编为太行军区与太岳军区，太行军区由第一二九师兼，太岳军区由第三八六旅兼，隶属于第一二九师领导，太行军区下设6个军分区。当月，太行军区第三军分区（简称三分区）在武乡东沟村成立，司令员郭国言，政委王一伦。军分区机关驻王亭俊家，郭国言住王亭俊家正窑，王一伦住王振华家。

三分区管辖的地区内，住着中共中央北方局、八路军总部、冀太联办（1941年7月改为晋冀鲁豫边区政府）等党、政、军首脑机关和许多重要单位。这里还有八路军的重要军事工业基地黄崖洞、柳沟等兵工厂。这个地区的重要性是显而易见的。而且处于同蒲、白晋两条铁路的交会处，又是冀鲁豫、山东等根据地经太行区去延安的重要通道。日寇下大力气要控制这里，布置了重兵，所以群众称其为老虎口。

通过整编以后，部队政治素质和战斗力明显提高，太行各军分区的群众武装也基本建立起来，军分区及各县都建立了武装工作科，开始全面组织民兵。主要有三种形式：一是依托青救会、农救会、妇救会动员，发动青年参加青抗先（即青年抗敌先锋队）、基干队、妇女队，在此基础上组建民兵；二是在已有青抗先、游击小组的地区发展队员，建立民兵；三是在已经成立自卫队的乡村，通过整编自卫队组织，组织民兵。使该区的民兵组织有了很大发展，民兵站岗放哨，袭扰敌人，反奸防特，掩护群众转移，打击小股日伪军，维护社会秩序，成为坚持抗日斗争的重要力量。

1941 年 1 月，根据斗争形势，太行军区决定将原来的太行第三军分区机关与决死第三纵队机关合并，由决死第三纵队兼太行三分区，决死第三纵队司令员戎伍胜，决死第三纵队副司令员兼三分区司令员郭国言，决死第三纵队兼三分区政委傅雨田，副司令员李寿轩，参谋长刘昌毅，政治部主任车敏瞧，副主任彭光。决死第三纵队的决七团、决八团、决九团编为军分区直属部队。此时，第三军分区机关离开东沟村，迁往大有村。与决死第三纵队机关合并。

太行三分区司令部东沟村旧址　李绍君　摄影

郭国言司令员旧居（蟠龙镇东沟村） 李绍君 摄影

决死第三纵队兼太行第三军分区大有村旧址

1937 年 10 月，以国民兵军官教导团第十团改编为山西青年抗日决死队第三总队。1938 年初，扩编为决死第三纵队，政委戎伍胜（戎子和），纵队长陈光斗（旧军官），政治部主任董天知。1939 年 12 月，山西发生“十二月事变”，阎锡山以 6 个军的兵力攻击山西新军，决死第三纵队遭到围攻，1940 年 1 月 8 日，三纵队从太岳突破顽固派包围，与决死第一纵队会师。之后该纵队编入八路军第二纵队序列，同年 5 月划归第一二九师。司令员戎伍胜（戎子和），政委董天知，并根据第一二九师指示，该纵队从晋城北返，进驻武乡县休整，纵队司令部驻扎在大有村。

根据邓小平、刘伯承提出的加强军区建设的指示，要求大量发展地方武装和民兵，并提出 1941 年发展 10 万民兵的计划，使 10 万民兵真正成为开展群众游击战争的基础，成为主力军补充的源泉。为此，三分区和三地委联席召开武装干部会议，讨论发展地方武装和民兵的问题，不仅在发展民兵组织，争取人数的增加，同时也在采取宣传、训练、检阅等办法，提高地方武装的军政素质，以适应艰苦的对敌斗争的需要。三分区在武乡举办了多种形式的民兵培训工作，包括射击训练、枪支维护、爆破、地雷使用与制造、游击战术等，使民兵素质极大地加强，使三分区形成了主力部队、地方部队和民兵三结合的武装体制。

1942 年 2 月，日军纠集 4000 余兵力，对三分区驻地进行“围剿”，三分区立即组织掩护大有镇附近 50 多个村庄老百姓的安全转移，郭国言将军率领决死第三纵队的指战员，分三路进行阻击，地方游击队与民兵也积极配合，郭国言亲自指挥部队在西岗头桃树顶抗击敌人。在激烈的战斗中，郭司令员不幸中弹牺牲。

之后，调鲁瑞林接任司令员一职，同时刘昌毅任副司令员兼参谋长。在当时日寇妄图“剿杀”我太行抗日根据地，穷凶极恶地制定了“囚笼政策”、“清乡”“扫荡”“蚕食”，办法十分凶狠，手段极其残酷。三分区根据对敌斗争的形势，实行“敌进我进”的方针，插到敌人的心脏去，深入敌占区，展开政治攻势活动，打击敌小股武装，镇压汉奸特务，并从边缘地区向敌占区发展，巩固“革命两面派”政权，组建了许多的敌工站、武工队，与正规军、县独立营、游击队、民兵相互配合，广泛开展麻雀战、地雷战、地道战、冷枪战、破袭战、伏击战、窑洞战等，以武装斗争与群众性的合法斗争相结合的办法，有力地支援了群众反抢粮斗争，密切了军队与敌占区群众的联系，提高了群众的民族觉悟和胜利信心。

1943 年 3 月，根据温村会议精神，太行区继续进行精兵简政，第三八五旅与太行三分区合并，陈锡联旅长任三分区司令员，彭涛任政委，鲁瑞林任副司令员，王智涛任参谋长，卢仁灿任副政委兼政治部主任。三分区机关离开大有村，到熬垴村与第三八五旅机关合并。

决死第三纵队兼太行第三军分区大有村旧址　李绍君　摄影

戎伍胜、郭国言司令员旧居（大有乡大有村）　李绍君　摄影

太行第三军分区熬垴村、中村旧址

1943年起，日寇对我根据地的进攻仍在加紧进行。处在根据地边缘的国民党部队在日寇“华北明朗化”的方针下，更加伪化，不断配合日寇向我进攻，使根据地斗争形势更加复杂、困难。数年来，尤其是1942年日寇对我根据地实施“三光”政策，使根据地蒙受了巨大损失；1942年华北若干地区遭受的自然灾害尚未完全克服，到1943年春，华北根据地又面临新的灾荒威胁。所以，我晋冀鲁豫根据地的斗争形势依然十分严峻。1943年初，中共太行分局在河北涉县温村召开了高级干部会议，提出了加强党的一元化领导，深入进行整风，彻底实行精兵简政，主力兵团全部地方化，地委、分区以上机关进一步精简、合并等具体任务。

根据温村会议精神，太行区继续进行精兵简政，1943年3月，第三八五旅旅直机关和直属队大部与太行三分区合并，第七六九团、十四团划归三分区。陈锡联旅长任三分区司令员，彭涛任政委，鲁瑞林任副司令员，王智涛任参谋长，卢仁灿任副政委兼政治部主任。原三分区机关离开大有村，到熬垴村与第三八五旅机关合并，合并以后的三分区司令部机关驻张宝成家。

这次整编的重点是合编两个系统的统帅机关及直属部队，由于组织严密，准备充分，严格裁减了部队中的老弱病残人员，合理安排他们的工作和生活；

进一步充实连队，使分区机关及直属队战斗人员达到总数的76%，各团营战斗人员达82%。

1942年至1943年，华北地区连续遭受自然灾害的袭击，旱灾、水灾、虫灾和疫病，在许多地区反复交错地发生，加上日寇的频繁“扫荡”和国民党顽固派的封锁和侵扰，使广大农村经济濒临破产，人民积蓄枯竭，生产力大为削弱，生活条件急剧恶化，人口大批死亡和逃亡，三分区涌来灾民达10万人。为了克服困难，减轻人民的负担，积极响应毛泽东提出的“组织起来，生产自救，自己动手，克服困难”的号召，大力开展了生产、节约运动。机关、部队在各级领导干部带领下，掀起了大规模的生产热潮，广大指战员们在紧张的战斗环境中，一手握枪，一手拿锄，一面打仗，一面生产，同时还保护群众进行“闪击”生产，垦荒人均超过3亩。轰轰烈烈的大生产运动，减轻了人民的负担，增进了官兵团结和军民团结，同时有效地推动了部队的建设，增强了部队的劳动观念、阶级观念和群众观念，培养了艰苦奋斗的优良作风，加之生产丰收，生活改善，使部队的战斗、训练工作更为积极，更为活跃，为我对敌斗争取得胜利打下了物质基础。

1943年6月，日军占领蟠龙，三分区组织6个团的兵力发动了蟠武战役，以“困日打伪，以强攻弱，猛虎掏心”的战术，攻歼蟠龙周围及蟠武公路沿线之敌。战役结束后，又组织兵力进行了林南战役。同时，以主力部队与当地民兵相配合，进行了长达8个半月的蟠龙围困战，军民共进行大小战斗3275次，总共歼敌2100多名。

这期间，为组织部队到石门一带开垦荒地，三分区机关曾移驻中村，驻扎在肖方亭家的“花果园”。军分区机关驻前院东房、参谋长王智涛住正房，陈锡联、鲁瑞林、卢仁灿分别住中院正房与东房。后又返回熬垴村。其间也曾在石门村、砖壁村等地驻扎。

1943年10月，陈锡联调回延安，由鲁瑞林接任司令员；1944年秋王一伦再任三分区政委。从1944年春夏开始局部反攻后，三分区部队进行了攻打襄垣城和攻克左权红都炮台等战斗。1945年1月，太行区为开辟道清路南北地区，发动了道清战役，三分区部队参加了攻势作战，后又进行了祁太战役、安阳战役等。8月，参加了大反攻作战，太行军区李达司令员直接指挥下，发动了沁（县）武（乡）战役。解放武乡段村镇后，三军分区部队由武乡经襄垣，参加上党战役。1945年11月，三分区与太行二分区合并编为晋冀鲁豫军区第十三军分区，三分区机关迁往左权县合编为新的军分区。

太行三分区熬垴村旧址　李绍君　摄影

陈锡联、鲁瑞林司令员旧居（洪水镇中村）　李绍君　摄影

太行三分区石门村旧址　李绍君　摄影

决死第七团贾豁村旧址

1939 年 5 月，中共晋东南特委对山西保安各支队进行整编。保安第一支队改编为保安第九团，辖三个营。团长高体乾，政委张恒业，参谋长蔡剑桥。保安二、四支队改编为保安第十团，辖三个营。团长卢永年，参谋长史景班，主任赵若祥。“十二月事变”后，决死第三纵队编入第一二九师序列，并进行整编，保安第九团、第十团整编为第七团，也叫决死第七团，团长尹立海，政委宋之春。1940 年 5 月，该团来到武乡，驻扎在贾豁村，团部驻魏品山家，政治处等机关驻村中弘佛寺。政治整训结束后，决七团参加了百团大战，1941 年 1 月，决死第三纵队兼太行三分区，决七团也成为三分区的主力部队之一，多次在武乡、武西、榆社等地作战，曾参加大有、石拐、大叉口等战斗，1942 年，根据党中央精兵简政精神，部队再次整编，决七团缩编为 4 个连，辖一、四、七、九连。1943 年的白庄战斗中，团长尹立海牺牲，余伦胜接任团长。在蟠武战役中，决七团担任向西打援任务。段村日军准备出援蟠龙，刚到关河附近，就被我决七团死死钳制，不敢行动，只能在段村周围与决七团周旋。决七团乘机对段村据点进行了打击，敌人留下数十具尸体后龟缩炮楼内。

1943 年春，太行三分区部队向敌占区和交通线出击。5 月 10 日，决七团在民兵配合下袭击武东柳沟村，歼日伪军40余人，解救被抓群众500余人。6月底，日寇再次侵入我武东县蟠龙镇地区修公路、设据点，企图长期分割我腹心地区。为粉碎日寇阴谋，7月中旬，太行军区集中6个团兵力发起蟠龙、武乡战役。7月下旬，决七团参加围困蟠龙战斗，连克中村、神南庄等据点。从1941年春到1943年秋，决七团坚持太行三分区斗争，一次又一次地粉碎了日寇对我腹心地区的“扫荡”和蚕食、封锁，度过了抗战最困难的阶段。

1943年9月，该团奉命离开武乡，调防豫北太行八分区。

决死第七团贾豁村旧址　李绍君　摄影

决死第八团上广志村旧址

决死队政治保卫队第四支队于1938年5月由翼城、绛县、浮山等县自卫队整编组建，领导人是中共党员贾启允。1939年2月，在翼城地区改番号为“决死第三纵队游击第十二团”，团长胡正平，政治主任贾启允。“十二月事变”时，胡、贾率领队伍突围至高平东部地区。1940年2月决死队编入八路军序列，游击第十二团与突围出来的游击第十一团合并编为决死第八团。

1940年12月，该团来到武乡，驻扎在上广志村地主李金生家，团部驻西房，团长、政委住东房。团长谭友夫，政委贾启允，副团长吴凤高，参谋长陈瑞符，政治处主任周政宜。1941年春决死第三纵队与太行三分区合并，该团成为三分区主力团之一。日寇为了巩固占领区，迅速解决中国问题，以便向太平洋扩张。一面积极诱迫蒋介石投降，一面加紧进攻各抗日根据地。华北日寇向我根据地进行“蚕食”“扫荡”，增设据点，封锁交通，决八团一直在武乡、黎城地区作战。1943年3月，该团撤销，部队分编于决死第七团与决死第九团中。

决死第八团上广志村旧址　李绍君　摄影

决死第九团义门村、山交村、西堡村旧址

山西青年抗日决死第三纵队第九团，简称决九团。1940年春归第一二九师建制，是在武乡驻扎时间最长的部队之一。1940年5月，决死第三纵队进驻武乡，决九团同时来到武乡，驻扎在义门村，团部驻李茂堂家石板院，团长雷震，政委杨绍曾。李文昌、邹善芳、贾定基先后担任过团长一职。在当地发动群众，组织地方武装，深入游击区和敌占区，袭击敌人据点，深得群众拥护。

1941年1月，根据太行军区指示，决死第三纵队与太行第三军分区合并，该团成为太行三分区的主力部队之一。1941年以后，太行三地委、三专署、三分区机关都在武乡驻扎，该团担负了保卫三分区党、政、军机关的重任。1942年，武西的形势越来越严峻，为了坚持武西斗争，团部又移住山交村，住在杜路春家，团政治处住山交沟村。在武西独立营与武西民兵的配合下，先后进行了狮则沟截粮战斗、打马牧炮楼战斗等。1943年，敌占蟠龙后，该团奉命参加了著名的蟠武战役及蟠龙围困战。

1944年该团在东、西堡一带进行了整训与练兵，决九团扩编乙种团，包括5个营属连、1个机炮连、1个特务连。团部驻西堡村李春秀家，整编后的领导机构为：团长贾定基，政委吴殿甲，参谋长杨一清，政治处主任张

向善。1945年秋又扩编为甲种团。团长贾定基，政委张向善，副团长张振华，参谋长赵之焱，副政委兼政治处主任蔡剑桥。1945年5月，先后在武西拔掉牛寺、东良、故城等据点，俘伪军40余人。6月，向盘踞五峪的敌人发起进攻，俘敌60余人，缴长短枪40余支。7月，决九团一连攻入分水岭车站，击毙日伪军5人，俘虏22人，缴获掷弹筒一具，冲锋枪一支，步枪15支，子弹500发，电话机5部。7月16日，决九团九连攻入南沟据点，歼灭敌人40余人。

几年里，团机关还先后在故城、元则沟、楼则峪、大有、长乐等地驻扎，局部反攻开始后，该团多次袭击牛寺、南沟、故城、分水岭等敌据点，特别是在解放段村战斗中，打得非常出色。上党战役后编入晋冀鲁豫野战军第二十三旅。

决死第九团义门村旧址　李绍君　摄影

决死第九团山交村旧址　李绍君　摄影

决死第九团西堡村旧址　李绍君　摄影

冀南军区一分区第二十团小岭山村旧址

冀南军区一分区第二十团小岭山村旧址
李绍君　摄影

1943年5月，近万名日伪军对冀南根据地中心魏县、漳河县发动了铁壁合围大“扫荡”，参加反“扫荡”部队主力是八路军冀南军区一分区第二十团、分区基干团、路南支队和魏县、漳河县大队等，总兵力4000余人。反“扫荡”部队在受到突然袭击的情况下沉着应战，在根据地人民支持下，狠狠打击了敌人，终于突破重围。之后，为恢复元气，根据第一二九师指示，冀南军区一分区第二十团开赴太行休整，6月进驻武乡，驻扎在东部小岭山村武镇华家。二十团来到武乡后，正遇蟠武战役，团长徐绍恩主动请缨参战，成为本次战役中八路军6个主力团之一，并主要攻打奶奶凹据点。战斗结束后，该团在武乡补充了兵源，后根据第一二九师指示开赴太岳区，编为第二军分区第二十团。

第一二九师随营学校蚜蚄庙村、石门村旧址

为培养军事人才，1938 年 1 月，第一二九师师长刘伯承和政治委员邓小平，决定以师教导团改建随营学校，任命王才贵为校长，袁鸿化为政治委员。

1939 年春，日军“扫荡”黎北地区，随营学校移驻武乡，先驻蚜蚄庙村，不久因该村难以容纳所有学员，校部又迁到石门村，校部驻杨金牛家，一营教室分别设在村中的清泉寺和老爷庙戏台，二营留在蚜蚄庙，三营设在大陌村的德兴寺。随营学校不但重视学校的军事科目，也非常重视政治和文化的学习，并进行时事政策、形势任务教育，还开设有党史课，不仅使指挥员、战斗员英勇善战，而且会做群众工作，宣传群众、组织群众、武装群众。

1939 年 8 月，第六期学员毕业后，除少数毕业学员因工作需要留校工作外，大多数学员都积极要求上前线，被分配到一二九师所属各部队工作。此刻因抗大总校准备迁至武乡，同时也让随营学校靠近一二九师，师部决定将学校迁至黎城县东黄须村，并调杜义德同志接任校长职务。

第七期毕业后，由于百团大战已经打响，招生工作暂时停止。杜义德校长也调往新四旅出任副旅长。随营学校的工作基本处于停顿中。1940 年 11 月，根据八路军总部、抗日军政大学、一二九师联合决定，随营学校由参谋长姚继鸣、政治部主任胥光义带领，从涉县王堡村出发，再次开到武乡，在此进

行了整编，与第四团第一、二营和第一团第三营共 9 个队 1000 余人，一同组建为抗日军政大学第六分校。

第一二九师随营学校蚜蚄庙村旧址　韩丙祥　摄影

第一二九师随营学校石门村旧址　李绍君　摄影

第一二九师医生训练队、师卫生学校左会村旧址

1938年春，八路军第一二九师为补充卫生干部，决定由师卫生部组建医生训练队，开始培训急需的医务人员。医训队由师卫生部副部长朱琏具体负责，詹少联任医训队首期学员队长。1938年夏，医训队在山西省辽县（今左权县）马厩村正式开课。

1938年冬天，敌人占领了辽县，为了学员能有一个较为安定的学习环境，师卫生部决定将医训队转移到武乡县左会村。医训队在左会村驻的时间较长，为了适应战争需求和学员实习，师卫生部在此成立了医院，下设四个所，分别编为一、二、三、四所。这些医院，既收治大批战场上运送下来的伤员，同时也是培训医生的临床基地。医训队只有几位教员，为了加强教学，卫生部长钱信忠亲自去讲外科、解剖，副部长朱琏也去讲针灸，还通过决死纵队的关系，请来了几位山西省立川至医学专科学校的毕业生来讲其他各门课。通过理论结合实践，学员们掌握了各种医护知识和技能，提升了自身医疗救护水平。这些人奔向各个医护岗位，为保证部队日常医疗工作开展、及时抢救伤病员，发挥了巨大作用。

为适应抗战形势发展的需要，1940年6月，在医训队的基础上扩建为第一二九师卫生学校。因武乡已有前总卫生学校，为方便所属部队可以就近入学，便将新组建的一二九师卫生学校调到辽县（今左权）羊角村。

第一二九师医训队、师卫生学校左会村旧址　申端阳　摄影

第一二九师卫生学校小岭山村旧址

第一二九师卫生学校小岭山村旧址
李绍君　摄影

“百团大战”中，第一二九师卫生学校再次到武乡，参加医疗救护工作，转移了许多村庄。1940年11月，为了加强晋冀豫地区的后勤力量，根据党中央“精兵简政”的政策，经中共中央批准，八路军总部决定将八路军总部后勤机关与一二九师后勤机关合并，野战卫生部与一二九师卫生部合并。为了减少领导职数，提出了将师卫（第一二九师卫生学校）与前卫（前方总部卫生学校）合并。

根据这一指示，第一二九师卫生学校从辽县再次迁到武乡，驻扎在小岭山村，校部设在武镇华家，未合并之前一直坚持教学。同时，这一段由于武乡一带战斗频繁发生，师卫也派出大批师生参加到战地救护的工作中。待战状稍有缓和，师卫与前卫的合并工作马上进入实施阶段。一二九师卫生学校离开小岭山村，开赴土河坪村进行合编工作。

第一二九师干部轮训队刘家嘴村旧址

1939年夏天，第一二九师师部决定创办干部轮训队，对师所属部队的各级干部进行培训。轮训队队长张贤约，政治委员吴钊统。学员分为三个队，一队队长由张贤约兼任；二队队长王振祥，教导员吴海堂；三队队长刘昌毅，教导员秦忠。轮训队下辖的三个学员队，一队学员全是副旅级以上的干部；二、三队学员也都是营、团级干部。

1940年4月，一二九师又在黎城县李庄村招收了第三期学员，7日，举行了开学典礼。王振祥同志接任轮训队队长一职。由于李庄距离黎城县城很近，敌人占领县城，对轮训队的安全形成威胁，师部决定将师轮训队移驻武乡刘家嘴村，轮训队部驻乔书文家，在这里继续第三期培训。轮训队虽然没有战斗任务，但许多事情都得自己动手解决，日军频繁“扫荡”，形势紧张，可轮训队几百号人要吃饭，粮食也要自己解决。他们在刘家嘴村时，学习之余，轮训队组织学员到东部山上开荒种地，不仅种粮食，也种蔬菜，以解决粮食不足的困难。收获的粮食达到了自给自足，收获的山药蛋不仅够轮训队吃菜，还送给师部机关3万多斤。1942年5月，日寇对太行区进行了五月大“扫荡”后，根据地条件更加艰苦，根据师部指示，轮训队离开武乡，迁到涉县河南店。

第一二九师干部轮训队训练部刘家嘴村旧址　李绍君　摄影

第一二九师干部轮训队队部刘家嘴村旧址　李绍君　摄影

抗大第六分校坪头村旧址

1940年5月，中共中央北方局与华北军分会根据当时抗战形势的发展，专门对抗大的教学进行了讨论，指出“由于党所领导的队伍八路军、新四军的扩大，要求专为训练八路军、新四军骨干的抗大，必须随之加强与扩大”，“为了扩大抗大培养干部的事业，应继续准备在晋冀豫、晋西北、华中、第一一五师等处增设分校”。

根据中共中央北方局和华北军分会的指示，6月3日，抗大第四团第一、二营和第一团第三营共9个队1000余人，由第四团团长洪学智、政治委员穰明德、政治处主任铁坚等同志率领，前往第一二九师随营学校驻地河北省涉县王堡村，准备与该师随营学校合并，筹建第六分校。但由于日寇正对太行山区进行“扫荡”，抗大总校派出的9个学员队与第一二九师随营学校都先后转入反“扫荡”战斗，筹建工作被迫暂停。在这次反“扫荡”战斗中，抗大总校离开武乡，经黎城迁往邢台浆水镇一带。反“扫荡”结束后，总校派出的9个学员队及第一二九师随营学校，又返回到武乡，于11月底在武乡正式成立抗大第六分校，校部驻坪头村。抗大第六分校归第一二九师与抗大总校双重领导。

因洪学智同志调往抗大总校第二华中派遣大队，穰明德同志也调回总校，总校另派刘忠同志任校长，黄欧东同志任政治委员，姚继鸣同志任教育长，胥光义同志任政治部主任。

12月初，抗大六分校陆续招生编队，学员全部是第一二九师的基层干部和部分晋冀豫边区的地方党政机关干部，共设五个营：第一、第二营是连、排军事干部，第三营是政治干部，第四营是轻、重机枪和炮兵等特科干部，第五营是地方干部，学员2000余人。1941年3月初，经过各部队推选，学员陆续来到坪头、中村、义安。18日，在中村滩举行了开学典礼仪式，第一二九师师长刘伯承、政治部主任蔡树藩、抗大总校政治部保卫部长吴格成出席了大会，刘伯承作了《敌后干部训练问题》的报告。

第六分校下设政治部、训练部、供给处、卫生处。第六分校校部驻坪头村张宏志家，训练部驻张拴柱家，卫生处驻张兴全家。当时规定军队干部的训练学习为一年；同时开设地方干部轮训班，每3个月为一期。六分校开学后，太行根据地一直处于反“扫荡”的战斗环境，学员们一直是边学习，边战斗，边开荒搞生产。军事课程主要有战术课、技术课，请炮兵专家赵章成、刺杀尖子高孚、优秀参谋田牧等参加讲课。

到1942年春节前，日寇开始所谓“第一期驻晋日军总进攻”，纠集12000余兵力，对我太行地区进行“扫荡”。第六分校奉第一二九师的命令，以第四营（特科营）为基础，增配步枪数百支，组成一个加强营，在营长谢光粹、政委邢亦民等同志率领下，分散活动于武乡、襄垣、榆社一带，开展游击活动。他们以精干的小分队，携带机枪、迫击炮，对榆社洪杜、武乡段村等敌人据点进行夜袭，牵制迷惑敌人，配合主力部队粉碎了敌人的所谓“总进攻”。4月28日，太行区反“扫荡”胜利后，本期学员全部毕业，分配回部队和地方机关工作，第六分校离开武乡，奉命调回总校归建，教职员大部分返回总校工作，至6月间合编就绪，第六分校即暂告结束。

根据抗战形势需要，1943年3月，在抗大总校基本科一、二、三营基础上，恢复了第六分校建制，1944年春，该校部分分配到太行军区，由第二大队编为“抗大太行大队”，也称太行分校。1945年3月重建抗大第六分校，由太行军区司令员李达兼任校长，同年10月，改建为晋冀鲁豫军政大学，1948年5月，该校与晋察冀军区军事政治干部学校（前身是抗大二分校）合并，组建华北军事政治大学。1950年，改建为中国人民解放军第六高级步兵学校，后改名石家庄步兵学校，1999 年 7 月改建为石家庄陆军指挥学院。

抗大第六分校坪头村旧址　李绍君　摄影

刘忠校长、黄欧东政委旧居（洪水镇坪头村）　李绍君　摄影

抗大第六分校政治部义安村旧址

抗大第六分校在武乡成立后，校部驻扎在坪头村，校政治部驻扎在义安村，政治部机关驻关福寿家，供给处驻义安村的老爷阁。

第六分校是由抗大总校四团及一团一营与师随营学校两所学校合并而成的，虽然两个学校的任务与目标是一致的，但是工作作风、组织形式及工作制度都有差异，人员文化程度、工作能力也不尽一致。为此，学校政治部狠抓了组织建设，建立健全了各级党的组织，成立了校临时党务委员会和5个党总支委员会，建立了组织工作制度和会议汇报制度。对全校1406名党员进行考察，对排以上干部学员进行鉴定。从而巩固了党的组织，提高了党的领导作用和党员的政治质量。使学校切实做到互助、互让、互谅，加强了军政干部、新老干部的团结，保证了分校的顺利发展。

政治部还负责对地方干部的培养，开设了地方干部轮训班，3个月一期，先后培训3期。

1941年4月18日至19日，第六分校在义安村召开了第一次党代表大会，到会代表132名。政委黄欧东作了《关于目前政治形势与党的任务的报告》，政治部主任胥光义作了组织工作报告。会议总结了学校成立以来党政工作的经验教训，认真开展了批评与自我批评，研究确定了今后工作的方针。会议经过充分讨论，通过了《中共抗大六分校第一次党代表大会决议案》。决议指出：目前学校党的任务就是加强学校建设，巩固党的组织，保证学校教育方针的实施，完成教育计划，为军队培养大批坚强军政干部；要求全体党员加强党性锻炼，深入马列主义的教育，加强党的生活与支部工作，教育干部学员成为模范干部，建立正规的党日制度。会议决定，“七一”前在全校开展创造模范支部、模范干部、模范青年的活动，掀起学习、工作的热潮，以优异的成绩迎接中国共产党成立 20 周年及抗战 4 周年。

这一时期，为解决生活问题，经常组织学员到外地背粮，但政治工作一刻也没有放松，政治部机关利用行军前的政治动员，休息时的政治课和行军中的“走谈会”，做深入细致的思想政治工作。为了保证学习、背粮任务的完成，在政治部的引导下，各个中队都办了自己的小报。一张纸，一瓶墨水，一支笔，一两天出一期。这些小报文字短，内容多，有消息，有问答，有故事，及时具体，大家都爱看。在行军背粮途中虽然大家负荷很重，累得满身大汗，但通过唱革命歌曲，讲故事，使大家精神振奋，充满着革命的乐观主义精神。学员们通过学习、背粮、战斗，学到了真本领，回部队后大都成了军政兼优的骨干。

1942 年 4 月 28 日，第六分校离开武乡，奉命调回总校归建。

抗大六分校政治部义安村旧址　李绍君　摄影

抗大六分校供给处义安村旧址　李绍君　摄影

决死第一纵队修械所大陌村、东沟村旧址

决死第一纵队刚刚成立时，为解决武器不足，各团曾从当地招收一些原太原兵工厂离职返乡的技术工人入伍。随着形势需要，为了加强军工力量，1938 年底，决死第一纵队将各团的修理骨干组织起来，组成决死第一纵队修械所，驻扎在大陌村李德全家南房。他们以简易工具，克服一切困难，对战场上捡回来的残缺枪支进行维修，同时，也装配手榴弹等。1939 年底，搬迁到东沟村，移驻地主王锦堂家书房院，现为王存维家。1940 年 2 月，八路军总部军工部将该修械所接收，合并于军工部一所，即黄崖洞兵工厂。

决死第一纵队修械所大陌村旧址　李绍君　摄影

第一二九师决死第一纵队修械所东沟村旧址 李绍君 摄影

第一二九师炸弹厂石板村旧址

1939年秋，第一二九师供给部在石板村筹建了炸弹厂，厂部设在王跃元家正楼。焦正大任厂长、张捷任指导员。招收了一批学徒，经过紧张的筹备，炸弹厂开始研制手榴弹。八路军总部军工部先后派张平、李盘铭和刘生堂等技术工人来炸弹厂负责技术工作。当时物质条件很差，没有工房就利用庙宇和民房，没有工具就想方设法自己制造，没有材料就千方百计地收集和找代用品。开始没有条件制造手榴弹壳子，他们就从柳沟兵工厂调拨成品或利用旧手榴弹壳子；没有炸药和发火药就用土硝、硫磺、木炭制成炸药，用火柴头上的药粉制成发火药，手榴弹上的木柄是用当地木匠旋纺纱锭的传统做法一个一个制作。他们因地制宜，因陋就简，经过艰苦努力，克服了重重困难，于当年试制成功。1940年初，为了正式投入手榴弹生产，八路军总部军工部调来翻砂工人杜书文和赵金楼等，他们和几名徒工组成翻砂小组，制成化铁炉和人摇鼓风机，经过反复试验，炼出了合格铁水，浇铸成手榴弹和地雷壳子。开始每炉只能浇铸40个左右质量不高的壳子，但这些为以后批量生产打下了基础。1940年6月，该厂调归太行军区第三军分区领导。

第一二九师炸弹厂石板村旧址　李绍君　摄影

太行第三军分区炸弹厂狼卧沟村旧址

1940年6月，第一二九师炸弹厂调归太行军区第三军分区领导。此时，炸弹厂有了两个生产组和几名木工。翻砂组负责铸手榴弹壳子，完成组负责手榴弹装配，木工负责制作手柄。从此便开始了地雷和手榴弹的生产，每个月能造手榴弹2000枚和地雷300个。1942年春日军对太行山根据地发动了围歼性的总进攻，严重威胁了炸弹厂的安全。炸弹厂从石板村迁到狼卧沟村，厂部驻天主堂，并在天主堂东侧修了简易工房。半年之后因这里缺水少材，不能坚持生产，1943年2月又迁至石门村。

太行第三军分区炸弹厂狼卧沟村旧址　李绍君　摄影

太行第三军分区修枪所马家岭村旧址

太行第三军分区修枪所马家岭村旧址
李绍君　摄影

1940年春，根据八路军总部关于发展军工生产的指示，太行第三军分区决定组建修枪所，并决定选派曲峰海、于德贵、郭成礼三人负责选址和招收工人。经过考察选址，定在武乡东部山区的马家岭村，这里相对比较隐蔽，而且紧靠大山，便于防范敌人袭击。很快，太行第三军分区修枪所在马家岭成立，曲峰海任所长，所部设在郝松茂家，工房设在张二则家。

修械所成立之初，工人只有五六人，由于条件差，只有一些简单工具，如小锯、刨子、斧头等。工人们自制了风箱和其他用具，生一盘火炉子，原料依靠前方运来的铁路道轨。到6月，工人增加到十几名，开始组装、制造手榴弹。这年秋，敌人频繁到武乡东部“扫荡”，工人们总是埋藏了工具和原料，转移上山，扛着枪和敌人打游击。敌人走后，又返回村里马上恢复生产。把修理好的枪支和制造的手榴弹及时送到前方。1940年底，该所并于军工部柳沟铁厂，所长曲峰海调回太行第三军分区。

太行第三军分区修械所石门村旧址

太行第三军分区修械所生产车间石门村旧址
郝雪廷　摄影

1943 年 3 月，由太行第三军分区创办的太行农具合作社从槐树湾迁到石门村后，为加强生产，再次调曲峰海来所担任所长，派张杰担任指导员，并将所名更改为太行第三军分区修械所。修械所设在西沟儿黑山庙。该庙在 20 世纪 60 年代倒塌。

当时，前方急需要枪支，工人在当地群众的支持下，大量收购战场上捡回来的残缺枪支零件，进行修配组装，大力生产武器，支援前方。也组装地雷、手榴弹等，工人们还自己生产黄色炸药与黑色炸药。工人大都是当地的铁、木工，原料是从民间收集的破锅、碎铁，生产中必用的钢材，是从敌占区拆的铁轨。缺酒精，就用白酒经过蒸馏代用。1943 年 5 月，根据三分区决定，第三军分区修械所同第三军分区炸弹厂合并，改称为第三军分区炸弹所。

太行第三军分区炸弹所石门村旧址

1943年2月，太行第三军分区炸弹厂从狼卧沟迁到石门村，工人们在石门村西沟儿自己打了窑洞，作为生产厂房。同年5月，根据三分区决定，炸弹厂同设在该村的第三军分区修械所合并，改称为第三军分区炸弹所，调第三军分区军械股股长兼修械所所长曲峰海任所长，焦正大改任副所长，所部设在地主郝玉泉家前院。同时，第三八五旅修械所也并入炸弹所，吴起昌任指导员，之后，张捷和焦正大陆续调离炸弹所。

为适应形势需要，炸弹所在石门村进行了扩充，工人达到100多名，而且生产规模也在扩大，组成了炸药组、翻砂组、木工组、引信组、完成组、修械组等，每月可生产手榴弹近万枚，地雷5000余颗，同时还负责修理各种枪支等。作为生产车间的窑洞相互串通，并用轨道连接，形成流水作业生产线。1943年6月，日军占领了蟠龙镇，距石门村只有8公里。在这种情况下炸弹所搬离石门村；翻砂组迁到上庄村，厂部驻杨生发家西房，生产车间驻村西堂儿庙，仍然坚持翻砂生产，该庙现已拆除；完成组迁到向阳村附近的山洞，当时叫松江洞，是个天然石洞，现在已经开发为太行溶洞，成为旅游景点。工人住在向阳村，因洞内潮湿，生产的手榴弹不能爆炸，无法继续生产。不久，迁到黎城县卜牛村，在极其困难的情况下，坚持军工生产。

1944年2月，日军撤离蟠龙镇，炸弹所全部搬回石门村。从此，炸弹所进入稳步发展的新阶级，除生产手榴弹和1.5公斤至5公斤地雷外，又开发了电发火电雷（用干电池）、燃烧弹、照明弹、烟幕弹以及云梯、挖洞器的许多新产品，还有剪铁丝网的刀具和练兵护具等。由于产品过多，生产规模不适应，后将地雷生产交给太行第三专署武委会炸弹厂生产。

所长曲峰海先后制造了炸弹手柄的木车床、手摇剪铁皮机，鼓风机变速轮机构等；张平等用薄铁皮冲压成型的工艺改进了火帽的生产技术；钳工改进了靠模，每次可车四个手柄等。工厂生产技术不断改进，生产条件逐步好转，产品质量也日益提高。该所生产的手榴弹，延期性能好，又不瞎火，加之它的木柄长度适中，投得远，杀伤率高，很受前方指战员的欢迎。

1945年8月15日日本投降后，遵照上级命令，该所抽调30名修械人员组成随军修械所，跟随部队开到东北，留下的人员继续组织生产。炸弹所在1945年9至12月完成的生产任务比任何时候都多，产品质量也好，在著名的上党战役中发挥了重要作用。在本区作战的部队点名要三分区的炸弹。1945年底，为了适应形势发展的需要，根据上级指示，炸弹所移交总部军工部，全体人员由军工部统一调配，大部分调到军工部四厂工作，炸弹所完成使命撤离石门村。

太行第三军分区石门炸弹所旧址　李绍君　摄影

石门炸弹所厂部石门村旧址　李绍君　摄影

太行第三军分区武委会兵工厂东沟村、南背村、戈北坪村、羊圈村旧址

1942年初，太行第三分军区武委会在东沟村筹建兵工厂，以解决分区民兵游击队、武工队的武器装备，抽调柳沟兵工厂工人李盘明任厂长，贾志厚任副厂长。厂部设在地主王锦堂家的新楼院，生产车间设在村东佛爷庙。兵工厂初创时有工人40余名，一个小风箱，一架手摇钻床，两把钳子，十几把铁锤，主要生产手榴弹。1943年6月，日寇占领蟠龙，兵工厂7月迁至南背，厂部驻杨生锁家，生产车间在杨成柱家。为加强军工生产，三分区又调来邢子祥、甄荣典先后任指导员，并调来工人百余名。工人增加，工厂扩大，只有20来户人家的南背村容纳不下，厂部又迁到戈北坪李万云家，生产车间除部分留在南背村，大部分迁到戈北坪。兵工厂主要生产手榴弹、地雷、石雷等武器，并负责训练各地派来的民兵使用地雷等武器。1943年9月，工厂人员增加到200余人。由于住房、用水困难，制造地雷、手榴弹的生产车间迁至羊圈村，厂部机关驻陈来银家南房，翻砂部驻赵凤书家，完成部驻陈晋民家，修枪部驻陈炳尧家。工人在该村挖了许多窑洞，做宿舍、工房、炸弹库。戈北坪设造枪车间，生产步枪、八音手枪。甄荣典从黄崖洞兵工厂来厂担任指导员后，又克服一切困难，增加了八二炮弹生产。在他的努力下，创造日产135发八二炮弹的纪录，对全厂生产的发展起了推动作用。

1944 年 5 月，三分区武委会兵工厂改名“武建工厂”，一直坚持生产，产品源源不断地送往前线。1945 年冬，上党战役结束后，为支援解放战争，该厂搬迁长治西门外，继续从事军工生产。后经改造扩建为长治轴承厂。

太行第三分军区武委会兵工厂东沟村旧址　李绍君　摄影

太行第三分军区武委会兵工厂南背村旧址　李绍君　摄影

太行第三分军区武委会兵工厂羊圈村旧址　李绍君　摄影

第七六九团白和煤矿旧址

1938 年 4 月，长乐村战斗结束后，部队转移休整，陈锡联带领第七六九团来到白和村。

早在几个月前的“石拐会议”上，为了壮大武装，大胆发展，第一二九师首长就研究了新组第三八五旅的事宜。八路军改编之初，第一二九师下辖第三八五、第三八六两个旅。为了保卫延安，中央决定留下了第三八五旅旅部及第七七〇团，第三八五旅东渡黄河的部队只有第七六九团。新组第三八五旅就在第七六九团的基础上扩编，已经派出三个连的兵力，加上改编的地方游击队新组建了独立支队和独立团，而且新的旅部也马上成立。但是，由于国民政府供给的军饷不足，部队需要供给自足。陈锡联发现白和村地下有煤，便与政委黄振棠、政治处主任丁先国研究筹建煤矿的事，大家一致同意。于是，白和煤矿筹建正式启动，由李峰任矿长。

6 月 12 日，新的第三八五旅旅部在河北井陉熟峪镇正式成立，陈锡联任旅长，谢富治任政委，范朝利任参谋长，黄振棠任政治部主任。第七六九团团长、政委都易将，分别由王近山、鲍先志担任。工作交接时，陈锡联特意把办煤矿的事认真叮咛。李峰接受这个任务之后，以五十块大洋作启动资金，克服重重困难，矿井打打停停。李峰想尽一切办法，为了筹集资金，他号召大家集股，直到1941年秋才正式投产，有工人60人，日产煤25吨。这一年根据地进入了极端困难的艰苦岁月，白和煤矿的投产，无疑给八路军的军需供给带来了新的希望，第三八五旅在军饷供给上有了极大的缓解。同时，生产出来的煤炭运往柳沟兵工厂和黄崖洞兵工厂，保证了军工生产的燃料供应。

随着煤矿的产量越来越大，为调动工人生产积极性，旅生产处制定了奖励办法，煤矿从业人员达到120多人。矿上还成立了地下党组织，生产方式也有原来的全靠人工开采、人工拉驼改为牲口拉驼。直到1947年部队南下，煤矿移交给本矿地下党组织领导，由矿工联合集体开办。1949年由县手工业联合社接管，成为武乡县二轻骨干企业。

八路军七六九团白和煤矿老井口遗址　李绍君　摄影

第一二九师野战医院禄村、青草烟、左会村旧址

1940 年 5 月，第一二九师刘邓首长决定对白晋铁路进行大破袭，为加强后勤保障，将师野战医院迁到武乡县禄村，院长朱琏，医院驻扎在佛爷庙及戏台上，手术室设在张焕新家。医院驻扎后立即进行医疗救护准备，白晋线战役打响后，不断有伤病员抬来，由于人员太多，住宿很紧张。医院除手术室外，全部借住民房，伤员经过治疗后都安置在老百姓家里，当地群众都分外热爱这些抗日的八路军伤病员，都尽量把最好的房屋空出让给伤病员，困难留给自己。由于医院医护人员人手不足，村里的妇女们主动担当起编外护士，她们不仅洗绷带、清理医疗器械，而且也学会了换药、护理伤员。野战医院的医务人员在这里住久了，与村里老百姓打成一片，不仅免费为群众治病，还经常到群众中宣传医药卫生知识。针对许多群众受传统封建迷信影响的实际，一方面大力宣传破除封建迷信，另一方面用生动的实际事例教育群众。直到百团大战打响后，野战医院撤离。

1940 年秋，正是百团大战的第三阶段，日军在我八路军的打击下，组织了大规模的报复“扫荡”，特别是太行山区成为日军报复的重点。为了疏散隐蔽，也为了更好地为战地服务，第一二九师野战医院又转移来到武乡，驻扎在青草烟村村公所，伤病员分别住在青草烟、黄背甲、小中甲等自然村

里。此时正值关家垴战斗激烈进行，医院送来了大批伤员，医护人员在这里积极治疗。为解决缺医少药的现象，村里老百姓主动上山采来草药，全部支持了医院。医院有位战俘山田一郎原来是日本华北派遣陆军军医中尉，被八路军俘虏后，经教育参加了觉醒联盟和八路军，但是心里却没有放弃逃跑的计划。在这里他患了伤寒病，当时这种病是很难治愈的，刘伯承师长得到这一消息，专门赶来看望他，并嘱咐要用最好的药来为他治疗。山田一郎病好以后，思想发生了根本转变，彻底打消了逃跑的念头，积极投身抗日，并加入了中国共产党，成为一个坚强的反战勇士。

1940 年底，野战卫生部与第一二九师卫生部合并，师野战医院也编为八路军总部野战卫生部医院。1941 年又在左会长期驻扎，院部领导与医生住在碾圪嘴申晋祥家，手术室设在申道存家。后随着战争需要迁往辽县（今左权）。

第一二九师野战医院禄村旧址　李绍君　摄影

第一二九师野战医院青草烟村旧址　李绍君　摄影

第一二九师野战医院左会村旧址　李绍君　摄影

第四部分　第一一五师所属部队及晋察冀军区部队

第三四三旅第六八五团扩兵队连元村旧址

1937年10月下旬，八路军第一一五师第三四三旅第六八五团跨过正太铁路，进入昔阳、平定地区，准备在此与第一二九师会合，打击自娘子关西进之敌。第六八五团是平型关战斗的主力团之一，在战斗中减员严重。该团跨过正太铁路之后，根据上级指示，由团政治处机关带领三营十一连，先行南下到榆社、武乡附近，宣传群众，扩大兵源。11月初，扩兵队驻扎在连元村。团扩兵队分成几个组，分别深入乡村进行宣传发动，一路走，一路都有青年报名参军。在武乡、襄垣、沁县等地招收新兵千余人。扩兵队在武乡、沁县、襄垣、沁源等地招兵，不久接到团部命令，要求在外边扩军的人员，迅速集中起来，在主力部队后面跟进，部队将南下到晋南临汾地区集结。该团扩兵队带着新兵离开武乡，在沁源县追赶上部队，回到各自的单位。

第三四三旅第六八五团扩兵队连元村旧址　郝雪廷　摄影

第三四三旅第六八六团扩兵组洪水村旧址

1937年11月初，八路军第一一五师第三四三旅第六八六团抽调副排长以上干部100余人，组成扩兵组，在副团长杨勇率领下从辽县方向来到武乡，驻扎在洪水村。不久分成几个小组，分别到达武乡、襄垣、屯留一带。武乡组由团政治处主任符竹庭负责，深入武乡县各地，在广大城镇乡村广泛宣传抗日救国十大纲领，宣传减租减息、废除苛捐杂税。写标语、散传单、开演讲会，搞得轰轰烈烈。还深入老乡家串门谈心，多次召集群众会，在村庄、街头进行演讲，宣传平型关战役的胜利和共产党的抗日主张，披露日军的侵略阴谋，号召群众参军参战，许多青年积极报名参军。1937年12月底，杨勇、符竹庭等带着新兵返回部队，招收的新兵在充实六八六团的基础上，从六八六团调出第六连为骨干另外成立一个补充团，邓克明为团长、符竹庭为政委。

第三四三旅第六八六团扩兵组洪水村旧址　李勇　摄影

第三四四旅旅部高仁村旧址

第三四四旅是第一一五师主力部队之一，平型关战斗之后，该旅划归八路军总部直接指挥，随总部行动。石拐会议之后，第三四四旅在正太路南活动。1938 年 2 月，根据八路军总部指示，第三四四旅开赴晋东南，该旅来到武乡县，旅部驻扎在高仁村阎晋修家，该院为前后二进院，旅部在前院正房，政治部在前院南房，旅长徐海东住后院正楼，政委黄克诚住后院东房。该旅之六八七团、六八八团、第六八九团也一同来到武乡，并在武乡进行了整军工作。

此前，阎锡山领导的第二战区为执行反攻太原计划，将在晋中央军、八路军与晋绥军一起编为西路军、中路军、东路军，其中将八路军第一一五师、第一二九师及国民党第三军、第十七军、第四十七军，第九十四师、第十七师、骑兵第四师，第五二九旅以及决死第一、三纵队组成东路军，由朱德、彭德怀分任东路军正副总指挥。为鼓励和帮助友军坚持山西抗战，3 月 24 日，朱总司令、彭副总司令在沁县小东岭召开了东路军将领会议。共产党方面有朱德、彭德怀、左权、刘伯承、邓小平、薄一波等；国民党将领有武士敏、曾万钟、高桂滋、朱怀冰等。第三四四旅旅长徐海东也前往沁县小东岭参加了这次会议。会议开了 4 天半，这次会议是在中华民族危亡之际中国共产党倡导下国共两党高级将领统一战线、团结御侮、一致对外的会议，它在当时失败阴霾空前的华北大地上树起了坚决抗战的旗帜。3月底，八路军总部得到日军将集中兵力分九路围攻晋东南抗日根据地的情报。朱德、彭德怀立即下令在晋东南的东路军各部以一路兵力钳制各路进攻之敌，集中主力相机击破其一路。4月4日，3万余日军开始分路大举进攻晋东南根据地，其重点是寻歼在武乡、辽县、榆社地区的八路军总部和第一二九师师部。4月10日，朱德、彭德怀在小东岭下达了反围攻战术指示后率部转到武乡县马牧村，指挥反围攻作战。徐海东旅长也回到旅部指挥所部参加反“围攻”战斗。在八路军总部领导下，国共两党官兵同仇敌忾，浴血奋战，取得了晋东南反击日军“九路围攻”的巨大胜利，收复县城18座，歼敌4000余人，奠定了太行山抗日民主根据地的基础。

反围攻战斗结束后，朱德在寨上村向刘伯承、邓小平、徐向前等发出命令，令第一二九师主力及第一一五师第三四四旅一部迅速从太行山区向冀南、豫北平原及铁路沿线展开，开辟平原根据地。根据总部指示，第三四四旅旅长指挥第六八九团进行了段村战斗之后，率领旅部机关离开武乡到达屯留一带。

第三四四旅高仁村旧址　李绍君　摄影

徐海东旅长旧居（故城镇高仁村） 李绍君 摄影

黄克诚政委旧居（故城镇高仁村） 李绍君 摄影

第三四四旅第六八七团大有村旧址

第三四四旅第六八七团是由红十五军团第七十三师改编而成，是八路军主力团之一。出师之初参加了著名的平型关战斗。1938 年 2 月，该团在昔阳东冶头村发生了“张兰事件”，3 月初，该团奉命跟随第三四四旅到达武乡，驻扎在大有村裴家大院。4 月初，该团离开武乡到长治一带进行反“九路围攻”战斗，战斗结束后开赴太南地区。

第三四四旅第六八七团大有村旧址　李绍君　摄影

第三四四旅第六八八团贾豁村旧址

第三四四旅六八八团由红十五军团第七十五师改编而成，是八路军主力团之一。团长陈锦秀，政委刘震。1938 年 3 月初，黄克诚、徐海东奉命率领第三四四旅南下晋东南，进入武乡，该团也来到武乡，团部驻扎在贾豁村社房以及戏台上，在此进行了月余的休整，参加了大有整军工作会议，不久黄、徐率六八八团继续向南进发，到潞城、长子一带与日寇作战，反“九路围攻”战斗结束后开赴太南地区。

第三四四旅第六八八团贾豁村旧址　李绍君　摄影

第三四四旅第六八九团东胡家堖村旧址

1937 年 12 月，根据徐海东旅长建议，经八路军总部批准，以原红二十五军第七十八师的人员，新组建八路军第一一五师第三四四旅第六八九团。团长韩先楚，政治委员崔田民，参谋长胡继成，政治处主任康志强，副主任黄惠良。1938 年 3 月初，该团跟随第三四四旅进驻武乡，驻扎在东胡家堖村任象贤家，东院驻扎团部，西院由团长韩先楚、政委崔田民居住，村里的其他人家也都住下了八路军战士。

4 月 15 日夜晚，第六八九团接到八路军总部与第一二九师刘邓首长指示，准备在武乡歼灭来犯之敌，该团与第七七二团编为左纵队，沿浊漳河北岸追击东窜之敌，16 日拂晓，左右两路纵队超越日军并将其 1500 余人夹击于武乡以东长乐村地区，遂发起猛烈攻击。第六八九团是最后接到命令的，团长韩先楚接到命令之后，立即命令部队跑步前进，按照指定路线，带部队进入巩家堖一带，随即发起攻击，此战，八路军共毙伤日军 2200 余人，缴获轻机枪 2 挺、步马枪 100 余支和大批军用物资。19 日，日军又组织兵力前来报复，第六八九团在段村附近设伏，对敌人进行打击，消灭日寇 200 余人。战斗结束之后，根据八路军总部的指示，第六八九团离开武乡，跟随第一二九师徐向前副师长挺进冀南。

第三四四旅第六八九团东胡家垴村旧址　李绍君　摄影

韩先楚团长旧居（丰州镇东胡家垴村）　李绍君　摄影

第一一五师大有整军会议旧址

一一五师大有整军会议旧址　邢菊芬　摄影

抗日战争期间，八路军作为敌后的一支重要抗日武装力量，为抗战的胜利作出了巨大贡献。但是在严酷的对敌斗争中，有些军官并没有忍受住考验，而是选择投敌叛变，1938 年 2 月，第六八七团在昔阳东冶头村发生了“张兰事件”，3 月初，该团奉命跟随第三四四旅到达武乡。“张兰事件”发生后，一时士气低落。为此第一一五师在武乡县大有镇召开整军工作会议，在大有村的泰山圣母庙进行了军纪整顿，第三四四旅旅部及第六八七团、第六八八团、第六八九团都派代表参加。八路军总司令朱德亲自出马，来到第三四四旅指导工作，重点抓了全旅的思想作风，整顿部队，总结了抗战以来的经验和教训，在战略思想和战术指挥上，尽力实现以打游击战为主的根本转变。整训后，新任命田守尧为团长，政委赵凌波。

第一一五师独立支队监漳村旧址

第一一五师独立支队司令部监漳村旧址
郝雪廷　摄影

陈士榘支队长旧居（监漳镇监漳村）
郝雪廷　摄影

1938年9月，中共中央决定，第一一五师师部及第三四三旅开赴山东。12月，将留在晋西的部队第三四三旅补充团、独立第一游击大队、晋西游击队整编为第一一五师独立支队，陈士榘任支队长，林枫任政治委员，黄骅任副支队长，何以祥任参谋长，王麓水任政治部主任，下辖两个团。1940年3月，八路军总部决定，第一一五师留在晋西南地区得最后一支部队独立支队开赴山东。5月，独立支队途经晋东南，到达襄垣、武乡一带，陈士榘率领独立支队司令部及第一团进驻武乡监漳村，第二团驻襄垣西营。支队领导及各团负责同志，专门到王家峪八路军总部汇报工作，部队在这里休整了10多天。6月上旬继续向东出发，出太行东阳关，经响堂铺、涉县、武安，急行军通过平汉铁路到达山东。

第一一五师独立支队第一团监漳村旧址

1940年5月，第一一五师独立支队开赴山东，独立支队第一团跟随支队司令部进驻武乡，驻扎在监漳村观庄五龙庙。休整10余天后，6月上旬离开武乡继续向东出发，跨过平汉铁路到达山东。

第一一五师独立支队第一团监漳村观庄旧址　王刚　摄影

晋察冀军区南下支队王家峪村旧址

1939年12月，阎锡山发动“十二月事变”，突然以重兵围攻晋西南新军决死第二纵队、政卫二〇九旅和八路军晋西支队，在晋东南也进攻新军决死第一、三纵队，企图压制新军、排挤八路军。在冀西地区，国民党军第九十七军朱怀冰部也进攻武安，袭击八路军先遣支队、青年纵队。针对这样的形势，晋东南八路军对阎锡山部队展开反击，同时在应付朱怀冰部的摩擦，太行地区的八路军兵力单薄。为此，八路军总部指示晋察冀军区给予支持，军区司令员兼政治委员聂荣臻抽调第一军分区第一团、第四军分区第五团以及冀中军区警备旅，组成“南下支队”，在聂荣臻及冀中军区司令员吕正操的带领下，南下奔赴晋东南。于2月26日到达八路军总部所在地武乡县。“南下支队”第一团、第五团，在武乡、黎城短暂停留后，开赴磁武涉林反顽战役前线。聂荣臻司令员与吕正操司令员在八路军野战政治部驻地下合村参加了干部会议。聂荣臻司令员在会上作题为《晋察冀边区工作的经验》的报告，冀中军区司令员吕正操向总部指战员作《冀中平原游击战争》的报告。之后聂荣臻、吕正操还到榆社潭村拜见了一二九师领导同志。

反顽战役结束后，南下支队返回晋东南，受到了朱德总司令和彭德怀副总司令的召见和赞扬。6月，南下支队返回晋察冀根据地。

晋察冀军区南下支队司令部王家峪村旧址　郝雪廷　摄影

聂荣臻司令员旧居（韩北镇王家峪村）　郝雪廷　摄影

吕正操司令员旧居（韩北镇王家峪村）　郝雪廷　摄影

陈正湘司令员、刘道生政治委员旧居（韩北镇王家峪村）　郝雪廷　摄影

晋察冀军区南下支队（第一军分区）第一团河不凌村旧址

晋察冀军区南下支队（第一军分区）第一团，是1939年3月，在晋察冀军区整编部队时，由原来的第一军分区一大队和第三军分区十大队合编而成，是晋察冀军区第一军分区的主力团，团长宋玉琳，政委朱遵斌。1940年2月，根据八路军总部指示，晋察冀军区组成南下支队，临时抽调第一军分区第一团，作为南下支队的主力之一，到达晋东南地区参加反顽作战，并护送抗日军政大学到武乡。该团到达武乡后，驻扎在河不凌村。短暂停留后，开赴磁武涉林反顽战役前线。战役结束后，再次返回去武乡。6月，该团跟随南下支队返回晋察冀根据地。

晋察冀军区南下支队第一团河不凌村旧址　李绍君　摄影

晋察冀军区南下支队（第四军分区）第五团洪水村旧址

晋察冀军区南下支队（第四军分区）第五团，是1939年3月，在晋察冀军区整编部队时，由原来的第四军分区第七大队与第八大队合编而成，是晋察冀军区第四军分区的主力团，团长陈祖林，政委肖锋。1940年2月，根据八路军总部指示，晋察冀军区组成南下支队，临时抽调第四军分区第五团，作为南下支队的主力之一，到达晋东南地区参加反顽作战，并护送抗日军政大学到武乡。该团到达武乡后，驻扎在洪水村。短暂停留后，开赴磁武涉林反顽战役前线。战役结束后，再次返回去武乡。6月，该团跟随南下支队返回晋察冀根据地。

晋察冀军区南下支队第五团洪水村旧址　李勇　摄影

冀中军区第三十二团洪水村旧址

冀中军区第三十二团洪水村旧址　李勇　摄影

1940 年 1 月，为支持反顽战斗，根据八路军总部指示，冀中军区第一军分区部队编成南进支队，司令员赵承金，政治委员谭冠三，其中第十六团、第二十一团是主要骨干。1941 年 1 月，该支队调归八路军第二纵队。同年 9 月下旬，南进支队第十六团奉命到太行区执行护送任务，护送八路军野战政治部巡视团、冀鲁豫军区一批高级干部，并带一批银圆、法币到太行八路军总部，在河北沙河附近过平汉铁路时与日军发生激战。团部带第一、二营突破封锁线西进，担任后卫的三营未能通过。这次护送任务完成后，十六团带一、二营就留在了太行山，并在武乡补充兵源。10 月，在洪水镇进行了整编，改称冀中军区第三十二团，团长李化民，政委邓东哲。1942 年 9 月，根据八路军总部指示冀中军区警备旅调至太行，改称太行警备旅，第三十二团归警备旅。不久警备旅调太行第一军分区。1943 年 9 月，该旅调往延安，中途留在晋绥军区。

第一一五师军政干部学校南神山旧址

第一一五师一部由正太路南下，留下副师长聂荣臻带领师独立团等留在五台一带成立晋察冀军区，第一一五师教导队亦留在晋察冀区，为解决第一一五师军政干部培养问题，八路军总部决定成立第一一五师军政干部学校。

1937 年 11 月 15 日，第一一五师军事政治干部学校在武乡县城西关武侯祠正式成立，并开始招生。短短一天之内，就有 60 多个青年学生加入到军政干部学校中来。县临时工委派人到城东南二里的南神山普济寺协商，学校就在该寺院开学。一边招生，一边上课。学校在这里办了半个多月时间，接到师部电报，要学校到临汾一带与师部会合。1937 年 12 月初，学校离开武乡，向晋南转移。几天后到达赵城县马牧村。1938 年 2 月，根据八路军总部决定，军政干校学员编入八路军总部随营学校。

第一一五师军政干部学校南神山旧址　李勇　摄影

第五部分　晋冀豫（太行）区党政机关

中共晋冀豫区党委东堡村旧址

1937年11月，中共中央对华北地区党组织进行调整，在正太路以南成立中共冀豫晋省委。冀豫晋省委主要活动范围是正太路以南、平汉路以西、同蒲路以东、黄河以北的晋冀豫三省交界地区。根据中共北方局的决定，以原平汉线省委与山西省委一部分组建冀豫晋省委。1938年8月，根据中共中央《关于改变敌后党的领导机关的通知》，决定中共冀豫晋省委改称中共晋冀豫区委。1939年4月，根据中共扩大的六届六中全会《关于各级党委暂行组织机构的规定》，中共晋冀豫区委又改称中共晋冀豫区党委。

1938年12月，中共晋冀豫区召开区委扩大会议。北方局书记杨尚昆在传达六中全会精神时，提出准备召开中共晋冀豫区党代会的建议，并提出会议的两个主要内容：一是总结抗战以来的工作；二是选举出席七大的代表。根据杨尚昆同志的指示，晋冀豫区党委作了充分准备，并由区党委书记李雪峰执笔，写出《十七个月来的晋冀豫区委工作》，上报北方局和中央。根据中共北方局指示，决定召开晋冀豫区首次党代会。因当时八路军总部、中共中央北方局机关都驻扎在武乡县，为保证会议的安全，减少警卫部队调动，同时也方便北方局与总部首长参会，将会址选在武乡县东堡村崇法寺。为做好会议筹备工作，1939 年 8 月，晋冀豫区党委机关从辽县（今左权）高家井村搬迁到武乡东堡村。区党委机关驻扎在赵江河家，李雪峰住史生元家，黄镇住籍秃狗家，王树声住史钟秀家。晋冀豫区首次党代会结束后，于 10 月初，晋冀豫区党委迁往辽县西黄漳村。

中共晋冀豫区党委东堡村旧址　李绍君　摄影

李雪峰书记旧居（韩北镇东堡村）　李绍君　摄影

王树声副司令员旧居（韩北镇东堡村）　李绍君　摄影

中共晋东特委、晋冀特委陌峪村旧址

1937 年 11 月，八路军谢张大队进驻武乡，驻陌峪村的清泉寺。不久，中共晋东特委机关转移来到武乡，驻清泉寺。在这里，依托谢张大队保护开展工作。中共晋东特委下属辽县、武乡、榆社、祁县 4 个县的党组织。1938 年 5 月，中共冀豫晋省委决定将晋中特委、冀晋特委、晋东特委合并为晋冀特委。下属太谷、榆次、寿阳、和顺、平（定）东、昔（阳）东、辽县、榆社、祁县、井陉、赞皇、临城、内丘、高邑、元氏、获鹿、武乡等县的党组织，特委机关仍驻武乡。1939 年 2 月，日军侵占和顺城，为便于晋东各县和冀西各县开展工作，中共晋冀豫区委决定撤销晋冀特委，所属各县党组织以山西境内平定至辽县公路为界，路东成立中共冀西特委，路西成立晋东特委。晋东特委下属榆次（路东）、太谷、寿阳（路南）、和顺、平（定）东、昔（阳）西、辽县、榆社、祁县、武乡 9 县的党组织和榆（次）太（谷）路西办事处。1939 年 4 月，由晋东特委改称晋东地委。

中共晋东特委、晋冀特委陌峪村旧址　李绍君　摄影

中共晋冀豫第二地委、晋冀豫第三地委东沟村旧址

1939 年 10 月，晋冀豫区首次党代会结束之后，将全区划分为 5 个地委，晋东地委改称晋冀豫第一地委，同时划出武乡、榆社、祁县等县委组建中共晋冀豫第二地委。第二地委机关驻东沟村。

1940 年 4 月，中共中央北方局召开了太行、太岳、冀南等抗日根据地领导参加的高级干部会议。会议根据中央指示和华北敌后的形势，提出巩固根据地的建党、建军、建政三大任务。根据会议精神，将祁县、榆社、辽县、辽（县）西、武乡、武（乡）西、襄垣、黎城（1941 年划归第四专区）一带划为太行第三专区，原中共晋冀豫第二地委机关改为中共晋冀豫第三地委机关，5 月，第三地委机关在武乡东沟村成立，地委书记王一伦。地委机关设在王贵新家，地委书记王一伦住王振华家。

黎城会议之后，也重新调整了军区、军分区，原晋冀豫军区分为太行、太岳两个军区。太行军区下辖 5 个军分区，其活动范围和 5 个地委相同。其中中共晋冀豫第三地委书记王一伦，兼太行第三军分区政委。1941 年 1 月，太行军区决定由决死第三纵队兼三分区机关，先由决死第三纵队政委傅雨田兼任三分区政委，同年 8 月，傅雨田调走，继续由王一伦兼三分区政委。由于 1941 年以后的形势越来越严峻，日寇更加猖狂，为加强根据地对敌斗争，

方便工作，从 1941 年 8 月王一伦再次兼任三分区政委之后，中共晋冀豫第三地委机关迁到三分区机关所在地大有村。

中共晋冀豫第二地委、第三地委东沟村旧址　李绍君　摄影

王一伦书记旧居（蟠龙镇东沟村）　李绍君　摄影

中共晋冀豫第三地委大有村旧址

1941年8月王一伦再次兼任三分区政委之后，中共晋冀豫第三地委机关迁到三分区机关所在地大有村。

太行根据地经过三年多的发展，成为华北敌后一个最重要的抗日堡垒。武乡作为八路军前方总部和中共中央北方局在这里指挥华北的抗日战争，更使日本侵略者感到如芒在背，如鲠在喉。特别是百团大战前两个阶段对日军进行了重大打击，为了摧垮太行根据地，日军从1940年10月开始，又调集重兵，加紧进行疯狂报复“扫荡”，实行烧光、杀光、抢光的“三光”政策，使根据地遭到极大的损失。同时，国民党反共顽固派对根据地进一步实行封锁、包围和进攻；加之严重的自然灾害接踵而来，人祸、天灾，使得根据地的困难越来越大，斗争越来越艰苦。这期间，三地委领导各县党组织，进行了整党工作，首先从审查各级干部入手，整顿基层组织，加强党员中的骨干，使各级党组织，特别是基层支部的领导权，掌握在经过考验的忠实可靠的干部手中。并用党章标准要求和教育党员，使他们了解共产党是由无产阶级先进分子所组成，共产党员不代表哪一个阶层、哪一部分人的利益，而必须为整个无产阶级和其他劳动人民的解放事业，为打败日本帝国主义，忘我工作，努力奋斗。共产党是为广大人民群众办事的，必须密切同人民群众的关系，团结群众，联系群众，带领群众积极参加抗日斗争。特别是于1940年3月，地委遵照区党委的指示将辽县、武乡、黎城确定为区党委的实验县，建立实验制度，抓住典型，推动一般，地委主要领导人，分别深入各实验县帮助工作，党的战斗力大大加强。这对坚持以后艰苦的对敌斗争，这对迅速开创轰轰烈烈的抗战局面，起了决定性作用。

1941年以后，根据地面临极为严峻的局面，第三地委根据太行军政委员会书记、第一二九师政委邓小平发表在《党的生活》上文章《反对麻木打开太行区的严重局面》精神："全区同志必须以高度的警惕性，用一切努力来克服目前的严重局面。"认真贯彻了邓小平在文中提出克服困难的方针和办法：第一最中心的是武装斗争，没有坚强的武装斗争作核心，其他一切都困难。因此，党政军民要以一切努力发展、建设地方武装和人民武装，认真组织游击集团，过去在地方武装建设方面的一切偏向必须加以纠正。只有以坚强的武装斗争作核心，才能克服其他一切困难。第二，以武装斗争形式，展开全面的对敌斗争。要加强敌占区、接敌区的工作，贯彻党的各项政策。要采取革命的两面政策，加紧争取和瓦解伪军伪组织。要开展强烈的文化斗争，启发人民的民族觉悟和爱国热情，揭露敌人的奴化教育和造谣宣传。要加强锄奸斗争，开展统一对敌。第三，要有细致的组织工作，及时检查，具体指导和帮助。第四，看到抗日战争胜利的条件，克服失望情绪和恐日心理。使根据地的各项工作进展顺利，展开了以全面对敌斗争为中心、以武装斗争为核心，努力扩大和巩固地方军及人民武装，坚持分散的游击战争，坚持和保卫了太行抗日根据地。

1942年，太行区普遍展开反蚕食斗争，部队经常深入敌后开展游击战。2月19日，日军突然包围了大有村，我三地委、三分区机关受到严重威胁。王一伦与军分区司令员郭国言将军率领所部指战员，分路进行阻击。在战斗中，王一伦置个人生死于不顾，英勇奋战，郭国言将军不幸牺牲。之后，鲁瑞林接任三分区司令员一职。第三地委与三分区密切配合，积极开展了对敌斗争，特别是领导开展了政治攻势，从夏季一直延续到秋初。在两个多月声势浩大的政治攻势中，组织民兵、武工队到敌占区、游击区的500个村进行了宣传，摧毁了100多个村维持会，建立了百余个抗日民主村政权及部分抗日民主县、区政权。接着又配合大规模开展减租减息运动，开展了冬季政治攻势，减租减息中，三地委对所属各县民兵和地方武装进行了整顿，加强了地方武装力量，提高了政治、军事素质，发展了新党员，使战斗力明显提高。

这期间，第三地委机关也曾几次转移，先后驻扎过西中庄村、西坡村、大道场村等地。1943年3月，太行三分区与第三八五旅合并，第三地委及三分区机关离开大有村，移驻熬垴村。

中共晋冀豫第三地委大有村旧址　李绍君　摄影

中共晋冀豫第三地委西中庄村旧址　李绍君　摄影

中共晋冀豫第三地委大道场村旧址　李绍君　摄影

中共晋冀豫第三地委、太行第三地委熬垴村、中村旧址

1943年1月至2月，中共中央北方局太行分局在涉县下温村召开高级干部会议，史称“温村会议”，会议确定了各区工作的基本方针和今后的任务：坚持华北抗战，坚持抗日根据地和抗日游击战争，加强抗日武装的建设，恢复与发展根据地的经济建设，以根据地和敌占区各方面积蓄力量，为反攻和战后作准备。会议要求坚持“敌进我进”的方针，组织更多的武工队、小部队，大力开展敌占区工作。

根据温村会议精神，太行区继续进行精兵简政，第三八五旅旅直机关与太行第三军分区合并，由陈锡联担任司令员，鲁瑞林改任副司令员，王一伦同志上党校学习，彭涛同志任三地委书记兼军分区政委。为了搞好军区与旅机关的合并工作，3月初，军区机关迁往第三八五旅驻地熬垴村，三地委机关同时驻扎在熬垴村，机关驻乔三孩家东房，地委书记彭涛住西房，地委在这里进行了整编工作。

这一时期党的中心工作是：加强对日伪军、伪组织、敌占区民众的宣传工作，反对敌人的“治安强化运动”，加强瓦解日军，争取伪军伪组织的工作，展开反汉奸、反维持运动。在布置对敌政治工作时，区党委和军区强调以各级党的对敌斗争委员会为核心，加强党的一元化领导和动员广大群众参

加。攻势以县为重点，组织党政军民各部门协同参加，把政治攻势与其他斗争密切结合起来进行。为此，各地组织武装工作队和武装宣传队，深入到敌占区去。政治攻势的内容主要是展开群众性的普遍宣传运动，揭穿敌人的各种阴谋，动摇和瓦解敌伪军，提高人民的抗战胜利信心，争取敌占区群众人心向我，同时开展敌占区游击战争，打开敌占区的斗争局面。

1943 年，敌伪仍把太行根据地作为“扫荡”的重点。对此，三地委一直有充分的准备。为加强游击集团的战斗力，春季，三地委与三分区相配合，将基干团（营）大部分到各县、区，与基干队、民兵组成游击集团，团、营、连各级干部参加县、区、村指挥部，统一指挥群众性的反“扫荡”。各地普遍建立起群众性的情报通讯网，在各交通要道、重要村镇设立秘密中心情报站，在群众中进行了空室清野与转移演习。在边沿区普遍实行抗日戒严，展开群众性的除奸防谍斗争。1943 年 10 月，中共晋冀豫区党委更名为中共太行区党委，中共晋冀豫第三地委也更名为太行第三地委。

6 月中旬，日伪军近 3000 人窜到武乡县蟠龙镇地区，在此设置据点，修筑公路，分割根据地。为打破敌人的阴谋，太行三分区集中了 6 个团的兵力，在地方武装和民兵、群众配合下，于 7 月 19 日发起蟠（龙）武（乡）战役，一举歼敌 500 余人。此后，在三地委的指示下，武乡县委、县政府与三分区部队配合，组织了蟠龙围困战，将蟠龙周围的 13 个编村、49 个村庄 3 万多群众转移出来，采取军事上围困打击、生产上劳武结合、打击汉奸特务、瓦解伪军伪组织的办法，与敌展开长期斗争。围困蟠龙长达 8 个半月，于 1944 年 2 月 17 日收复了蟠龙镇。

在围困蟠龙战斗中，为了便于指挥战斗，第三地委与三分区机关曾迁往中村，地委机关驻韩三则家。后又迁往砖壁村，1944 年春又返回熬垴村，一直到抗战胜利。1944 年秋，彭涛调冀南工作，王一伦再次接任第三地委书记兼三分区政委。

经过 1943 年的反“扫荡”、反“蚕食”、反封锁斗争和政治攻势，伪军、伪组织受到打击和削弱，战斗力明显下降。面对这种变化，区党委在 1944

年1月召开会议，决定加强对敌斗争，乘敌调动之机，开展更广泛的群众性游击战争，加强对敌军事攻势和政治攻势，进一步扩大根据地。1944年9月中旬，区党委召开了太行区军政民高级干部会议，专门研究开展政治和军事整训问题，拟定了整训实施纲要。会后三地委与三分区一道，对部队进行了轮训，在整训中，民兵、自卫队也提高了政治、军事素质。同时，三地委在精兵简政、整党整风、大生产运动中都领导各县积极参加，做出了巨大成绩。

1945年11月，根据抗战胜利后的形势，太行区党委决定，对各专区进行了调整，原第三专区的县大部与第二专区合并为新的第二专区，三地委也合并改组为新的二地委，地委机关迁至辽县。

中共太行第三地委熬垴村旧址　李绍君　摄影

彭涛书记旧居（洪水镇熬垴村）　李绍君　摄影

中共太行第三地委中村旧址　李绍君　摄影

太行第二办事处西中庄村、西坡村、观庄村旧址

1940年8月1日，冀南、太行、太岳行政联合办事处（简称冀太联办）在涉县东辽城正式成立。其中太行区共36个县，被分为五个专区，其中设立的第三专区，当时称为太行第二办事处，下辖祁县、榆社、辽县、武乡、襄垣、武（乡）西、辽（县）西7县。这个办事处是由原来的山西第三专署路东办事处改成的，原来设在辽县西黄漳村，由侯振亚同志任主任，1940年8月改称太行第二办事处之后，由刘亚雄接任主任一职，并将办事处迁至武乡西中庄村，机关驻史运生家，刘亚雄主任住王生华家。后迁至西坡村，专署机关驻南头王生云家，公安局设在张丙成家，专员刘亚雄住张彦河家。

太行第二办事处在武乡成立后，立即展开工作。其辖区位于白晋铁路以东，所辖7个县总人口40余万，是山西著名的产粮区，而这一带也是八路军首脑机关驻扎地。太行第二办事处成立后第一项工作，就是保证八路军总部及第一二九师的衣食供应。征粮，政策性很强，以前，向地方过量强派粮款以及其他违反政策的现象时有发生，不仅影响了本来就非常贫苦的农民生活，而且也使群众对抗日政府产生不满情绪。刘亚雄同志通过对农村进行调查，十分敏锐地觉察了这个问题的严重性，于是她马上召开各级干部会议，重申党的政策，严厉批评了上述违纪做法，组织干部学习上级有关指示，提

太行第二办事处西中庄村旧址　李绍君　摄影

刘亚雄主任旧居（大有乡西中庄村）　李绍君　摄影

高干部的思想觉悟和政策水平。为了激发农民的生产积极性，团结一切可以团结的力量，建立广泛的抗日民族统一战线，在抗日根据地实行二五减租，当即降低征粮数额，减除了农民的额外负担，群众对人民政府交口称赞。

1941 年春，由于一冬无雪，旱灾严重，刘亚雄到监漳村下乡发现有一股小溪流，就和全村党员干部商量修一条渠，把沟里的水引出滩里浇地。她找来技术人员就地测量，确认修坝截流选址。为了修好这条渠，刘亚雄决定将太行第二办事处机关搬到监漳来，驻扎在监漳村西一华里的观庄村南会仙观，刘亚雄专员住东廊房。

组织八路军战士、机关工作人员和村里群众一起参加劳动，经过一个多月的努力，开挖了一条 5 华里长的引水渠，并筑起了一条 20 余米的拦水坝。水渠竣工时，村干部请刘亚雄题词“人力胜天然”五个大字刻在渡槽上。

1941 年 8 月，晋冀鲁豫边区临时参议会上，正式选举产生了晋冀鲁豫边区政府，对边区的行政区划及行政管理系统作了调整，太行第二办事处正式改称太行第三专署，由刘亚雄担任专员。由于监漳村位于交通要道，是武乡、襄垣、沁县日军“扫荡”武东的必经之路，为使工作环境相对安定，临参会结束后，于 8 月 24 日，太行第三专署搬迁至大道场村，专署机关驻武闯关家，专员刘亚雄住武增善家。

太行第二办事处西坡村旧址　李绍君　摄影

太行第二办事处观庄村旧址　李绍君　摄影

太行第三专署大道场村旧址

晋冀鲁豫边区政府成立后，对边区的行政区划及行政管理系统作了调整，太行第二办事处正式改称太行第三专区，由刘亚雄担任专员。第三专区辖祁县、榆社、武乡、武（乡）西、襄垣、辽县、辽（县）西七县，由于监漳村位于交通要道，是武乡、襄垣、沁县日军“扫荡”武东的必经之路，为使工作环境相对安定，临参会结束后，8 月 24 日，太行第三专区专员公署（简称第三专署）搬迁至大道场村，专署机关驻武闯关家，专员刘亚雄住武增善家。

在刘亚雄的有效领导下，第三专署短期内完成了党提出的“二五减租”和换契手续，解决了严重阻碍生产力发展的押地和典地问题。第三专署公布规定：押地债户，只要已交付超出借债本利二倍者，地主要无条件将地归还债户，已经典出的土地，必须按原价归还。政府的一系列措施，保护了农民的利益，得到农民的衷心拥护。

由于政策对头，措施有力，第三专署粮食产量的提高当年即见成效。有了这个底数，刘亚雄便和有关部门研究，本着有钱出钱、有力出力的原则，适量增派粮款。具体做法是：向地主、富农大量征购，以让地主献粮为主、按地力摊派为辅征粮筹款。这样，由较富裕的农民合理分担，贫苦农民的基本利益也得到维护，农民应征粮食的热情高涨，顺利完成了三专署的征粮任务，有力地支援了前线作战。为了解决部队与群众的生活困难，刘亚雄采取群众分散制作和政府办厂生产“两条腿”走路的方针，创办了制鞋厂、造纸厂、肥皂厂等工厂。

为了粉碎敌人封锁，促进全区经济繁荣，刘亚雄和有关单位还制定了相应措施，采取对敌经济斗争一元化做法。比如：成立了西营镇工商局，规定全区一切用品均由工商局代买批发，商人买卖要受工商局监督审查，如此，根据地物资得到保证，又使敌人得不到任何经济投机的空隙。由于各项政策措施的落实，三专署各地经济逐渐繁荣起来，食油、纸张、布匹等人民基本生活用品基本上做到了自给自足。上级专门组织了敌占区进步士绅前来参观，当他们看到这里货物不缺、市场活跃的情形时大为惊讶，对共产党的理政能力大加赞赏，十分佩服。

为了加强对敌斗争，刘亚雄领导第三专区所属各县，提出了“不给敌人一粒粮食、一头牲畜，把敌人困死、饿死”的响亮口号，要求各村镇政府都落实了坚壁清野任务，粮食埋在哪里，生活用具怎样处理，敌人来时牲畜的藏匿地点在什么地方等等，都做了细致的安排。日军“扫荡”时，往往村内无人无粮无物，喝水都很困难，根本无法站住脚。

第三专区所辖地区，特别是山区农村，长期封闭的社会生活，造成了群众精神世界的愚昧、落后。这里会道门组织活动频繁，某些帮会头目和日军暗中勾结，用迷信思想干扰政府工作，打击思想进步的农民，还常常利用一些人的愚昧无知，替日军搞特务活动。当时，农村中吸食鸦片的现象很普遍，敌人控制烟源，只要有谁替他们通风报信，就供给鸦片过瘾。这一手相当厉害，一时间汉奸特务的活动相当猖獗。专署向老百姓宣讲汉奸特务们丧尽天良的罪恶，激发人们的爱国心、正义感。同时，对汉奸、特务展开了强大的政治攻势：严惩罪大恶极的首恶分子，胁从者投诚可将功折罪，宽大处理。群众也被进一步发动起来，几乎家家订有“家庭公约”：绝不当汉奸。村村设立岗哨，连妇女、儿童也参加盘查汉奸特务的工作。

1942 年五月反“扫荡”后，刘亚雄离开武乡，经太岳前往延安。由邓肇祥接任第三专署专员。1943 年 8 月，由武光汤同志接任第三专署专员职务，同时将第三专署机关迁往洪水九龙庙。

刘亚雄专员旧居（蟠龙镇大道场村）　李绍君　摄影

太行第三专署大道场村旧址　李绍君　摄影

太行第三专署洪水村、下寨村、史家嘴村旧址

1943 年 8 月，武光汤同志接任第三专署专员职务后，由于当时太行三地委、太行三分区机关驻扎在洪水村附近的熬垴村，为减少警卫连队，方便三分区党、政、军机关的联系，将第三专署机关迁往洪水村，驻扎在九龙庙。九龙庙建于明代，因庙中塑了九条不同色彩的龙像，因而人们称之为九龙庙。专署机关各办公机构分别设在九龙庙、观音庙及东西厢房，有的机关在村里的民房。

武光汤担任太行第三专署专员后，当时武乡处于敌我斗争最激烈的时刻，三分区正组织兵力与根据地人民一起开展蟠龙围困战。三专署领导了根据地的坚壁清野和反“扫荡”斗争。当时三专署提出的口号是：“不给敌人一粒粮食、一头牲畜，把敌人困死、饿死。”武光汤专员除号召各县开展反“扫荡”斗争外，将反特除奸也作为重要任务。经过武光汤等专署领导和各级干部们卓有成效的工作，保证了晋冀鲁豫边区政府各项方针政策和指示法令的贯彻。

这期间，由于战争年代的形势需要，第三专署机关曾转战于下寨、熬垴、中村、砖壁、史家嘴等村短暂驻扎，大部分时间驻扎在洪水村的九龙庙，一直到抗战胜利。

太行第三专署洪水村旧址　李勇　摄影

太行第三专署公安局洪水村旧址
李勇　摄影

太行第三专署下寨村旧址
李绍君　摄影

中共武乡县委寺背后村旧址

1933年8月，武乡县党组织创始人李逸三得到中共山西特委书记维公关于建立武乡县委领导机构的指示，在武乡县城（今故县）高沐鸿宅第后院西屋秘密成立了中共武乡县委员会。1934年2月县委遭到破坏，同年秋经于中共山西省工委联系，又成立中共武乡县工委。1936年2月，由于叛徒告密，县工委再遭破坏。直到全面抗战爆发后的1937年10月，中共冀豫晋省委派徐子荣、王玉堂来武乡整顿党的工作，并成立中共武乡县临时工作委员会。这一时期只有领导成员，没有办事机关，党组织也处于居无定所的时期。1937年底，八路军工作团进驻武乡，与中共武乡县临时工委紧密配合，发动群众抗日，并着手组织县委机构。1938年2月，中共武乡县委正式成立，对外称八路军工作团，陆清廉任书记，住在县城东关关帝庙。4月，由于日寇烧毁武乡县城，县委机关移驻寺背后村高鸣庆家。同年9月，陆清廉到晋冀豫区委党校学习，中共晋冀特委决定将武乡县委改制为中共武乡中心县委，刘建勋任书记，机关移驻魏家庄村史巨仓家，一部分机关驻郝家庄，中心县委指导榆社、祁县两县县委工作。1939年7月，在郝家庄村召开了中共武乡县第一次党员代表大会，选举了新的县委领导机构，刘建勋任书记，张烈任副书记，武三友、魏效泉、王宗琪任委员；选举出出席晋冀豫区党委首次党代会代表；同时取消中心县委，恢复中共武乡县委建制。

中共武乡县委寺背后村旧址　李绍君　摄影

武乡县抗日政府魏家庄村旧址

1938年4月，日军发动对晋东南“九路围攻”，其中一路闯入武乡县城。在日寇来临之际，阎锡山委派的县长临阵脱逃。

中共武乡县委积极挑起宣传群众、组织群众的重任，组织支前队、担架队，为八路军反“九路围攻”作战进行战勤服务，特别是在著名的长乐村战斗中，进行组织服务，为八路军作战提供有力保障。接着，开始了改造旧政权运动，发动群众推翻旧村长选举新村长。

山西第三行政区专员公署派来牺盟会干部、共产党员郭腾蛟接任武乡县县长。郭腾蛟县长一到任，即和牺公联委会、县工会、农会、妇女会等各救亡团体联系，到处发动群众，进行减租减息运动，办理合理负担等改善人民生活的工作。郭腾蛟虽然是共产党员，但当时按纪律要求保密，没有与中共武乡县委取得联系。当时武乡人民在八路军工作团的领导下向贪官污吏、土豪劣绅进行了斗争，郭腾蛟在武乡进步力量和群众的反对之下被调离武乡。接着，山西第三行政区专员公署又派来新任县长谭永华。中共武乡中心县委根据党的抗日民族统一战线政策，对区长、村长采取了团结、联合和斗争的方式，同时也采取“掺沙子”的办法，以牺盟会等合法组织，推荐进步人士参加领导工作。经过各种形式的斗争，谭永华县长逐步调换了区、村两级政权机构，使得共产党员和进步人士占了较大的比例，这标志着武乡抗日民主政权诞生。1939 年 5 月，对区、村干部实行普选，县、区留用了部分旧政府的人员。县政府设秘书科、武装科、教育科、财政科，后增设公安局、交通局、民政科、粮食科、建设科、司法科。1939 年 7 月，日军再次攻占武乡县城，中共武乡县委、县抗日政府机关迁至王庄沟村。

武乡县抗日政府魏家庄村旧址　李绍君　摄影

中共武乡县委、县抗日政府王庄沟村旧址

1939 年 7 月，中共武乡县委、县抗日政府机关迁至王庄沟村。先驻地主马兴世家，并组织大家在西沟自己打了窑洞，然后移驻自己修好的窑洞中，村民将这条河叫作县政府沟，后来县政府搬走后，由于无人居住，已经坍塌。

1939 年 7 月，中共武乡县第一次党代会后，由“中共武乡中心县委”恢复了“中共武乡县委”名称。同时县委机关始设组织部、宣传部和秘书室。同年秋，日军占领白晋线的权店、南沟等地。为适应对敌斗争需要，中共武乡县委决定分设武西办事处，负责武西地区党政工作。1940 年 3 月，为了深入基层工作，依靠群众建立巩固的抗日民主根据地，将中共武乡县委改建为中共武乡实验县委，由温建平任实验县委书记。实验县的创建，为武乡县的各项工作打开了一个新的局面。之后，县委又遵照上级指示，进行了全面整顿党组织的工作。通过整党，武乡党的组织领导进一步加强，使党组织进一步纯洁，党的作风得到转变。在此基础上，为加强地方武装建设，全县 48 个大编村，村村建立了抗日人民自卫队。

1940 年 6 月，日军占领武乡中部段村镇，把武乡分割为东西两部分。为适应长期抗战需要，经上级批准，武乡县正式划分为武乡县（也称武东县）和武西县。

中共武乡县委、县抗日政府王庄沟村旧址　李绍君　摄影

中共武乡县委在王庄沟村自己修筑的窑洞　李绍君　摄影

中共武东县委、县抗日政府东坡村、大道场村、狼卧沟村、东沟村旧址

1940 年 8 月，中共武东县委和县抗日政府组织民兵群众，密切配合主力部队，参加了“百团大战”，给予日军以沉重打击。1941 年后，日军加紧了对太行抗日根据地的“清剿”与“扫荡”。所到之处，施行残酷的烧光、杀光、抢光的“三光政策”，加之连年的自然灾害，武乡抗日根据地进入严重困难时期。为了战胜天灾敌祸，渡过难关，中共武东县委、县抗日政府在晋冀豫第三地委、太行第三专署领导下，采取了一系列措施：首先，在政权建设上，实施民主政治，建立“三三制”政权。开展减租减息运动，进一步调动了广大农民和各阶层的抗战积极性。在经济方面，成立工商管理和贸易机构，扩大根据地的商业财贸工作，与日伪开展经济斗争。并组织群众生产自救，兴修水利，开荒种地，安置灾民。1941 年春，位于沁（县）襄（垣）武（乡）三县交界的上司、下司、圪老湾一带成为日军争夺的焦点，县委决定成立前方指挥部，后也称之为路南办事处，统一领导该地对敌斗争。8 月，中共武东县委在狼卧沟村召开了第二次党员代表大会，选举李友九任县委书记，大会号召全县人民克服悲观情绪，增强抗战必胜信心，配合主力部队，与敌人开展长期艰苦的斗争。1943 年 6 月，日寇占据武东重镇蟠龙后，县委、县抗日政府在太行三分区部队的配合下，组织全县人民开展了围困蟠龙战，经过 8 个半月的艰苦斗争，终于

中共武乡县委、县抗日政府东坡村旧址　李绍君　摄影

中共武乡县委、县抗日政府大道场村旧址
李绍君　摄影

将日寇挤出蟠龙，使武东抗日根据地得到巩固。

县抗日政府还将区划进行了调整，设立8个区：一区洪水，二区石门，三区东堡，四区蟠龙（后改到姚庄），五区树辛，六区古台，七区禄村（后改到姚家庄），八区曹村（后改到上司）。日军占据蟠龙后，在芝麻角一带曾设立新八区。县委工作机构有组织部、宣传部、秘书室。政府工作机构有秘书室、民政科、教育科、财政科、粮食科、建设科、公安局、司法科、交通局、民运科、实业科、工商科等12个工作机构。群团组织有工人抗日救国会、农民抗日救国会、青年抗日救国会、妇女抗日救国会，并成立武乡县各界抗日救国会。

这一阶段，县委、县抗日政府机关曾先后在王庄沟、东坡、大道场、狼卧沟、大有、东沟等地驻扎。在东坡村驻张大朴家；在大道场村驻武四英家；在狼卧沟村驻李生金家；在大有村驻裴家大院；在东沟村驻王琴书家。

1944年后，随着抗日战争形势的变化，中共武东县委、县抗日政府，发动妇女纺织，军政领导全县人民积极开展大生产运动和军事训练，为组织大反攻打下了坚实的基础。1945年8月，武乡人民配合八路军主力部队，攻克了日军盘踞5年之久的段村镇。武乡县境全部解放。1945年10月，武东、武西两县合并，恢复原武乡县建制，县委、县政府机关迁回武乡县城住进老县衙（今故县）。

武乡县武西办事处楼则峪村旧址

1939年秋，日军占领白晋线的权店、南沟等地。为适应对敌斗争需要，中共武乡县委决定分设武西办事处，由宁运程任主任，谷景生任八路军工作团政委（实际为武西工委书记），负责武西地区党政工作。武西办事处主要在楼则峪村、张村驻扎。1940年6月，日军占领武乡中部段村镇，把武乡分割为东西两部分。为了适应新的对敌斗争形势需要，在武乡县的原辖区东村以西至分水岭一带分设武西县，在原武西办事处的基础上，组建了中共武西县委、县抗日政府机构。

武乡县武西办事处楼则峪村旧址　李绍君　摄影

中共武西县委、县抗日政府圪嘴头村、元则沟村、神西村、楼则峪村、蚂蚁辿村、石盘村、泉之头村、会同村、南家沟村旧址

1940 年 6 月，日军占领武乡中部段村镇，把武乡分割为东西两部分。为了适应新的对敌斗争形势需要，在武乡县的原辖区东村以西至分水岭一带分设武西县，并将沁县白晋路东地区划归武西，同时将我县分水岭一带白晋路西的西郊、贾封等 33 村划归平遥县。在原武西办事处的基础上，组建了中共武西县委、县抗日政府机构。中共武西县委成立后，设秘书室、组织部、宣传部，先后由谷景生、王宗琪、贾步彬、李务滋任县委书记。武西县抗日民主政府先后由宁运程、李超周、郝培苗、任时、王子清任县长。工作机构有：秘书室、民政科、武装科、财政科、粮食科、教育科、财粮科、司法科、公安局、交通局。群众团体组织有：武西县各界救国联合会、农民抗日救国会、工人抗日救国会、青年抗日救国会、妇女抗日救国会。

由于武西处于游击区，县委、县抗日政府机关先后驻扎于十余个村庄。在圪嘴头村驻郝培兰家；在元则沟村驻郝建强家；在闹林沟村驻自己挖的土窑洞。该村于 20 世纪 50 年代移民，旧址已经破坏；在神西村驻任秀生家；在楼则峪村驻武银楼家；在蚂蚁辿村驻张春旺家，县武工队驻张仁俊家；在石盘村县抗日政府驻陈怀林家，该房屋在抗战时被日军烧毁，县委机关驻陈宝书家；在泉之头村驻陈启瑞家；在会同村驻刘福英家；在南家沟村驻李丙申家。

1941 年 8 月，中共武西县委在榆社县南村召开了第一次党员代表大会。之后，在中共晋冀豫第三地委的统一部署下，开始了整风运动。通过整风，

清除了党内存在的错误思想和不良作风，加强了党的自身建设，密切了党群关系，树立了战胜困难的信心。县委、县政府领导人民，军民紧密配合，协同作战，开展了艰苦的反“蚕食”、打“维持”、反“清剿”、反抢粮斗争。广大民兵运用地雷战、麻雀战、窑洞战、围困战等形式，机动灵活地打击日伪、汉奸，粉碎了日军对根据地的残酷“扫荡”，武西县委、县抗日政府组织生产，发动妇女纺织，克服了自然灾害带来的严重困难，度过了根据地最艰苦的岁月。大反攻阶段，武西人民与武西独立营，配合八路军主力部队，攻克了段村镇、南沟村等日军据点。1945 年 10 月，根据太行区党委、晋冀鲁豫边区政府指示，武东、武西两县合并，恢复原来的武乡县建制。

中共武西县委、县抗日政府圪嘴头村旧址　李绍君　摄影

中共武西县委、县抗日政府元则沟村旧址　李绍君　摄影

中共武西县委、县抗日政府神西村旧址　李绍君　摄影

武东县路南办事处漆树坡村旧址

1941年春，位于沁（县）襄（垣）武（乡）三县交界的上司、下司、圪老湾一带因是我军连接太行、太岳两区的重要交通线，战略位置十分重要，而成为日军争夺的焦点。日军经常组织兵力到这一带“扫荡”，并一心要将这里变为“维持村”，妄图扩大占领区，分割我根据地。为扭转这一被动局面，中共武东县委决定派姜一、李尚春等成立前方指挥部，设在漆树坡村，统一领导该地对敌斗争。前方指挥部在此建立了民兵联防村和民兵游击小组，采取了除汉奸、打“维持”等措施，打开了工作新局面。

1943年6月，日军侵占武东重镇蟠龙，以蟠武线为界，割断了武乡（东）县委与前方指挥部的联系。中共武东县委遂即根据太行三地委、三专署的指示，结合斗争实际，将蟠武公路以南地区划为路南区，在前方指挥部的基础上建立了路南办事处，李甫堂任主任，李尚春负责武装工作，姜一全面领导党的工作。办事处设在漆树坡村武云庆家。7月，路南办事处机关驻地的高岭、漆树坡、上司村一带成了段村、蟠龙、沁县、襄垣等四路日军合击的目标。日军妄图摧毁处于三角地带的抗日机关，实现其“沁、襄、武全面维持”的野心。针对这种危急状况，一方面路南办事处的干部党员深入驻地及附近乡村，发动群众打窑洞，搞战备，扩大民兵武装和区干队，既开展军事训练，又进行政治测验，提高了群众及民兵配合部队开展作战的本领。同时，县委主要领导还不断越过日军封锁线，到漆树坡驻地传达上级指示及文件，具体指导斗争工作，坚定党群争取抗战胜利的信念。更重要的是太行第三军分区派郑国仲带领第七六九团一部来路南支撑斗争局面。民兵、游击队、区干队与主力军组成了强大的游击集团，而太行区党委和太行军区又指示灵活地与襄垣县委联系，配合斗争。这样，大大地增强了战斗力，扭转了这一地区对敌斗争的局面。

驻地漆树坡民众对保护路南办事处这一武乡党的重要机关，在 1943 年 7 月 20 日的反“围剿”中，隐蔽在桑树沟一个窑洞内的民兵与群众，同日军进行肉搏战，吸引了日军的注意力，保证了驻扎在村东南的路南办事处机关人员的生命安全。1944 年 2 月，蟠龙围困战胜利后，形势好转，武东县委决定撤销路南办事处，所辖村庄重归于武东县。

武乡县路南办事处漆树坡村旧址　李绍君　摄影

名扬游击队枣烟村旧址

名扬游击队，是以发起者魏名扬的名字命名、武乡县成立较早的一支人民抗日武装。魏名扬是一位传奇式的人物，他出生贫苦，少年习武，练就十八般武艺，还学会了魔术杂耍，曾单枪力敌数十名响马而名震太行。投身革命以后，他曾组织领导了农民抗债团，与封建地主斗争，保护农民利益，后受党派遣打入防共团，组织数百名团员起义，准备参加红军，因东征红军西渡黄河而取消计划。全国抗战爆发后，根据中共武乡县委指示，1937 年 10 月这支游击队正式成立，八年全面抗战中，这支游击队神出鬼没，英勇奋战，在打击日本侵略者的战场上功勋卓著。特别是这支游击队前后六次组建，又六次集体参加八路军，向八路军输送了 3400 余名优秀兵员，多次受到八路军首长的表彰。

名扬游击队枣烟村旧址　郝雪廷　摄影

武乡独立营枣烟村、炉家掌村旧址

1940年初，为便于集中地方武装配合八路军作战，在武乡县抗日自卫队基干队的基础上，组建武乡独立营，成为太行第三军分区领导的正规武装。由史昭青任营长，县委书记李九友兼任教导员。同年6月调归武西县，更名为武西独立营。1941年6月，根据形势需要，武乡县再组武乡独立营，营长冉光华，政委张向善，辖两个连、三个区游击队，1943年6月，由赵志云任营长兼政委。1945年7月冉光华再回独立营任营长，抗战结束后，与武西独立营合编为武乡独立团。1946年初升编为八路军第四十团。在整个抗战中，武乡独立营活动过很多地方，先后驻扎于枣烟村、石门村、东坡村、陌峪村、老寨村、东沟村、炉家掌村等地。

武乡独立营营部枣烟村旧址　郝雪廷　摄影

武乡独立营炉家掌村旧址　李绍君　摄影

武西独立营泉之头村、山交村、常家垴村旧址

1940年6月，武乡分为武东、武西两县，因武乡东部有八路军主力部队活动，将武乡独立营调归武西县，更名为武西独立营，由白正戈任营长，县委书记王宗琪兼任教导员。辖三个连，并领导各区游击队。不久营长由县长郝培苗兼任，副营长先后由李尚春、刘克之、王裕柏、安政国、杨生祥、涂学忠担任。抗战结束后，与武乡独立营合编为武乡独立团。武西独立营活动过很多地方，先后驻扎于涌泉村、大良村、常家垴村、神前村、义门村、神西村、石北村、楼则峪村、山交村、茅庄村、东良村、石盘村、会同村、内义村、泉之头村等地。

武西独立营泉之头村旧址　郝雪廷　摄影

武西独立营山交村旧址　温海明　摄影

太行第三中学王庄沟村、义安村、向阳村、神南村旧址

1941 年，为培养抗日革命干部，巩固与发展革命根据地，中共晋冀豫第三地委、太行第三专署根据晋冀鲁豫边区政府指示，在武乡王庄沟村创建了太行第三中学。学校党的工作由中共晋冀豫第三地委领导，由地委组织部分管；学校行政领导属太行第三专署。

根据上级指示，筹建时，从人员编制、教学组织、机构设置、教学方法以及生活制度都破除旧的一套，从现实出发，因陋就简地筹建学校。学校开始设在王庄沟村，驻扎在地主马兴世家。经过紧张的筹备，1942 年 1 月举行了开学仪式，太行第三专署专员刘亚雄同志亲自参加了开学典礼并讲话。开学典礼仪式就在地主马兴世家举行，刘亚雄站在窑楼上讲话，学生们站在院子里。学生主要来自三专署所属武乡、襄垣、榆社县一带根据地，也有少数从敌占区来的，学生中有基层干部、小学教员、剧团团员、警卫公勤员和各届高小毕业生。他们的年龄、文化程度和社会经历参差不齐，给教学增加了一定的困难。特别是开学不久，敌人就向太行区发动了春季大“扫荡”，奔袭三分区八路军主力，在武乡蟠龙一带烧杀抢掠，学校只好及时疏散转移，大部分同学和少数老师回家，留下的人员疏散到离校不远的山上。

敌人“扫荡”结束后，大家一致认为应找一个便于小集体疏散，又能及

时集中的地方，以利用战争空隙多学习一些功课。于是就迁址到东部的义安村关来荣家，在这里开始正规上课，成立了学生会，开展了课外活动。学校没有基本的设施，教室、宿舍都是借用老乡的房子，听报告上大课在打谷场，除少数人自带马扎，大多数人垫一块石头或木头。做笔记双腿就是桌子，只有简单的教具，如黑板、教鞭、粉笔之类。文化课主要选用一些老的教材，刻印一些活页文选。政治课除社会发展史外，还进行时事教育，传达讨论边区各项建设任务和方针政策。

两个月后，根据地委指示，校领导召开紧急会议动员反“扫荡”斗争，全校立即投入了紧张的备战工作。师生员工进行了轻装，准备了干粮（炒面）。这次采取了有组织、有领导的小集体疏散转移到石瓮、向阳村，校部驻向阳村李天琪家西房，学员在向阳和石瓮村分别进行教学。有时敌人来了，就进“枯井洞”躲避。为适应频繁的战争，加强自卫能力，军分区给学校发了枪支和手榴弹，派了军事教官，讲解军事知识，进行实际训练，学习使用武器的方法。教官针对学校实际情况讲解在反“扫荡”中如何自卫，着重讲了四个字“躲、窜、藏、打”。“躲”：学校师生与战斗部队不同，师生反“扫荡”的任务是保存自己，躲避敌人的杀伤。“窜”：窜到比较安全的地带，和敌人转山头，以逸待劳。“藏”：窜不出去时，躲藏起来，准备打。“打”：认真学习瞄准射击技术，掌握投弹方法。教学期间组织了步枪的实弹射击和投弹训练。秋季反“扫荡”结束后，由于向阳村缺水，为解决吃水问题，学校又迁到神南村，校部住在关乃云家，教室设在黄河地三官庙，在这里继续进行教学。

太行第三中学王庄沟村旧址　李绍君　摄影

太行第三中学义安村旧址　李绍君　摄影

抗战建国学院安乐庄村、李坪村旧址

1940 年 8 月，冀太联办成立以后，决定成立抗战建国学院，经过紧张的筹备，学院在辽县泽城正式成立。名誉校长杨秀峰，学院设秘书处，张柏园任秘书长，主持学院的全面工作；下设教育处，王振华任教育长；总务处，马溪山任总务长；政治处，杨克夫任主任；研究室，赵文敏任主任。

抗战建国学院培养目标是为巩固和建设抗日根据地培养区以上各方面人才，学生来源是抗日根据地各县或区推荐的优秀青年学生。学制为半年左右。主要课程有本院研究室编著的《社会发展史》和毛主席著作《论持久战》《新民主主义论》等文章及时事政策教育和国际国内形势教育等内容，军事教育学习《游击战争》等著作。学生学习期满毕业后即分配到各抗日根据地参加工作。

1940 年 9 月举行了隆重的学院成立大会和开学典礼。学院先办了一个师范班（1941 年晋冀鲁豫边区正式成立，该师范班也叫“边区师范”），主要培养小学教师；然后开办了有县政府科长和区长参加的行政干部班，培养行政干部。第一期招收学生近百人，杨秀峰校长和罗青（后任晋冀鲁豫边区政府教育厅长）等到会，分别发表了重要讲话。学院由秘书长张柏园与研究室赵文敏、政治部杨克夫、崔耀先等组成党团，负责全学院的党政工作。党团归属太行区党委，区党委宣传部部长彭涛及李大章、赵迪之等具体负责联系指导工作。学院各部门和学生中的党员分设党支部，崔耀先任党总支书记，公开名义是政治部。政治部主任杨克夫调离后由崔耀先主持政治部工作。政治部有数名政治工作人员，负责机关和学生的政治思想工作。学院的教师队伍是上级从白区特别邀请来的思想进步的教育工作者。由数十名爱国进步的高级知识分子组成学院研究室，负责编写教材和进行教学工作。研究室还担负着抗日根据地其他教材的编写任务。

由于是战争环境，敌人每年要有几次大“扫荡”，所以，学生班中除负责教学的任务外，还设有负责军事行动的队长。1942 年 5 月反“扫荡”时，抗战学院干部班转移至赞皇，边区师范转移到平顺。不久，抗战建国学院边区师范又转移来到武乡，分为两个队，一队驻安乐庄牛丙南家西房，负责人赵文敏；二队驻李坪李鸿家，负责人张超，学生学习在村东龙王庙。学生的生活极为艰苦，用粮和烧柴全靠自己动手。在这样艰苦的战争环境中学习，学生们的学习劲头却很高，刻苦认真。1943 年 1 月，在精兵简政过程中，根据上级指示，抗战建国学院边区师范合并到太行第三中学。边区师范撤销，学员从安乐庄、李坪搬迁到芝麻角村，并入了太行第三中学。

抗战建国学院边区师范一队安乐庄村旧址　李绍君　摄影

抗战建国学院边区师范二队李坪村旧址　李绍君　摄影

太行联合中学三队芝麻角村旧址

1942 年开始，为了加强根据地建设和对敌斗争，根据地实行了精兵简政。1943 年晋东南闹灾荒，继续裁减冗员，精简机构，缩小编制，晋冀鲁豫边区的直属学校也相应地进行了调整合并。1943 年 1 月，边区政府直属的太行区五所中等以上学校，即抗战建国学院、边区师范、太行一中、太行二中、太行三中，合并成立了一所联合学校——太行联合中学（简称太行联中）。合并成立的太行联中，由王振华任校长，李棣华任副校长，赵文敏任教育长。把原来一中改名为联中一队，二中改为二队，三中改为三队，抗战学院部分教职员及边区师范并入第三队。当时，一个队基本上还是一个独立的学校，三个队一个总校部，分驻在四个地方。校部驻在涉县悬钟，一队驻左权县寺坪村，二队驻涉县固新镇，三队驻在武乡芝麻角村，校部设在霍福堂家，教室设在三官庙。三队的教师有路扶之、王子香、魏镜如、王同民、孟一民、郑雪樵等。教导员有张超、师文英、魏玉高等。当时各队的教学计划基本上统一，教学和办学方式都是仿照抗大的做法。正规教学三四个月后，日寇来扫荡了，于是又组织学员进行了两个月的反“扫荡”战斗。当时正处灾荒时期，群众没有吃的，军民生活也很困难，学员们一直是吃野菜和黑豆，有时就杀羊吃羊肉。在艰苦环境里，全队师生员工情绪却很高涨，平时努力学习，战时没有一个掉队的，而且课外活动、群众工作也搞得很活跃。他们还到野外去开荒种地，解决粮食不足的问题。由于联中总校不方便管理，基本上还是各队就是原来的各校，只是改变了一下名义。各队分散在各县，相距很远，也没有往来联系，独立性很大。1943 年 5 月，决定三个队都集中在涉县悬钟校部所在地，但时间不长，在战争环境中，单位太大，调转不灵，于是又分散到各地。三队迁驻到黎城王家庄。

太行联合中学三队芝麻角村教室旧址　李绍君　摄影

胜利报社石门村旧址

《胜利报》于 1938 年 5 月 1 日在和顺县园街村创办，是中国共产党在太行抗日根据地创办得较早的报纸之一。创办之初属中共晋冀特委机关报，1939 年 9 月 20 日改为中共晋冀豫区党委机关报，安岗任社长兼总编辑。1941 年 7 月 7 日《胜利报》改名为《晋冀豫日报》，同年 12 月底与华北《新华日报》合并而终刊。

《胜利报》的报头由朱德总司令亲笔题写。报纸以“胜利”命名，其意义十分重大。正当日军大举进攻时期，在太行农村诞生了这份抗日救国的报纸，其本身就预示着中华民族抵抗日军的侵略一定会取得胜利。报纸高举抗战、团结、进步的旗帜，宣传党的方针政策；报道抗日军民反“围攻”、反“扫荡”的胜利，激励广大军民的抗日斗志。报社驻地遭敌频繁“扫荡”，所以在 3 年多的时间里先后转移于和顺、榆社、辽县、黎城等县许多村庄。

1939 年 9 月，中共晋冀豫区党委在武乡东堡村召开首次党代会，为报道、采访会议情况，胜利报社移驻武乡县石门村，驻陈全金家。记者们步行数十里去东堡进行了采访，回到石门村做编写稿件、刻蜡纸、油印等工作。驻扎近一个月时间，离开武乡迁往辽县（今左权县）高家井村。在离开石门村时，报社发行部部长、记者鲁兮曾写下一首诗：“石门山上白云低，野草荒榛乱马蹄。东西黄漳情共切，迎来烽火换肩齐。”

胜利报社石门村旧址　李绍君　摄影

太行山剧团桥南村、下广志村旧址

太行山剧团成立于1938年5月，由中共北方局军委书记朱瑞领导的华北军政干部训练所（简称“华干”）话剧组和陵川县游击支队宣传队合并组成。赵洛方为团长，赵迪之任政治指导员，洪荒（阮章竞）为艺术指导员，王炳炎为大队长。受中共晋冀豫省委（后改为中共晋冀豫区党委）领导，创建之初，朱瑞要求：“太行山剧团要像太行山一样雄伟坚强，为太行山根据地的军队，特别是为广大农民演出，永远和太行山军民在一起，深入宣传、动员一切抗日的力量，争取抗日战争的胜利。”这成为太行山剧团始终坚持的政治方向。该剧团紧跟抗战形势，不仅演出话剧、歌剧、歌舞剧、活报剧、街头剧、秧歌剧等，也演出晋剧、评剧、上党梆子等地方戏曲。其演出活动，遍布太行区的各个主要村镇，是太行山上最活跃的一支文艺队伍。

1939年9月间，中共晋冀豫区在武乡县东堡村筹备并召开第一次代表大会。为了给大会助兴，太行山剧团也奉命来到武乡，驻扎在桥南村，团部驻马保云家。为了搞好演出，剧团的人员每天徒步奔波于剧团驻地与党代会开会地址之间，中午没有休息的地方，吃罢饭，随便找一个地方坐一坐，算是休息。他们白天在村里搞政治宣传，也排练一些短小精悍的节目。晚上给会议代表及当地军民演出，主要演出的节目有《国际活报剧》（歌舞）、《红星旗下》《流寇队长》《人命贩子》等节目。会议结束后，剧团还在武乡的蟠龙、洪水等地进行了巡回演出，于10月下旬离开武乡开赴辽县（今左权）西黄漳、芹泉一带。百团大战第二阶段期间，根据区党委指示，要求剧团慰问榆辽战役胜利凯旋的战士们，太行山剧团在团长赵子岳的带领下，来到武乡驻扎在下广志村，剧团领导机关驻东沟儿刘振文家，先后在洪水、中村等地演出，关家垴战斗结束后，再次离开武乡。

太行山剧团桥南村旧址　李绍君　摄影

冀南银行三分行西坡村、西中庄村、东沟村、老中角村旧址

1939年10月，冀南银行成立，同时开始发行冀南币。为加强货币管理，1941年秋，在各地设立分行，在武乡西坡村设立了三分行，分行设在王海川家。首任行长黄志良，负责武乡（东）、武西、榆社、襄垣等县的货币发行和管理工作。通过贷款业务扶持农、工、商业发展，并兼营商店、油房、水烟厂、煤矿等实业。后因战乱，经常搬迁。先迁至西中庄村，驻董官锁家；后又迁至东沟村，驻王海尧家；不久又转移至老中角村，驻李珍林家。1942年又成立了武乡县支行，行长张如合，在三分行领导下工作，先后在苏峪、董家庄、小麻角等地办公。直到1948年，三分行与二分行合并，迁至左权县。

冀南银行三分行东沟村旧址　李绍君　摄影

冀南银行三分行老中角村旧址　李绍君　摄影

鼙山工厂魏家窑村、松庄村、深泽滩村旧址

1937年9月，以太原返乡的兵工厂工人为骨干，成立了武乡县工人抗日救国会。11月14日，八路军总部第一次来到武乡，朱德总司令在段村进行抗日演讲。接着，以宋任穷、王新亭、刘志坚为首的第一二九师工作团深入武乡，开展抗日救亡宣传工作，武乡县也组建了抗日武装自卫队，抗日县政府为解决对敌斗争的武器，在县城（今故县）创建了武乡县抗日武装自卫队铁工厂，主要负责人杜生旺、贾志厚、王化南等。厂址先在县城（今故县）东门外的城隍庙（该庙已于1938年春长乐战斗前夕被日军烧毁），不久因被敌机轰炸，搬到魏家窑关帝庙。1938年3月，第三四四旅第六八九团曾有一个连队驻扎在工厂附近的魏家窑，工人模仿部队用的短枪，试制了撅把子（土手枪）。由于该庙地方窄小，影响生产，又迁到松庄凌云阁，厂房就在凌云阁上，工人住在民房里。因从事军工生产，为加强保密工作，将工厂改名为鼙山工厂，因县城背靠鼙山而得名。该厂共有职工37名，主要生产大刀、长矛，装备县游击队和县工人自卫队。4月16日，长乐村战斗大捷，缴获了敌人大量武器和军用物资，为鼙山工厂提供了军火样品和原料。工人把敌人的战车、残破枪支、炮筒运回工厂，进行维修、加工、改制。工人由37人增加到100多人，凌云阁上容纳不下，又搬到枣岭与深泽滩之间的白龙洞，厂部住白龙寺，车间就在白龙洞。这是一个天然石洞，口很小但里面

很深，也比较大，非常隐蔽。不久，工厂又召集了一部分乡间铁匠充实力量，工人发展到150多人，并请来原在太原无烟药厂的工人李盘明、籍三满、魏福珍等来厂指导，成功研制了手榴弹，县委当即指示大量生产。手榴弹的大批生产，带来了原材料不足的困难。为此，1938年夏，将工厂迁至武乡东部煤铁资源丰富的柳沟、马岚头，与开源公司、成诚铁厂和永恒铁厂等三家合作，以集资入股的办法，合股生产。不久，由于股东太多管理不善，工厂出现亏损，原铁厂的股东想退股，抗日县政府就将所有股份买过来。工厂在贾志厚、杜生旺、李克晋、李克志、王化南、李盘明、魏福珍等7名骨干的坚持下，生产大刀和长矛。同年11月工人开始搞翻砂，制造手榴弹、地雷。到1938年底，有职工260人，每天可以生产手榴弹7000多个，地雷6500多个。

1939年4月，经朱德总司令亲自到厂视察和协商，为了加强兵工生产的领导，决定由八路军总部第六科（军工科）接管了韡山工厂，改名为八路军总部柳沟铁厂。

韡山工厂魏家窑村旧址　李绍君　摄影

鼙山工厂松庄村旧址　李绍君　摄影

鼙山工厂深泽滩村旧址　李绍君　摄影

工艺研究所朝阳堍村旧址

1939 年 4 月，鼙山工厂移交八路军总部军工科后，根据晋东南工人抗日救国总会的指示，以王伏义、孟来元为骨干，以及原在鼙山工厂工作的工人 30 多人，在朝阳堍村筹办成立了工艺研究所，所部驻赵福全家，后来村民新修房屋，现在原来的窑洞已经倒塌。工艺所由晋东南工救总会领导，县政府拨给部分资金，主要任务是为县各游击队修理枪支。为了弥补资金不足，该所在蟠龙附近的小曲滩开办了纺纱厂，内有木制纺纱机一架，打袜机两架，给八路军部队织毛毯、毛袜，以此收入来填补工艺研究所的开支。同年 8 月，为扩大生产，该所吸收了黎城县一个私办修枪所，工人发展到 60 余人。并在修枪的基础上，开始仿制德国造的“小老虎”手枪（即二八盒子），同时也生产组装地雷、手榴弹等。1939 年底停办。

太行农具合作社马岚头村旧址

1942年10月，为解决八路军大生产所需的生产工具，太行第三军分区、三专署总工会决定，在有煤有铁的马岚头村创办太行农具合作社，直属军分区管辖。由崔亭义任主任，招收农民铁匠等工人30余名。合作社设在奶奶庙，后来改建为学校。主要生产犁铧、锹、镢、镰刀等民用工具。不久，因前方急需武器，该社转为制造弹药。转产后，人员增加，由于该村驻扎有总部柳沟铁厂的分厂，住房紧张，农具合作社迁到前沟村。

太行农具合作社马岚头村旧址　李绍君　摄影

太行修枪所前沟村、槐树湾村旧址

太行修枪所前沟村旧址　李绍君　摄影

太行修枪所槐树湾村旧址　李绍君　摄影

太行农具合作社迁到前沟村，驻高富云家，改称太行修枪所。工人60余名，在这里继续生产。1943年初，因日军“扫荡”，该所迁到东部山区的槐树湾，所部驻吴光华家，但这里远离煤窑，给冶炼带来极大困难，所以停止了手榴弹及家具生产，只保留了修理枪支的生产。根据三分区要求，该所1943年3月迁到石门村。

武西兵工厂暖水头村、黄家山村、长谐村旧址

武西兵工厂，是抗日战争时期武西县政府在武西山区办的一个小型兵工厂，因在黄家山村驻扎时间较长，人们习惯称黄家山兵工厂。

1941年春，武西县抗日政府、县武委会决定，在暖水头村创办兵工厂，厂部设在阎五成家，生产车间设在村背后的窑洞里；后转移到黄家山，厂部驻杜金生家，生产车间在自己打的土窑洞里；最后搬到长谐村，厂部驻刘成江家。该厂1941年创建时，只是一个修械小组，组长朱光龙，共有五六个工人，工具也极其简单，只有两把老虎钳、一台烘炉、三把锉刀、二把钢锯，全靠手工操作，主要任务是负责修理废旧残缺的枪支。1942年，根据需要对兵工厂进行了扩充，修械组人数增加到20余个。同时，开始制造火药、炸药、土枪和土炮，还装配手榴弹和自制修配枪的零部件，复装子弹，并生产独角牛镢把子、八音盒子两种短枪，六五、七九两种步枪。每日可生产一支步枪，20多颗地雷。当时材料很缺乏，除工人们就地收取一部分外，大部分是从敌占区设法搞来的，特别是组织游击队袭击白晋线搬道轨。制造的枪和火药、炸药、地雷，主要是供给游击队、民兵，开展游击战使用。1943年，武西县政府和县武委会决定调武西县武委会干事李光华负责领导兵工厂工作，这时人数增加到30多个，每天生产短枪两三支，手榴弹50多颗，成为武西民兵、游击队武器弹药的必要补充。1945年10月，武西县与武东县合并，该厂停业。

武西兵工厂暖水头村旧址　李绍君　摄影

武西兵工厂黄家山村旧址　李绍君　摄影

太行第三专署新华工厂圪老湾村旧址

太行第三专署成立后，非常重视根据地的生产运动，当时由于工业品得不到适当供应，根据地在经济上摆脱不掉对敌占城市的依附关系，那就无法粉碎敌人的经济封锁，自给自足的经济便无法建成。因此，恢复和发展工业生产，是根据地经济建设一个不可缺少的环节。太行第三专署在鼓励私营企业发展的基础上，也建立了各种小型工厂和作坊，以满足军民对工业品的需求，1941 年后，根据地不仅遭到日伪“扫荡”的摧残，严重的自然灾害也接踵而来，人祸、天灾，使得根据地的困难越来越大，斗争越来越艰苦。再加上河北、河南平原地区的灾民大量涌入，第三专署所辖区域更加困难。为此，第三专署扩大生产，一方面安置灾民就业，解决他们的生活问题，另一方面也保障根据地军需民用。第三专署在武乡成立了纺织厂、肥皂厂、织袜厂、造纸厂、毡帽厂、皮革厂、草帽厂、卷烟厂、编织厂、织鞋厂等几十个小型企业，为适应战争时期的生存环境，工厂都很简便，产品单一。这些小厂分散在偏僻山庄，规模小、设备少，坚壁清野容易（两个小时即可埋藏完毕）。敌人来了，工人结队上山游击，敌军撤走，马上回来生产。对于敌人来说，兵力集中没有像样的攻击目标，分兵作战又难以发挥军事优势。这就大为减少了工厂遭受进攻的机会，也减少了遭受破坏的可能，而且为防止敌人破坏，也常常挪动地方，不长时间换一个村庄。

1944 年以后，根据生产形势和物资供应需要，第三专署决定将几个工厂合并，组建了新华工厂，设在圪老湾村戏台上，除在圪老湾集中生产外，同时也管理其他分散的小厂。1946 年，工厂归武乡县管理，坚持生产，保障当地生活需求，直到 1949 年，大部工人调到太原、榆次等地参与了接管工作，新华工厂停业。

太行第三专署新华工厂圪老湾村旧址　李绍君　摄影

第六部分　重要团体、重大活动及重要战役

中华全国文艺界抗敌协会晋东南分会下北漳村旧址

抗日战争时期，为广泛团结抗日力量，由郭沫若、茅盾等97位文艺名人发起，在武汉成立了中华全国文艺界抗敌协会，简称“文协”。大会选出郭沫若、茅盾、冯乃超、夏衍、胡风、田汉、丁玲、吴组缃、许地山、老舍、巴金、郑振铎、朱自清、郁达夫、朱光潜、张道藩、姚蓬子、陈西滢、王平陵等45人为理事，周恩来、孙科、陈立夫为名誉理事。理事会推选老舍为总务部主任，主持文协日常工作。文协成立会后，提出了“文章下乡，文章入伍”的口号，鼓励作家深入现实斗争。文协的战斗作用在全国引起了巨大反响，各地纷纷成立分会组织。随着八路军总部转战太行进入武乡，这里成为华北敌后抗战的指挥中心，在全国人民的心目中，成为抗战的灯塔、革命的圣地。许多满怀抗战热情、革命理想的青年和爱国人士，特别是一大批文学艺术界名人，相继从国统区、沦陷区涌向太行山，来到了武乡县。

1939年11月28日，来自各地的艺术家们会聚一堂，在下北漳村召开了中华全国文艺界抗敌协会晋东南分会（简称晋东南文协分会）成立大会。参加这次会议的有随总部来到晋东南的文艺工作者李伯钊、刘白羽、陈荒煤、伊林、洪荒以及全国文协总代表叶以群等40余人，还有部分地方文艺工作者，

新老作家、诗人。朱总司令亲自到会祝贺并发表了热情洋溢的讲话。大会选举了李伯钊、何云、孙泱、刘白羽、陈荒煤、蒋弼、高沐鸿、王玉堂等 14 人为理事。主要负责人为八路军野战政治部宣传科科长孙泱、北方局宣传科科长李伯钊，文协分会理事王玉堂负责总务。日常工作由李伯钊与王玉堂负责，不久，李伯钊担任新成立的鲁迅艺术学校校长，“晋东南文协分会”就是王玉堂一个人负责，还有陈默君、王博习等几位干事。文协分会驻扎在李二苟家，他们的工作是，编辑会刊《文化哨》（后改为《文化动员》），还负责编印抗日丛书，油印发行。在武乡的时间里，他们共编印十余本书，如《送到前线去》《晋东南备战小唱》等。

这是文协第一个敌后分会，当时起名为“晋东南分会”，主要目的是利用阎锡山这个招牌加强统战，实际上晋东南文协分会所负责的是整个晋冀豫区的抗战文艺活动。文协分会成立之后，广大文艺工作者分别到太南、太岳、太北、冀西等区开展抗战文艺活动，使敌后根据地的文化工作蓬蓬勃勃发展起来。

晋东南文协分会下北漳旧址　郝雪廷　摄影

晋东南文化教育界救国总会下北漳村旧址

1939 年 5 月 4 日，晋东南文化教育界救国总会在沁县南沟村成立，简称“文救总会”。确定“文救总会”的工作方针：一是促成文化统一战线，使本区文化人、知识分子团结起来，群策群力，以特殊武器贡献抗战；二是推动组织各文化团体、各级文化组织，以组织力量进行推动工作； 三是对敌伪进行有计划有领导的宣传战；四是发展深入的大众文化运动，提高大众文化政治水平，推进识字运动，提倡义务教育，辅助政府实施文化教育政策；五是提倡理论研究；六是沟通敌后方与我后方之文化工作。大会选举了执行委员和名誉委员，执行委员有朱光、李伯钊、高沐鸿、王玉堂、史纪言、郝汀、张柏园、王振华、李棣华、崔斗辰，团体会员有华北新华日报社、黄河日报、华干、太行文化教育出版社、民族革命通讯社、胜利报社、剧协分会、青记分会等团体、个人共 23 席，名誉委员有马君图、薄一波、戎子和、杨献珍、刘济荪、李墨卿、吴松涛。

主任委员王振华，执行委员朱光、李伯钊、高沐鸿、王玉堂、史纪言、郝汀、张柏园、李棣华、崔斗辰。在文救总会的领导和推动下，晋东南基层文化领导机构也相继建立起来。1939 年 10 月，“文救总会”迁至武乡县下北漳村办公。自总会成立后至 1940 年 8 月，太南、太北、太岳、冀西各地先后成立了“文总”办事处，后又逐渐发展为各分区的“文救会”，各县也纷纷组建起“文救会”，至此，一个遍及晋冀豫边区的抗战文化网基本形成。

晋东南文化教育界救国总会下北漳旧址　郝雪廷　摄影

中国青年新闻记者学会太行山分会下北漳村旧址

1937年11月8日，中国青年新闻记者学会在上海成立。之后，上海、武汉、广州、香港、桂林等许多城市设立分会，是中国共产党领导下的新闻界统一战线组织。1938年8月，在长治组建中国青年新闻记者学会太行山分会，执行理事张鱼，理事魏克明、陈大东、邱吉夫、安岗、陈克寒、赵宏弼、刘识一、茅俞一、潘实、林火。1939年11月该学会迁至武乡县安乐庄村办公。1941年4月，中国青年记者学会总会被国民党政府查封。

中国青年新闻记者学会太行山分会下北漳村旧址　郝雪廷　摄影

中苏文化协会晋东南分会下合村、下北漳村旧址

中苏文化协会晋东南分会下合村旧址　郝雪廷　摄影

中苏文化协会晋东南分会下北漳村旧址　郝雪廷　摄影

1940年4月6日，中苏文化协会晋东南分会在武乡下合村成立。出席成立大会的有政治学家、军事学家、文化名流、艺术家，以及新闻工作者共50余人，日本俘虏自己成立的反战组织——觉醒联盟负责人杉本一夫也参加了会议。大会选举了陆定一、任白戈、韩进、李伯钊、徐懋庸等5人为大会主席。大会一致通过推选朱德总司令为名誉会长，彭德怀副总司令为会长，傅钟、陆定一、何云、杨献珍、宋一平、李伯钊、徐懋庸、韩进、任白戈、高沐鸿、孙泱为理事。

中华戏剧界抗敌协会太行山分会下北漳村旧址

为了更好地组织广大文艺工作者有序地参与文化运动，1939 年 2 月 28 日，中华戏剧界抗敌协会太行山分会在长治成立，选举太行山剧团等 13 席团体执委。“剧协分会”的成立，代表了敌后各抗日根据地的剧运统一，起到了极大的推动作用。中华戏剧界抗敌协会太行山分会成立，主要讨论和解决了抗战剧运发展方向问题。1939 年 9 月，中共晋冀豫区委在武乡县东堡村筹备并召开第一次党代表大会。为了给大会助兴，太行山剧团也奉命来到武乡，驻扎在桥南村，团部驻马保云家。这也代表着剧协分会进驻武乡。不久，剧协分会又进驻下北漳村。

中华戏剧界抗敌协会太行山分会下北漳村旧址　郝雪廷　摄影

西北战地服务团城关村旧址

西北战地服务团于1937年8月12日在延安成立，是八路军领导的一支宣传抗日的革命团体，丁玲为主任，吴奚如为副主任。9月，西北战地服务团40多人向山西前线进发，10月跟随八路军总部行动。11月14日，随八路军总部到达武乡，当晚在段村（今武乡县城）召开的抗战誓师动员大会上进行了文艺演出，有《八百壮士》《忻口之战》《全民总动员》等。次日，西北战地服务团跟随八路军总部离开武乡向晋南一带转移。

西北战地服务团城关村旧址　李绍君　摄影

妇女儿童考察团王家峪村、下合村旧址

1938 年 12 月，著名电影演员陈波儿在中共驻重庆办事处工作人员的支持下，组织了华北敌后妇女儿童考察团，由陈波儿任团长，吴竞任副团长，团员有王紫非、宋迪夏、常华、陆耕。妇女儿童考察团组建以后，便立即从重庆出发，前往陕北、晋绥、晋察冀、晋冀豫等敌后抗日根据地。一年多时间里行程万里，妇女考察团成员多次穿越日本侵略军的封锁线，深入到敌后采访、调查，写了不少内容丰富的调查报告和文艺作品。

1939 年 10 月 19 日，考察团一行来到武乡。八路军总部以文艺习作会的名义召开了欢迎会，并与考察团成员们进行座谈，讨论现阶段文艺运动民族化与民间化问题，以及以后如何巩固文艺习作会的组织，同时也邀请陈波儿作了报告。11 月 1 日，八路军野战政治部、华北新华日报社联合在下合村总部招待所，举行了招待会，招待来自大后方的妇女儿童考察团与作家战地访问团。陈波儿在会上介绍了该团的成立经过：妇女儿童考察团，是一些爱好妇女儿童工作并有丰富经验的同志，在去年年底成立的，自重庆出发来前方各战区。它的目的是了解各战区妇女儿童在抗战中的救亡活动情形，以及在工作中的困难和经验教训，并了解被迫来华的日本妇女，在日本法西斯压迫和奴役的情形，了解我国妇女在敌占区被日寇蹂躏和奴役的情形。此外，也更借此明了各战区军政民各方面的工作，沟通各战区和大后方之间的密切关系，相互交换经验，使大后方及各国人民明白前线及敌后军政民英勇抗战的情形，打破前后方阻隔，唤起世界同情。

考察团在八路军总部的安排下，在武乡驻扎 3 个月时间，并深入辽县、涉县、襄垣等地进行广泛的考察、宣传、采访、调查。1940 年春，陈波儿率领考察团，经洛阳回到国统区重庆。

妇女儿童考察团王家峪村旧址　郝雪廷　摄影

作家战地访问团王家峪村、下合村、下北漳村旧址

抗日战争时期，为广泛团结全国文艺界的抗日力量，中华全国文艺界抗敌协会（简称文协）提出“文章下乡，文章入伍”的口号，组织“作家战地访问团”到前方采访，成员有王礼锡、宋之的、葛一虹、杨骚、杨朔、叶以群、罗烽、白朗、袁勃、陈晓南、李辉英、张周、方殷等13人，王礼锡任团长。

1939年6月14日，作家战地访问团从重庆出发，访问计划在6个月内遍访晋、冀、豫、察、陕、绥6个省。中途，团长王礼锡不幸病逝，之后访问团成员逐渐减少，最后只剩3人，他们是叶以群、杨朔、袁勃。

10月底，叶以群等3人来到武乡八路军总部驻地，经野战政治部安排，他们来到下北漳村。他们除了自己写作，还和部队或地方上文艺青年一起，创办文艺刊物，前方的革命文艺运动已经轰轰烈烈，并号召成立中华全国文艺界抗敌协会晋东南分会。分会成立后约半个月，叶以群因事离开武乡回到大后方，杨朔、袁勃二位则留在前线。

作家战地访问团下合村旧址　李绍君　摄影

作家战地访问团下北漳村旧址　李绍君　摄影

八路军电影团王家峪村、下合村旧址

1938年9月，在党中央的直接关怀下，八路军政治部在延安组建八路军电影团，由八路军政治部副主任谭政兼任电影团团长，李肃负责政治与组织工作，袁牧之负责艺术指导，吴印咸、徐肖冰、叶仓林、魏起担任摄影。为拍摄敌后抗日根据地抗日实况，1940年2月，李肃、徐肖冰、吴本立三人组成摄影组来到武乡县。摄影组到达王家峪村后，受到了八路军总司令朱德、野战政治部主任傅钟、一二九师师长刘伯承、政委邓小平等首长的亲切接见。摄影组在八路军总部拍摄了朱德总司令、彭德怀副总司令、抗大副校长罗瑞卿和左权副参谋长，以及一二九师师长刘伯承、政委邓小平等首长和指战员在前线的活动和战斗等材料。4月初，摄制组接到电报，催要太行地区所拍摄的资料。李肃、吴本立先期将片子送回。徐肖冰则留在晋东南。

八路军电影团王家峪村旧址　郝雪廷　摄影

八路军电影团下合村旧址　李绍君　摄影

抗战建国教学团王家峪村、下合村旧址

1937 年 8 月 29 日，著名爱国民主人士李公朴先生来到太原，应邀参加了第二战区民族革命战地总动员委员会，并任宣传部长。上海失陷后，李公朴转移到汉口。1938 年 1 月，李公朴偕夫人张曼筠又来到临汾，出任民族革命大学教授兼顾问。为了把抗战教育与发动群众结合起来，把宣传和教育结合起来，李公朴筹备成立“抗战建国教学团”，拟定教学团的组织大纲和工作纲要。1939 年 6 月，李公朴率抗战建国教学团一行 10 人，从延安前往晋西北、晋察冀边区。1940 年 5 月来到武乡县王家峪村八路军总部。野战政治部专门召开欢迎会，李公朴先生作了敌后考察报告和关于战时教育工作演讲。抗战建国教学团在武乡活动 3 个月时间，之后离开武乡，再次到达晋察冀边区。

抗战建国教学团下合村旧址　李绍君　摄影

李公朴旧居（韩北镇下合村）　李绍君　摄影

冀南区七大代表团王家峪村、上北漳村旧址

冀南区七大代表团上北漳村旧址　刘东萍　摄影

1940年1月初，冀南区代表团越过平汉铁路进入太行山，准备赴延安参加党的七大，来到武乡县八路军总部，原计划从西安转道去延安，但因国民党顽固派正发动第一次反共高潮，七大代表不能从此西进，暂留武乡，参加中共中央北方局党校第三期学习。1940年6月，离开武乡转道晋察冀，后到达延安。

冀南区七大代表团王家峪村旧址　郝雪廷　摄影

中共山东分局七大代表团王家峪村、上北漳村旧址

中共山东分局七大代表团上北漳村旧址　刘东萍　摄影

1940年3月，中共山东分局书记郭洪涛、山东纵队指挥张经武一起，率山东代表团前往延安，准备参加党的七大，到达武乡县八路军总部，由于日、伪、顽的严重封锁，交通困难，山东七大代表团一行只好滞留在武乡，中共中央北方局、八路军总部安排他们参加了北方局党校第三期学习。三个月之后，学校结业，同蒲线交通状况亦稍有缓解，冀南区七大代表团与山东七大代表团跟随晋察冀军区南下支队离开武乡，转道晋察冀，闯过日寇的封锁线，到达延安。

中共山东分局七大代表团王家峪村旧址　郝雪廷　摄影

中共南方局七大代表团韩北村旧址

1939 年 11 月，香港选出的代表到达韶关与广东代表团会合，后到达中共中央东南局驻地安徽泾县丁家山，在这里与浙江、广西、湖南、江西、福建、上海、闽粤边、苏南等地代表会合，组成南方代表团，对外称“服务团”。1940 年 1 月渡过长江，经鲁南、鲁西、冀南，于 9 月到达武乡八路军总部。当时正是八路军发动百团大战期间，八路军部队经常转移，“服务团”西去的路线因敌人的严密封锁而无法通过，他们只好等待时机，代表团驻韩北村，在“扫荡”时也随同总部转移。11 月初，八路军总部派出两个团护送，与第一纵队司令员徐向前等一道，他们闯过同蒲路、汾河等五道敌人封锁线，于 12 月 26 日全部安全到达延安。

中共南方局七大代表团韩北村旧址　郝雪廷　摄影

中共华中局赴延安干部团王家峪村旧址

中共华中局赴延安干部团王家峪村旧址　李绍君　摄影

1942年3月，中共华中局书记刘少奇率中共中央华中局赴延安参加会议的干部100多人启程，到山东后因目标过大，过封锁线非常困难，人员精减到20余人。9月，安全抵达太行山，在辽县、武乡、襄垣、沁县、沁源等地驻扎并指导工作，曾在王家峪村住一周时间，11月初离开太岳区，年底到达延安。

刘少奇书记旧居（韩北镇王家峪村）　李绍君　摄影

东路军游击战术和政治工作训练班型庄村遗址

1938 年 2 月 17 日，第二战区在土门会议上，为执行反攻太原的计划，将战区所属部队划分为西路军、南路军和东路军。西路军主要是集结在晋西的晋绥军，由阎锡山指挥；南路军主要是集结在晋南的中央军，由卫立煌指挥；东路军主要是敌后活动的八路军和滞留在晋东南敌占区或接近敌占区的国民党军队，由朱德指挥。东路军除八路军和山西青年抗敌决死第一纵队、第三纵队外，还辖有国民党第三军、第十七军、第四十七军、第十四军、第九十四师、第十七师、骑兵第四师、第五二九旅等部队。3 月 2 日，朱德、彭德怀发布就任第二战区东路军正、副总指挥通电。下旬，在沁县小东岭召开了东路军将领会议。反“九路围攻”作战胜利后，应国民党友军将领要求，八路军总部在型庄村举办游击战术和政治工作训练班。济南战术训练班设在型庄村老爷庙，政治工作训练班设在型庄村三官庙。庙在抗战时被日军烧毁。训练班为东路军各部队培养了一批敌后抗日军政官员，为东路军在抗战初期团结合作、共同抗日起到了积极的作用。

东路军游击战术和政治工作训练班型庄村遗址　李绍君　摄影

八路军总部无线电通讯培训班砖壁村旧址

1939年8月，英国专家林迈可从北平经晋察冀来到武乡，他在电子学、经济学、哲学及政治学方面都有造诣。林迈可在砖壁村见到了朱德总司令、彭德怀副总司令、左权副参谋长、傅钟主任等八路军领导，当林迈可得知八路军总部的通讯设备极其简陋，经常出故障，他主动要求帮忙进行检修。在总部通讯科科长海凤阁的带领下，他来到通讯营，把总部的几部电台进行了认真的检查，发现有的零件老化，有的大小不配套，这样的设备很难保证通讯质量。林迈可问，有没有备用的元器件？海凤阁说，本来无线电元件就奇缺，再加上日本鬼子严密封锁，我们很难搞到无线电元件。林迈可耸耸肩，如果知道是这样，他会想办法带一点元件过来的，可现在远水解不了近渴呀，他又打听有没有代用的办法？这时海凤阁让人找来几部战场上缴获来的坏电台。林迈可如获至宝，于是利用坏电台的零件进行了技术改造，总部的通讯设备的性能有了极大的改善。

为了提高八路军通讯人员的业务素质，林迈可提出，要开办一期“无线电通讯培训班”，这一建议受到八路军总部领导的高度重视，便组织八路军总部通讯营业务人员，以及一二九师、三八五旅、三八六旅的通讯科主要骨干26人参加了培训，培训班设在砖壁村张生尧家。这次培训，主要学习电台的使用与维护、无线电维修、无线电理论及实用技术、零件代用互用的原理、零件借用计算公式等。所有课程均由林迈可来讲授，林迈可的中文比较熟悉，个别地方听不懂的，由总部首长秘书龚澎来翻译和解释。培训进行了10天，培训结束后，林迈可离开武乡，培训班也就停止了。

八路军总部无线电通讯培训班砖壁村旧址　李绍君　摄影

武乡士绅座谈会土河村会址

1939年7月，八路军总部转移来到武乡时，正是日、伪、顽向我根据地疯狂“扫荡”的严重时刻，其进攻的矛头直指我八路军总部所在地。朱彭总副司令和左权副参谋长，坚定不移地实行党的统一战线方针，对国民党顽固势力进行了“有理、有利、有节”的斗争，同时，由于八路军发展壮大，而国民政府给的军饷微乎其微，还常常拖延不付，致使我军生活极其困难。在这样的形势下，八路军总部于1939年9月18日至20日，在土河村真如寺召开了武乡士绅座谈会。

参加这次会议的武乡士绅共有50人，有王敏政、王建都、史标青、申步青、申国贤、石斯珍、冯步云、冯高翔、刘述尧、关守城、李康、李泉、李喆、李中元、李化南、李香亭、李培荣、李凤洲、李振基、李振瑨、杜青史、吴文彦、张士堂、张承武、杨起秀、范希云、周兴、郝文昭、郝玉泉、郝培兰、郝培棠、郝茂森、郝象升、郭衍宗、郭衍汾、高子豹、赵希森、赵晋候、崔作风、程世芳、裴玉澍、暴来庆、魏韶、魏文澜、魏云宗、魏云亭、魏孝钦、魏培柽、萧兰馨、窦一山。会议由武乡县抗日政府与武乡县牺盟会召集并主办，县长谭永华、牺盟特派员张烈参加。八路军总部及中共中央北方局首长朱德、彭德怀、杨尚昆、左权、傅钟、陆定一等人来到座谈会会场，与大家共商抗战大事。

会议期间，在真如寺的大庙前悬挂起了“只有彻底肃清‘反共’‘防共’‘反对牺盟会’的汪派汉奸，才能粉碎敌寇围攻，争取相持阶段到来！”的标语，大会由张烈特派员作了政治报告，贯彻了中共中央“坚持抗战，反对投降；坚持团结，反对分裂；坚持进步，反对倒退”的“七七”宣言，动员各界有钱出钱，有粮出粮，有力出力，团结一致，坚持抗战，进一步巩固和发展了农村中的统一战线。

朱德、彭德怀等首长与爱国士绅进行了亲切的交谈，一起进行了探讨，并对士绅们提出的各种问题予以回答。裴玉澍、郝培兰等得知八路军军费紧张、生活困难的消息，当场自报捐粮190石，捐款（银洋）2000元。在他们的带动下，参加座谈会的开明士绅纷纷慷慨献粮。其中，杜青史将家中的土地、钱财除生活费外全部捐出。朱总司令对武乡士绅毁家纾难、捐款献粮的爱国行动倍加赞赏，并为与会士绅躬授奖旗。

在这次座谈会上，经一致讨论，作出了九项决议：第一，请求政府处决汪精卫、周佛海、张璧君等及其党羽，并严惩宁江、河北两事件祸首张荫梧等；第二，反对抗粮抗差，对有钱不出钱的行为，要求政府法办此等非法行动；第三，拥护新法令，并确保执行；第四，请政府普遍民选村长；第五，要求政府肃清长毛道、孔子教等，并枪决其首领；第六，贫苦人家支差由政府给津贴；第七，应由政府通令各村公所，确实登记秋收粮食，除按人口必须消耗者留用外，尽数归公保存；第八，应规定合理负担重新审定标准，以资划一而期公允；第九，应规定民选村长资格。

在这次座谈会上，还作出了三项决定：第一，县政府聘请士绅为经济委员，帮助政府筹粮款，并宣传出粮出款为光荣；第二，推举士绅组成县优抗属委员会，进行优抗事宜；第三，发了3个通电：一是拥护朱彭总副司令电，八路军风纪严明、所过无犯，诚为一路之福星，希望军民精诚团结，抗战到底！二是拥护谭县长、张牺盟特派员电，政府极力整刷，百废俱兴，和衷共济，劳苦不辞，坚持抗战成效卓著，人民爱戴！三是告晋东南士绅书，提出：

“一、以出钱出粮支持抗战为绅民无限光荣；二、努力参加生产合作事业，加强经济建设；三、士绅应为执行抗战法令之模范，帮助政府解决其困难；四、保障抗属不受饥冻，不受灾害，救济灾难民；五、提倡宣传文化教育，努力学习抗战理论，力求进步。”

这次座谈会，推进了抗日民族统一战线的政权建设，许多士绅由中间派变为进步力量，抗战力量得到增强。第三八六旅野火剧团还到会进行了慰问演出。之后，县政府又在姚庄召开了全县士绅大会，座谈《中共中央对时局的宣言》和政府的屯粮法令，并发起了在全县屯积 6 万石公粮的运动。在实行合理负担、征收公粮公款的基础上，本着有粮出粮、无粮不出的原则，制订了具体的屯粮办法。全县士绅热烈响应号召，积极捐献粮款，5 天即完成 6 万石公粮的屯积任务，解决了当时的军用急需，对粉碎敌人的军事“扫荡”和经济封锁提供了根本保证。

武乡士绅座谈会土河村会址　任宇飙　摄影

杨裕民追悼会土河村会址

杨裕民，河北迁安县杨团堡村人。抗日民族英雄，留美博士，曾经留美学习，回国后在河北工业学院任教多年，1931 年首创“碱法亚硫酸盐苇浆造纸技术”，是中国有名的化工专家。全国抗战爆发后，他在我党“全民族实行抗战”号召的感召下，毅然辞去大学教授的职务，决心毁家纾难，投笔从戎，与好友洪麟阁、连以农等共谋光复冀东事宜，参加华北人民自卫会并任委员，他典卖了家里的 50 亩土地，又说服哥哥从家里拿出资金，购买枪支弹药资助抗战的部队。他与洪麟阁一起发动河北工学院部分师生组成“工字团”参加抗战。并带领杨效贤、杨效棠、杨效昭等子女在天津、冀东地区，动员广大群众，组织了声势浩大的冀东抗日武装。1938 年 7 月，他积极参与了由李运昌等人组织的 20 多万民众参加的震惊中外的冀东武装抗日大暴动，以迎接八路军东进抗日。冀东暴动后，任抗日联军第一路军政治部主任。因汉奸告密，杨裕民和洪麟阁等百余人被 3000 个敌人围困于玉田小狼山，杨裕民奋勇杀出重围，与洪麟阁、李楚离等率队配合挺进冀东的八路军第四纵队，先后攻克丰润、玉田数座重镇，亲手活捉日军顾问，经大小战斗 50 多次，名扬冀东。后在西撤途中队伍受挫，杨裕民幸得脱险，辗转于天津、冀中，奔赴平西抗日根据地。

1939年春，八路军总部设立军工科，当朱总司令得知杨裕民先生的情况后，便电召杨裕民先生来太行山八路军总部，准备请杨裕民主持总部军工部工作。年过五旬的杨先生不顾严重的老胃病，从平西来到晋东南，由于战争年代生活极度艰苦，身体每况愈下。朱德、彭德怀等总部首长得知杨裕民同志的病情，立即安排卫生部孙仪之部长用好药为他调养，但此时日寇正在对晋东南地区进行第二次九路围攻，杨裕民也不得不随总部机关频频转移，因奔波劳顿，积疴日深，渐至不支，虽经总部医院医治，但还是无力回天，不幸于7月21日在屯留县老军庄逝世。

当时敌人疯狂“扫荡”，战事十分紧张，八路军总部无法为他举行悼念活动，只好将他的遗体保护起来。晋东南第二次反九路围攻战斗结束后，八路军总部决定，为杨裕民先生举行追悼活动，追悼会选定在九一八事变纪念日，就在7年前的这一天日本帝国主义悍然出动武力，向中国发动了武装侵略，选定这个日子，为让人们不忘国耻，以继承杨先生遗志，坚持华北抗战。

1939年9月18日，“晋东南各界人士纪念九一八、追悼杨裕民先生大会”在总部驻地附近的土河村真如寺的庙院里举行，根据地军民5000多人参加，这是八路军总部召开的抗战以来最高规格的追悼大会。正在这里参加八路军总部召开的武乡士绅座谈会的武乡50多位爱国士绅也参加了追悼会，八路军总部及中共中央北方局领导朱德、彭德怀、杨尚昆、左权、傅钟、陆定一、杨立三、刘鹏等首长出席了追悼会，杨裕民先生的侄子、冀南行政公署主任杨秀峰也前来武乡参加追悼会。

在临时搭建的追悼会会场上，张贴了毛泽东主席亲书的横额“浩气长存”四个大字，毛主席还从延安拍来挽联：“国家在风雨飘摇之中，对我辈特增担荷；燕赵多慷慨悲歌之士，于先生犹见典型”；中共中央其他领导同志陈绍禹、秦邦宪、林祖涵、吴玉章、董必武也都送了挽联；朱德总司令撰写了挽词：“渤海毓雄，民族之杰；矗矗风仪，异质挺特；冀东义起，倭奴气慑；瞻彼真容，彪炳日月。”

追悼会由野战政治部主任傅钟主持，朱德总司令致悼词。朱总司令在悼词中高度赞扬道："杨先生一生刚强正直，没有半点奴才气，他面对强敌，从不低头屈服，而是横下一条心，坚决斗争。我们认为这才是真正的中华民族优秀儿女，是广大知识分子、科学家、教育工作者的榜样。我们八路军最欢迎这样真诚的朋友，我们希望在座各位父老和同志，都要向杨裕民先生学习，积极投身于民族革命的事业中……"

会后，5000余军民为杨裕民先生送葬，1950年，杨裕民先生遗体迁至邯郸烈士陵园。

杨裕民先生追悼会土河村会址　任宇飙　摄影

晋冀豫区首次党代会东堡村会址

中国共产党晋冀豫区第一次代表大会，是太行根据地中举行的唯一一次党代会。这次党代会于1939年9月10日至28日召开，当时为了保密，对外称为“民运工作会议”。这次会议，是在中共中央扩大的六届六中全会关于召开党的七大的精神下，结合选举出席党的七大代表而召开的。我党最早提出召开党的七大，是1937年12月中央政治局会议。12月23日中央政治局作出《关于召集七次全国代表大会的决议》，并成立了“准备召集中国共产党第七次全国代表大会委员会”。六中全会批准了以上决议，作出《关于召集第七次全国代表大会的决议》，规定各地代表由各地的“代表大会选出”。1938年12月晋冀豫区召开区委扩大会议，北方局书记杨尚昆在传达六中全会精神时，提出准备召开晋冀豫区党代会的建议，并提出会议的两个主要内容：一是总结抗战以来的工作；二是选举出席七大的代表。

根据北方局指示，晋冀豫区党委，决定召开晋冀豫区首次党代会，并组成区代表大会准备委员会，由何英才、徐子荣、陶鲁笳、赖若愚、吴作民5人组成。大会筹备期间，由于反顽斗争形势已经紧张，日寇又于7月发动了对晋东南的第二次“九路围攻”，使一些地区由于应付反“扫荡”工作，未能按规定召开党代会选举党代表，会议也只好几次推迟。

1939年9月10日，中国共产党晋冀豫区第一次代表大会在武乡县东堡村崇法寺正式召开。大会会址距八路军总部和北方局机关驻地砖壁、烟里村仅4公里路程，而且附近各村都驻扎着八路军总部附属机关，比较安全；而且这两个村比较大，住宿条件比较宽裕；同时也便于北方局与总部首长参会。出席会议的正式代表129名，另有列席代表137名，总共266名。9月10日大会正式开幕，大会选举了名誉主席团和主席团，名誉主席团为：斯大林、季米特洛夫、台尔曼、爱尔克里、狄亚斯、冈野进、毛泽东、洛甫（张闻天）、王明、朱德、彭德怀、胡服（刘少奇）、朱瑞。主席团为：杨尚昆、李大章、李雪峰、何英才、徐子荣、黄镇、彭涛、王卓如、张玺、王孝慈、张晔、刘建勋、程式兰等；大会秘书长为徐子荣；大会向中共中央、朱德、彭德怀发出贺电，向八路军、新四军发出慰问电。

朱德总司令到会祝贺，受到热烈欢迎；彭德怀副总司令到会，并作形势报告。大会由宣传部长徐子荣致开幕词，区党委副书记张玺作代表资格审查报告，杨尚昆作了长篇政治报告，李雪峰代表区党委作了工作报告，何英才作了关于党的建设的报告。之后，还进行了专题发言：陈克寒讲《新华日报》华北版工作，刘长清讲壶关县农村支部建设，于林讲赞皇反摩擦，宋子杰讲交通发行工作，张晔讲太南区工作，马更青讲敌区工作，高宗智讲晋豫区工作，王继均讲沁博地区做土匪工作的经验，刘有年讲陵川反摩擦工作，王卓如讲农民运动，李敏唐介绍一个模范党支部，赵国强讲职工运动，申芝兰讲青年工作，秦武山讲党的工作作风，李哲人介绍敌区工作经验，李伯钊讲文化工作。这些专题发言，都是针对根据地发展中的具体问题、细节问题，在各地相互间起到了很好的交流作用。最后，大会选举出出席七大的代表、区党委委员。出席七大的代表为李雪峰、何英才、王孝慈、王维纲、王树声、关山复、陈敬贤、赵武成等。新选出的中共晋冀豫区党委委员有李雪峰、何英才、徐子荣、黄镇、安子文、彭涛、王维纲、王卓如、张玺、王孝慈、赖若愚、李哲人、张晔、王树声、程式兰、刘建勋、冷楚、陶鲁笳、吴作民、唐天际、嘉康杰等。现在，崇法寺已经倒塌。

晋冀豫区第一次党代会会场（老照片）

太行文化人座谈会下合村会址

八路军总部和中共北方局，在武乡期间，召开过两次文化人座谈会。一次是1940年的春节茶话会，一次是同年10月的文化人座谈会。

1939年10月11日，八路军总司令部由砖壁村迁至王家峪，野战政治部迁到下合村。当时太行军民已粉碎了日寇对晋东南的第二次“九路围攻”，环境相对稳定。八路军总部在这里接待了不少国际友人、援华团体、友军将领、民主人士、文化界名人，领导了根据地的减租减息、生产自救，与国民党顽固派进行了有理有利有节的斗争，同时还组织延安和大后方到前线来的一大批文艺工作者，开展了充满活力的敌后新文化运动。

就在轰轰烈烈建设根据地中，迎来了新的一年——1940年。年后的2月8日，正是农历的春节。为繁荣文化教育事业，扩大政治宣传，利用文艺武器来参加抗战，八路军总司令部、野战政治部，在野政驻地下合村召开了文化、教育工作者座谈会。座谈会的会场设在下合村的农家院子里，院中间摆了两张四六方桌，桌子上摆了一些茶碗。桌子周围，在长条凳、圆板凳上架了一些供与会人员坐的条板。实际上举行的是一个春节茶话会，热烈欢迎从延安来到华北前线的鲁艺木刻工作团。太行根据地的37名文教精英，共聚一堂。

在这之前，中共北方局书记杨尚昆等领导人，已向画家们发出了艺术服从政治、文艺为抗战服务的号召。木刻工作团的同志们，深入战地生活，把上述口号变为实际行动。他们虚心向民间艺术学习，进行了采风活动，创作出《军民一家》《坚持抗战》等新年画和连环画。春节这一天，朱总司令和野战政治部副主任兼宣传部长陆定一等领导同志参加了这次太行文化人座谈会，到会的文艺工作者有鲁艺木刻工作团的胡一川、彦涵、罗工柳、杨筠、华山和前方鲁艺校长李伯钊、抗大文艺工作团的徐懋庸、任白戈以及八路军总部的孙泱等，德国医生汉斯·米勒也应邀参加。座谈会上，朱总司令热情地鼓励这些日夜战斗在抗日前线的艺术家，进一步运用文艺这个武器，开展对敌斗争工作。他说："抗战要文武两条战线并肩作战，甚至笔杆子要超过枪杆子，先搞好文艺宣传，才能发动起群众性的游击战争。"

陆定一同志回顾了鲁艺木刻工作团从陕甘宁边区来到太行山期间，如何发挥艺术在抗战中的作用。同时，他向与会文艺工作者提出两个基本口号，民族形式和民间形式融合，创造出新的抗战文艺。他又有针对性地指出创造新文艺必须遵循的途径："第一，融合外国艺术和中国艺术，而创造出一种新的形式；第二，采用民间艺术形式，深入群众，学习传统艺术，在向群众学习的过程中，同时改变艺术形式。"陆定一同志认为，这种艺术的产生，将是一个长期奋斗的过程，有待艺术家们在抗战实践中努力。

会议结束后，朱德总司令、陆定一副主任等总部领导人，宴请了与会的艺术家们，并与他们合影留念。同年 10 月 19 日，晋东南文化界又召开了第二次代表大会。会间，野政首长再次组织座谈会，对敌后新文化运动的动向进行了座谈。这两次太行文化人座谈会，号召和发动了太行山区的广大文艺工作者，利用一切文艺工具和手段，投身到抗战洪流中，对推动华北敌后文艺工作起了巨大的作用。

太行文化人座谈会合影（老照片）

太行文化人座谈会下合村会址

晋东南各界反汪拥蒋大会下合村会址

1939年底，大汉奸汪精卫和日寇签订了《日支新关系调整纲要》的卖国密约，投降危机十分严重，全国人民义愤填膺。为声讨汪贼，肃清内奸，拥护蒋委员长抗战到底，1940年3月1日，八路军总司令部、野战政治部，在武乡县下合村南城墙跟的一片空地上召开了晋东南各界反汪拥蒋大会。参加这次大会的有晋东南军、政、民各界领导人，以及各机关、团体、学校，共3万余人。会场上，张贴了五光十色的标语，而更多的是由鲁迅艺术学校师生们绘制的漫画——汪精卫汉奸游十八层地狱，以精巧的连环画构图，活灵活现地描绘了汪精卫卖国求荣的丑恶嘴脸，让观众在观看中愤怒声讨。

会议由八路军政治部副主任、野战政治部主任傅钟主持。大会推选的会议主席团成员有朱德、彭德怀、杨尚昆、傅钟、陆定一、罗瑞卿、李一清、徐国华、王贵灵等，晋察冀军区司令员聂荣臻、冀中军区司令员吕正操率部来太行参加反顽，也被选入主席团。

当朱、彭、杨、聂、吕等首长走上主席台时，全体军民起立，振臂高呼口号。会上，朱德总司令致开幕词，他在讲话痛斥了汪精卫的卖国罪行后，号召全华北的军、政、民，广泛开展反汪运动，反对一切公开和暗藏的“汪精卫”。他号召全社会各抗战党派、军队和人民，必须紧密团结起来，坚持抗战到底！彭德怀副总司令也在会上作了重要讲话；聂荣臻以及青年、妇女和抗日团体代表都争先恐后地进行了讲演。

最后，大会决议：以 3 万军政民的名义，通电全国各界同胞，加强团结，声讨汪逆，肃清内奸，抗战到底。这次大会对坚持华北抗战，克服投降、分裂、倒退危险和肃清暗藏在抗日营垒中的投降派，起到了巨大的推动作用。

晋东南各界反汪拥蒋大会会场（老照片）

关家垴战斗动员会石门村会址

在百团大战第三阶段中，八路军先后粉碎了日伪军对太行、太岳、平西、北岳、晋西北等抗日根据地的大规模“扫荡”。敌人的“扫荡”首先从太行开始，以后又在平西、晋西北、晋察冀、冀中等地进行。

10月25日，辽县来敌由左会向东进犯，在板山一带与第三八六旅激战。同日，攻占西井之日军另一部三十六师团之冈崎大队800余人并辎重民夫400余人，趁我军主力被牵制在左会附近之机，突然向黄崖洞进犯。26日，该部遭到我第三八五旅十四团一部的阻截后，开始翻越太行山向武乡方向回撤。28日，日军在左会附近遭我军打击后，从芝麻角、韩登一线西窜，这时，攻打榆社城的陈赓旅和决死第一纵队一部正在蟠龙镇以东的关家垴附近休整。敌人在与我军相遇后，立即占据关家垴高地，紧急抢修工事，准备迎战，企图以险拒守。

这一消息马上被八路军副总司令彭德怀获悉。早在反“扫荡”初期，彭德怀就发现日军在“扫荡”根据地时，很多时候都是以一个大队为一路。由于一个大队的兵员少，集中起来较为容易，行动迅速，使得我军在每次反“扫荡”中的准备时间都相当仓促，十分不利。为摆脱这种被动局面，彭德怀早有寻歼敌之一个大队、震慑敌胆的设想，使之不敢再以一个大队为一路实施进攻。这样就能够使日军以后“扫荡”的时间间隔延长，从而在日后的反“扫荡”中增加我军的回旋余地。

这下真是机会难得，彭德怀副总司令决心消灭这股敌人，于是立即决定开会制订歼敌计划。29 日下午，彭德怀电令第一二九师旅以上干部召开紧急会议，要求集中主力歼灭该敌。会址选定在距关家垴 2.5 公里远的石门村。

石门村西口，有一座关公庙，村里人都叫它“老爷庙”。这座庙比较大，可容数十人，而且环境较好，便于警卫，所以将会址选择于此。傍晚时分，参会首长陆续来到石门村报到。这是一次规格很高的领导会议，总部机关前来参会的有：八路军副总司令彭德怀、八路军副参谋长兼前方总部参谋长左权、北方局书记杨尚昆、野战政治部主任罗瑞卿、野战政治部副主任陆定一、总司令部参谋处处长白天、作战科科长王政柱；第一二九师及所属各旅首长有：第一二九师师长刘伯承、第一二九师政委邓小平、第三八五旅旅长陈锡联、第三八六旅旅长陈赓、新编第十旅旅长范子侠、总部特务团团长欧致富，还有刚刚被任命为冀太联办副主任的决死第一纵队司令员兼政委薄一波也参加了会议。

会议由彭德怀讲了这次战斗的重要性和可行性，日军许多次“扫荡”都是以大队为单位进行的，这样兵员少，集中容易，行动迅速，作战便捷，进退自如。因而，使得我军在每次反“扫荡”中准备都相当仓促，十分不利，而且也给根据地民众造成极大威胁。如果我们这次能集中优势兵力，给予敌人沉重打击，可以起到震慑作用，敌人以后定然不敢再以一个大队为一路，这样猖狂的行动。目前日军兵力不足千人，而我军现在武乡集结了四个旅的兵力，可以说十倍于敌，完全有能力吃掉这股敌人。接下来野政主任罗瑞卿作战前动员，他对这次战斗的重要性作了深刻的分析，日军的疯狂“扫荡”，使民众受到了很大的损失，许多村庄被日军放火烧成灰烬，片瓦无存，其状极惨，今天，小鬼子进入我们的包围圈，我们必须给日寇以沉重打击，才能解老百姓心头之恨。为了打这一仗，要求各部队首长立即深入各营连作战斗动员，确保战斗取得胜利。参会领导纷纷表态，一定要消灭敌人。

经过认真研究，彭德怀发布命令：要求第一二九师之第三八五旅、新编第十旅为右翼纵队，归刘伯承、邓小平指挥；第三八六旅、决死第一纵队两个团为左翼纵队，归陈赓指挥；总部特务团、炮兵团由彭德怀亲自指挥，山炮设于附近高地。集中兵力，于翌日晨4时向敌攻击，务求彻底消灭之。左权最后强调道：我们之所以要在凌晨4点发起攻击，是因为敌人在我们的围困下已经疲惫不堪，特别是他们又刚刚构筑完工事，肯定是累得不行，困得不行，我们就是要趁敌人酣睡时进行偷袭，这样可以打敌人一个措手不及，以取得胜利。会议之后，各领导人连夜赶回部队进行战前准备，总部首长也不顾疲劳，立即进入前沿阵地，去迎接战斗。

关家垴战斗动员会石门村会址

北方局妇女干部训练班石圪垤村旧址

中共中央北方局妇委在武乡驻扎期间，为了认真宣传贯彻党中央的各项路线、方针、政策，直接抓好华北敌后的妇女工作，锻炼、培养和为各单位输送大批优秀的妇女干部，于1940年初，在王家峪附近的石圪垤村举办了两期妇女干部训练班（简称妇训班）。妇训班设在石圪垤村时飨殿。

妇训班的学员，一部分是来自晋东南各县的妇救会主席和副主席，一部分是山西“十二月事变”后由晋西北转移来的妇女干部，白涛、王泓、丁芳、白玲、刘金、侯俊英、王淑玉、洪立、于奋、齐跃纯、南林、朱叔玉等，以及武乡妇救会的王昭、范成秀、段子峰、武兰芳、任秀兰等50余名妇女干部。妇训班的班长是邓小平的夫人卓琳同志，支部书记是左权将军的夫人刘志兰同志，浦安修同志则以北方局妇委负责人的身份，也经常到妇训班来进行辅导，参加班、组讨论。

妇训班的学习内容，主要是马列主义理论、抗战形势、统一战线、党的基本知识及根据地妇女工作、妇女解放的道理和内容、妇女解放和民族解放运动的关系，同时还适当讲一些军事知识。在教学方法上，学习延安陕公、抗大的经验，划分小组，反复讨论，出讨论题，请人解答，自我总结，鉴定收获，然后，同志们提出意见，进行具体的帮助。讲课教师，主要是北方局宣传科科长赵守攻和彭总的秘书刘文华等同志。朱总司令、彭副总司令以及北方局杨尚昆书记也曾到妇训班来作报告。为了在实践中培养和锻炼妇女干部，北方局妇委还组织了妇女工作队，深入乡村具体帮助指导，进行大量的工作。浦安修同志还亲自带队到土河村协助地方开展妇女工作，她们把组织妇女参加救亡运动和妇女的切身利益结合起来，组织妇女挣脱神权、族权、夫权的束缚，启发妇女放脚、讲卫生，参加养鸡喂猪、纺花织布等力所能及的劳动，逐步改善妇女的政治和经济地位。同时他们还在农村办了妇女识字班，扫盲兼学政治。

第一期妇训班，历时 3 个月，于 4 月底结业；7 月份又组织了第二期妇女干部训练班。这期妇训班的学员，一部分是来自太行区各县的妇女干部，还有一部分是来自冀鲁豫的妇女干部。支部书记是程克，组织委员是王泓。学员有梁柯平、高光前、尹平、武珂、郝赋梅、刘金、柳文、洪立、程达等同志，共50多人，时间大约一个月。学习期满后，又都回到了各自的工作岗位。这两期妇训班，对培养妇女干部，组织妇女抗战，开辟和创建太行抗日根据地，发挥了积极的作用。妇训班毕业的学员，大部分分赴太行山等地，采取“滚雪球”的方式，层层抓培训妇女干部的工作，收到了良好的效果。

北方局妇女干部训练班石圪垤村旧址　郝雪廷　摄影

长乐村战斗遗址

武乡县城东20公里处的长乐村，是抗战时期我八路军主力粉碎日寇对太行山根据地实行“九路围攻”的主要战场。1938年4月，日华北方面军第一军集中兵力3万余人，由同蒲、正太、平汉铁路线及长治、屯留等地出发，分九路向晋东南地区八路军和国民党军大举“围攻”。妄图在辽县、武乡、榆社一带消灭我八路军主力，摧毁我军初创的太行抗日根据地。4月16日，日军北犯榆社扑空后，毁弃武乡，向襄垣窜去，我八路军第一二九师主力与第一一五师第三四四旅一部遵照朱德总司令和彭德怀副总司令的命令，在刘伯承师长、邓小平政委和徐向前副师长的指挥下，以四个团的兵力追歼敌军，我军以急袭手段将日军压缩在马庄、里庄至长乐村一带的河谷地区，截为数段，各个击破，歼敌2200余人，这是八路军在整个抗日战争中消灭日军最多的一次战斗，这次战斗的胜利，不仅取得了粉碎日军“九路围攻”的决定性胜利，而且也为晋冀豫抗日根据地的创建奠定了坚实的基础。

1939年9月18日，武乡、沁县、榆社、辽县、襄垣、黎城等七县军民近万人，在长乐村召开了庆祝粉碎日军第二次“九路围攻”胜利大会，并决定为长乐村战斗牺牲的第七七二团团长叶成焕、石盘云竹战斗中牺牲的新一团团长丁思林立碑纪念，年底纪念碑亭在长乐村附近落成。2021年，山西太行干部学院重修了烈士纪念碑亭。

为了更进一步反映长乐村战斗这一辉煌历史，在省、市民政部门的大力支持下，1986 年，武乡县委、县政府又在里庄村东建起了雄伟的长乐村战斗纪念碑。纪念碑的碑体为四方形，底座面积为 30.3 平方米，碑身总高 16.6 米，其正面大理石上镌刻着原八路军野战政治部副主任陆定一同志亲笔题写的碑名：“长乐村战斗纪念碑”。碑体背面镌刻着亲自指挥此次战斗的原第一二九师副师长徐向前同志的题词：“长乐村战斗死难烈士永垂不朽！”碑座正面镂刻着的“长乐村战斗纪念碑志”，简明地概述了长乐战斗的经过及其重大历史意义。左侧面嵌着部署此役的朱德总司令、彭德怀副总司令与左权副参谋长的题词，右侧面嵌着指挥这次战斗的第一二九师刘伯承师长、邓小平政委和第三八六旅旅长陈赓同志的题词，背面嵌着直接参加战斗的原第一一五师第六八九团团长韩先楚和原第一二九师第三八五旅第七六九团团长陈锡联、第三八六旅第七七一团团长徐深吉和第七七二团政治部主任卢仁灿同志的题词，既留下了革命老前辈的珍贵墨迹，又对长乐村战斗作了高度的评价。

长乐村战斗纪念碑　李绍君　摄影

长乐村战斗纪念碑亭　姜向东　摄影

关家垴歼灭战遗址

关家垴歼灭战是在百团大战的第三阶段，由彭德怀副总司令亲自指挥的一次著名战斗。

10月下旬，日军三十六师团冈崎大队约800人，由黄崖洞西犯，窜到了武乡左会地区，在抗日根据地军民的袭扰之下，冈崎大队于10月28日被迫撤到武乡县蟠龙镇关家垴附近，准备夺道武乡，退回沁县。恰巧，刚打完榆（社）辽（县）战役的八路军第一二九师主力部队，正在蟠龙镇附近休整，我军当即对敌进行合围，日军冈崎大队连夜占领了附近高地关家垴。

10月29日下午，彭德怀得知这一消息，火速赶到石门村，决定亲自坐镇指挥。左权及第一二九师师长刘伯承、政治委员邓小平等人也先后赶来，当晚，彭德怀在石门村召集第一二九师的师、旅干部开会，正式下达八路军总部的作战命令：由刘伯承、邓小平指挥第一二九师第三八五旅、新编第十旅各一部，第三八六旅旅长陈赓指挥第一二九师第三八六旅和决死第一纵队二十五、三十八团，彭德怀亲自指挥总部特务团、炮兵团山炮连，于10月30日凌晨4时对日军冈崎大队发起攻击。具体攻击部署是：第三八六旅第七七二团和总部特务团为一路，从关家垴东北、东南侧攻击；第三八五旅第七六九团为一路，从关家垴的西北侧与前一路并肩攻击；决死第一纵队为一路，由南向北推进，在关家垴南侧对日军的左翼进行牵制；新编第十旅为一路，由西向东封锁日军西逃之路。会议结束后，各路参战部队迅速向指定的攻击位置进发。彭德怀、左权的指挥所设在韩登村西；刘伯承、邓小平的指挥所设在三角坡圪梁，后推进到温水圪梁；陈赓、罗瑞卿指挥所在马垴村西西腰桥，后推进到石门坪。

10月30日凌晨4时，八路军总部指挥所发出了总攻击信号。随着几发炮弹准确地落到日军的前沿阵地，在日军火力尚未展开之际，八路军对关家垴和柳树垴同时发起了攻击。片刻间，枪声大作，杀声震天。这次战斗异常激烈，日军联络几架飞机前来轰炸与扫射，给八路军以很大的威胁，我军英勇顽强，多次向敌人发起进攻，战斗处于胶着状态，八路军的伤亡在不断增加。一些指战员见不少战友先后倒在了自己的面前，不禁怒火中烧，打红了眼，即使负了重伤也不下火线，要坚持战斗到底，誓为牺牲的战友报仇。

战斗进行到31日下午，在总部首长的号令下，我八路军向敌人发起了总攻，部队分路向敌人冲击，关家垴之敌受到重创，只有少数残存之敌在顽抗。此时，辽县、黎城、武乡等地出动了3000余敌分5路驰援。为保存战果，我军撤出战斗。此次战斗中，八路军广大指战员，英勇顽强，范子侠将军光荣负伤，许多战士为保卫根据地流尽最后一滴血。关家垴一战，歼敌冈崎大队500余人，大队长冈崎谦受中佐被击毙在关家垴，缴获轻重机枪20余挺，步枪500余支及大量军用物资，胜利地结束了敌人的疯狂“扫荡”，予敌人以重大打击。我军在此歼灭战中也付出了沉重的代价。2008年，在民政部门的支持下，关家垴村修建了关家垴战斗纪念碑。

关家垴战斗纪念碑　姜向东　摄影

关家垴战斗遗址　姜向东　摄影

漆树坡窑洞保卫战遗址

1943 年 7 月 16 日，漆树坡民兵利用窑洞作依托，抗击了千余日军的重兵“围剿”，保卫了县、区抗日机关和广大群众的安全，为开展“窑洞战”创造了先例。

漆树坡位于武乡、沁县、襄垣三县交界处，是武乡抗日县政府路南办事处和新八区区公所所在地。这里不仅是武东路南地区根据地，而且是太行、太岳两个根据地的交通要塞。1943 年 7 月 16 日黎明，日军纠集段村、沁县、襄垣等 6 个据点之敌 1000 余人，向漆树坡合击“包剿”，企图吃掉我路南抗日机关，一举摧毁这块抗日根据地。在敌人四面合击的形势下，路南办事处领导安排群众和机关分别转移到 6 个战斗窑洞。

漆树坡村的民兵们分为 3 个战斗组，利用地雷战、麻雀战阻击敌人达 3 小时。大量杀伤敌人后，分别转入窑洞，指导员武志芳带领 6 个民兵进入桑树沟窑洞。由于汉奸告密，敌人发现了这个设在半山崖上的洞口，当即组织大队人马扑来。洞口的地雷、石雷接连爆炸，炸死了 10 多个日军。恼羞成怒的敌人调整兵力后，又一次强攻洞口。7 个民兵居高临下，用 6 支步枪配合手榴弹，凭借他们挖设的“设三关、拐三弯、楼上楼、天外天、住得久、跑得脱、熏不着、饿不死”的战斗窑洞，与敌人展开了激烈的战斗，数次将

漆树坡窑洞保卫战纪念碑　李绍君　摄影

敌人击溃。敌人对这些民兵奈何不得，就使用烟熏毒计，民兵们马上进入翻口盖上石板，一丝烟也进不去。这时，敌人又从一旁发现了出气口，蜂拥而上，搭起人梯，妄图从此突破打进窑洞。可是上去一个，报销一个。敌人气急败坏地从远道拉来一门山炮，对着窑洞连续轰击，直到傍晚，才将窑洞轰开个豁口。武志芳在洞内观察到敌人已将窑洞上下前后团团围住，为了保护洞内群众的安全，带着民兵冲出洞外，扑向敌群，展开了肉搏战。这时坚守在其他几个窑洞的民兵已奔上山头，联防区各村的民兵也闻讯赶到，响起了“油桶机枪”、土炮。在茫茫的夜间，日军摸不清底细，以为陷入八路军重围，急忙狼狈而逃。此次战斗，血战一整天，击毙敌伪军60余人，全村群众安然脱险，抗日机关未受损失，创造了著名的“窑洞保卫战”战例。我7民兵血洒故土，壮烈殉国。为了永远纪念这次窑洞保卫战和武志芳等7名先烈，武乡路南办事处将桑树沟改为“英雄沟”。

1989年，县委、县政府决定，在漆树坡村建立漆树坡窑洞保卫战纪念碑。1989年7月4日奠基，同年10月1日落成。纪念碑高8米，底座高2米，周围有护栏、台阶，碑身正面是陆定一题写的“漆树坡窑洞保卫战烈士纪念碑”，背面是邓小平题写的“人民英雄永垂不朽”，两侧是象征民兵武装的浮雕，底柱正面是武乡县委、县政府为纪念碑撰写的碑文，背面是烈士英名录，两侧分别刻有徐向前、聂荣臻、姜一、鲁瑞林、赵志云、钟明锋的题词。

李峪村地雷战遗址

李峪村地雷战遗址位于武乡县城东 23 公里的李峪村。抗日战争时期，李峪村自卫队队长王来法带领民兵活动于蟠武公路上，在上级调拨武器不足的情况下，他们集中群众智慧，想方设法，就地取材，自己制造地雷，还利用当地的山石，凿开石头，自配土炸药，制成石头雷，在李峪村一带桥防滩大摆地雷阵，给小鬼子以沉重的打击，配合主力部队，粉碎敌人上百次“扫荡”。他们制造的“踏板雷”，专炸鬼子的汽车，“碎石雷”专炸整体行进的鬼子部队，气急败坏的日本鬼子，调来工兵，用探雷器探雷进行排雷，为了迷惑敌人，他们又研制出了“头发丝雷”“真假雷”，专门对付排雷的工兵，使小鬼子束手无策。同时，他们在村里家家户户的角角落落都埋上地雷，进村“扫荡”的鬼子一推老乡的门，地雷响了，一掀锅盖，地雷又响了，直炸得鬼子寸步难行，无处躲藏。

1943 年 6 月 14 日，日军进占蟠龙，进一步“蚕食”我太行抗日根据地腹心地区。为了彻底粉碎敌人的罪恶阴谋，太行区党、政、军各级领导，成立军民联防指挥部，组织广大军民，围困蟠龙敌人。王来法和本村民兵多次在村东官道坡公路上巧布地雷，断绝了蟠龙日军与段村据点的联系，有一次炸毁鬼子两辆汽车，还有一次王来法用 22 个地雷炸死 28 个鬼子、两匹马。

在我抗日军民的沉重打击下，蟠龙的日军被迫于1944年2月28日，撤回段村据点。抗战时期，该村民兵先后毙敌123名，俘敌40余名。1944年11月，王来法在太行首届群英会上获“地雷大王”的光荣称号，晋冀鲁豫边区赠给王来法“抗战柱石建国先锋”锦旗一面。

1962年，以李峪村等地的地雷战故事为素材拍摄的电影《地雷战》被部队当作教学片，成为我军一门独立的作战方法。王来法的地雷战扬威太行，令日本鬼子闻风丧胆，在中国抗战史上留下了辉煌壮丽的一页，1964年武乡县李峪村地雷战遗址对外开放，70年代初在村西建起王来法英雄事迹陈列室，吸引了国内外游客。

李峪村王来法纪念馆　郝雪廷　摄影

蟠龙围困战遗址

围困蟠龙敌寇胜利纪念亭　郝雪廷　摄影

1943 年 6 月 14 日，日军三十六师团葛目联队小林大队，指挥伪剿共军第一师赵瑞、段炳昌所部，共 3000 余人，在大汉奸郝竹亭的勾引下，侵占了武（乡）东重镇蟠龙，在我太行腹地插了一把刀子，妄图分割我根据地，使三分区的形势发生了严重的变化。蟠龙地区 13 个编村的老百姓，按照县委事先发出的紧急通知，进行了空室清野，连夜撤到大有、洪水、东堡、西堡、朱家山等山区根据地。为了安置这些群众，政府想尽一切办法，如贷款、组织运输、发救济粮来救济转移出来的群众，并指导蟠武线的广大群众建立野外生活，坚持生产，全县人民也发扬同舟共济的友爱精神，对转移出来的群众给了很大的帮助。为打击敌人的嚣张气焰，我太行三分区司令员陈锡联、政治委员彭涛研究决定，并请示第一二九师及太行军区刘邓首长，决定集中优势兵力，发起蟠（龙）武（乡）战役，抽调6个团的兵力来参加这次战役：第七六九团攻蟠龙；总部特务团攻侯家垴，决九团攻白家庄，二十团攻奶奶凹，十四团攻胡峦岭，决七团向西打援，封锁段村日军。本次战役的目标是：攻歼蟠龙周围以及蟠武公路沿线之日伪据点，孤立蟠龙据点的敌人。1943年7月19日至20日进行了战斗，给敌人以极大的打击。

之后，我太行区党政军各级领导，根据第一二九师刘、邓首长的指示精神，蟠武沿线的广大军民纷纷响应，立即组织劳武结合的围困蟠龙斗争。我正规军结合民兵组织了围困部队，他们一方面派遣飞行射击手、爆炸手主动到堡垒、据点跟前活动，一方面机动顽强地打击出扰的敌人，使蟠龙十里以外的群众能安然进行生产，并且在我武装掩护下抢收了据点附近40顷麦子、60顷秋田。而敌人却见不到群众，抓不到壮丁，修筑工事、碉堡等一切劳役都是伪军来干。在蟠武线上，敌人经常遭受我军的伏击，还有民兵的冷枪与爆炸。如地雷大王王来法带领李峪民兵在公路上埋设地雷，使敌人感到非常害怕，不得不以一个团的兵力轮番地掩护蟠武线的运输，因为蟠龙是一无所有的，一切用具、粮食、弹药都得从段村运来。蟠武线变成了敌人的死亡线，封锁和控制了敌人的运输线，这样把蟠龙变成了敌人的一座坟墓。我武东军民2万多人投入了这场历时8个月零14天的围困斗争，军民共进行大小战斗3275次，总共歼敌2100多名。在我军的政治攻势中，伪军逃跑、投诚者共240多名。在我广大军民的团团包围之下，敌人于1944年2月28日五更，在漳河两岸满山民兵、部队的呐喊和枪炮声中，夹紧尾巴，狼狈逃回段村老巢。1944年3月4日，太行三分区在蟠龙镇召开了万人参加的庆功祝捷大会。4月3日太行《新华日报》第一版，以显赫的标题发表了《向蟠武线军民致敬》的社论，在国内外表彰了蟠武全线在血与火的斗争中坚持围困蟠龙敌寇的广大军民。1945年4月5日，武乡（东）县党、政、军、民各界代表近万人在蟠龙镇举行公祭大会，祭奠蟠武战役、蟠龙围困战以及武乡七年来在抗日战争中为国牺牲的烈士。

八路军修筑的圣人泉

1939 年 7 月，八路军总部机关进驻武乡砖壁村，是年冬，总部又在左会东南边的水窑山里创建了华北敌后最大的军工基地——黄崖洞兵工厂。同时，八路军第一二九师医院也进驻左会村。1941 年夏天，日本鬼子对我太行抗日根据地疯狂“扫荡”，实行残酷的“三光”政策，妄图一举吃掉我总部首脑机关，消灭八路军主力，摧毁黄崖洞兵工厂。同时，百年不遇的大旱，也在太行山上蔓延开来，抗日战争进入最艰苦的时期。为了保卫总部，保卫兵工厂，指挥反“扫荡”作战，左权将军常在这一带活动。一天，左权将军又来到左会村，了解医药卫生的情况时，发现这里水源奇缺，十年九旱，水井干涸，溪水断流，老百姓没水吃，卫生员给伤病员洗衣服、洗绷带，还得跑 20 多里路。

左权将军把左会村缺水的事记在心上，回到总部和其他首长一商量，便决定亲自率领总部特务团一部，上水华山找水。他考察古碑，勘察地层，仔细探索水源的迹象。在水江沟南面，左权将军发现这里树木格外葱郁，花草特别茂盛，拨开古藤一看，见有湿润的泥土。左权将军分析这里有泉水，于是组织特务团战士，顶着烈日，挖山找水。终于挖掘出一股山泉，并开挖水渠，遇到山沟就用松树挖成渡槽，将山泉引到村里。及时排除了当地人民的饮水困难。当地群众称左权将军为“左圣人”，为此泉水取名“圣人泉”。

左会村圣人泉源头　李绍君　摄影

左会村圣人泉蓄水池碑亭　申端阳　摄影

觉醒联盟成立大会王家峪村会址

1939 年秋，经野战政治部批准，杉本一夫、小林武夫、冈田义雄、高木敏雄、松井英男、吉田太郎、石家修等经教育思想转变的 7 名日军俘虏，筹备成立一个日人反战组织，11 月 7 日，在武乡县王家峪村召开成立大会，组织了第一个在华日人反战团体——唤醒联盟。

早在 1938 年 12 月 8 日，冈田义雄、杉本一夫和小林武夫就报名参加了八路军。他们都是经我敌工人员教育后转变过来的日军俘虏，日本朋友能主动参加中国抗战，是一件非常有意义的事情，朱德总司令亲自批准了他们的请求。1939 年 1 月 5 日，他们三人还联合发表了“参加八路军声明书”。在冈田义雄、杉本一夫和小林武夫三位战士的言传身教和带动下，许多俘虏都有了不同程度的转变。在这样的基础上，大家商量准备成立一个由日本人自己管理的反战组织，这样不论在对日军的宣传上还是在对俘虏的教育上，都会更为有利。杉本一夫便找野政敌工部副部长漆克昌汇报，漆克昌早年曾留学日本，会说一口流利的日语，与俘虏交谈十分便利，当他听到杉本一夫提出的这个建议，立即汇报给野政领导，野战政治部领导经过认真研究，同意了他们的建议，并指定由杉本一夫负责筹备工作，于是他们制定工作纲要，将该组织定名为“唤醒联盟”，并在庆祝苏联十月革命纪念日成立。成立大会由野政敌工部副部长漆克昌主持，杉本一夫作了筹备工作报告，宣布了组织章程和工作纲要。八路军野战政治部主任傅钟、副主任陆定一等首长也到会祝贺。大会通过了“唤醒联盟”的宗旨，即：“呼唤广大日军士兵觉醒，反对非正义的侵略战争，揭露日本法西斯破坏和平与侵略中国的本质与罪恶。号召中日两国人民团结起来，共同打倒日本帝国主义。”会议选举杉本一夫为会长，这是敌后抗日战场上的第一个日人反战组织。

“唤醒联盟”正式成立不久，他们就发现一些问题，当他们的资料传进敌人的据点，而产生了反作用，天皇是日本神教的重要组成部分，也是日本人生活与精神的重要支柱，天皇在日本人心中的地位是举足轻重的。“唤醒”是使人醒悟的意思，用这个名字显得太狂妄，只接受天皇引领精神的日本人，怎么会让他们来唤醒呢？为了避免引起日军士兵的反感，很快更名为“觉醒联盟”。“觉醒”与“唤醒”虽然只有一字之差，但词意却有极大的不同。“唤醒”是被动的，而“觉醒”是主动的。让日军士兵主动加入反战行列，成为反法西斯的一员，这才是他们的初衷。大家都感觉这个名字好，因此就决定改名为“觉醒联盟”。并创办了机关刊物《觉醒》。该机构先驻下合村魏永红家正窑。不久，移住东枣林村李碾成家。

觉醒联盟成立的消息传出，在整个华北根据地的敌军工作中引起了极大反响，各根据地纷纷效仿。1940年5月1日，在延安的日俘士兵森健、高山进、市川春夫等人创建了日人反战同盟延安支部；6月2日，在第一一五师敌工部的支持下，由本桥朝治发起组织了日本士兵觉醒联盟山东支部；1941年8月15日，水野靖夫创办了日人觉醒联盟冀鲁豫支部；1941年11月25日，秋山良照建立了日本士兵觉醒联盟冀南支部；1942年8月1日，渡边三郎组织了日本士兵觉醒联盟太岳支部。1940年底，该组织迁至辽县（今左权）。

唤醒联盟下合村旧址　李绍君　摄影

觉醒联盟东枣林村旧址　李绍君　摄影

武乡红色旧址（遗址）一览表

（全县 2020 年经调查统计的红色旧址共有 1190 处）

洪水镇（163 处）

墨镫村	一二九师政治部旧址
	刘志坚旧居
	一二九师三八六旅七七二团旧址
	叶成焕旧居
	武乡独立营旧址
马堡村	一二九师司令部旧址
	刘伯承旧居
	邓小平旧居
	徐向前旧居
	三八六旅司令部旧址
	陈赓旧居
	王新亭旧居
	陈再道旧居
	三八五旅独立二团旧址
	三八五旅十四团旧址
戈北坪村	太行三分区武委会兵工厂旧址

南背村	太行三分区武委会兵工厂旧址
羊圈村	太行三分区武委会兵工厂旧址
河神烟村	吴定一烈士牺牲地
青草烟村	一二九师野战医院旧址
新村	三八六旅七七一团旧址
	徐深吉旧居
	吴富善旧居
	三八五旅七六九团旧址
果树圪道村	一二九师手术队旧址
洪水村	一一五师三四三旅六八六团扩兵组旧址
	三八六旅补充团旧址
	晋察冀军区南下支队第五团旧址
	冀中军区第三十二团旧址
	中共太行三地委旧址
	王一伦旧居
	太行三专署旧址
	刘亚雄旧居
	武光汤旧居
	太行三分区医院旧址
	赵玉珍烈士牺牲地
	中共武乡（东）县委会旧址
	武乡县抗日政府旧址
	一二九师先锋剧团旧址
	华北新华书店第三分店旧址
	野战卫生部药材站旧址
	三八五旅旧址
	陈锡联旧居
白和村	七六九团旧址

白和村	七六九团白和煤矿旧址
	军工部硫磺厂旧址
	军工部硫酸厂旧址
	三八六旅司令部旧址
	陈赓旧居
	王新亭旧居
	三八五旅司令部旧址
	陈锡联旧居
中村	太行三地委旧址
	王一伦旧居
	一二九师司令部旧址
	刘伯承旧居
	邓小平旧居
	李达旧居
	太行第三军分区司令部旧址
	鲁瑞林旧居
	中共武乡（东）县委会旧址
	武乡县抗日政府旧址
	一二九师随营学校旧址
	抗大六分校训练部旧址
	姚继鸣旧居
	军工部柳沟铁厂焦炭分部旧址
坪头村	抗大六分校校部旧址
	刘忠旧居
	黄欧东旧居
义安村	抗大六分校政治部旧址
	铁坚旧居
	太行三中旧址

下寨村	太行第三专署旧址
	中共太行三地委旧址
东庄村	军工部长江部旧址
	军工部军备仓库旧址
显王村	八路军附属医院旧址
	军工部一所锻工部旧址
	军工部一所三分厂旧址
	军工部五厂旧址
阳坡庄村	中共太行三地委旧址
	太行第三专署旧址
刘家嘴村	一二九师司令部旧址
	刘伯承旧居
	邓小平旧居
	李达旧居
熬垴村	太行三地委旧址
	彭涛旧居
	太行三分区司令部旧址
	陈锡联旧址
	鲁瑞林旧居
	王一伦旧居
	三八五旅旅部旧址
	一二九师三八五旅七六九团旧址
	郑国仲旧居
	漆远渥旧居
卧龙头村	军工部硫酸厂旧址
	军工部陶瓷厂旧址
小麻角村	冀南银行武乡县支行旧址
董家庄村	冀南银行武乡县支行旧址

党城村	刘致中烈士牺牲地
土棚村	太行文化教育出版社旧址
	一二九师刺刀厂旧址
苏峪村	八路军总部特务团旧址
	欧致富旧居
	曹光琳旧居
	冀南银行武乡县支行旧址
	太行造纸厂一分厂旧址
寨坪村	八路军总部特务团旧址
	欧致富旧居
	郭林祥旧居
上广志村	一二九师司令部旧址
	刘伯承旧居
	邓小平旧居
	李达旧居
	三八五旅独立一团旧址
	三八五旅十三团旧址
	黄（岩）广（志）渠遗址
	决死三纵队决八团旧址
下广志村	三八五旅独立二团旧址
	三八五旅十四团旧址
	孔庆德旧居
	赵兰田旧居
	太行山剧团旧址
上黄岩村	三八五旅十三团旧址
	石志本旧居
	肖德明旧居
下黄岩村	一二九师被服厂旧址

下黄岩村	一二九师生产部旧址
拴马村	八路军总司令部旧址
	彭德怀路居处
	左权路居处
大井村	八路军总部后勤科旧址
	野战卫生部干部休养所重残所旧址
左会村	野战卫生部旧址
	钱信忠旧居
	孙仪之旧居
	八路军卫生学校旧址
	一二九师医训队旧址
	八路军总部特务团旧址
	欧致富旧居
	郭林祥旧居
	邹开胜旧居
	一二九师野战医院旧址
	前总野战医院旧址
	八路军修筑的圣人泉
板山村	防卫工事指挥部十字岭旧址
	兵工厂防卫工事旧址 22 处
水华山	总部特务团通讯连旧址
窑湾村	八路军后勤部纺织厂旧址
芝麻角村	太行联中三队旧址
	三八六旅十六团旧址
	谢家庆旧居
	程悦长旧居
	抗日军政大学第四团旧址
	洪学智旧居

芝麻角村	穰明德旧居
	野战卫生部干部休养所轻残所黄堂凹旧址
韩登村	关家垴战斗彭德怀、左权前线指挥所旧址
	野战卫生材料厂旧址
	野战卫生材料厂玻璃生产所旧址
杨李枝村	抗大六分校第五营旧址
泉河村	太行三分区医院旧址

蟠龙镇（328处）

砖壁村	八路军总司令部旧址
	朱德旧居
	彭德怀旧居
	左权旧居
	八路军后勤部旧址
	杨立三旧居
	八路军供给部旧址
	周玉成旧居
	太行三地委旧址
	太行三分区旧址
	鲁瑞林旧居
	八路军总部参谋人员训练班旧址
	八路军总部无线电通讯培训班旧址
	中共中央北方局高干会议旧址
烟里村	八路军野战政治部旧址
	傅钟旧居
	罗瑞卿旧居
	陆定一旧居

烟里村	野战政治部宣传部旧址
	王东明旧居
	野战政治部组织部旧址
	周桓旧居
	野战政治部民运部旧址
	王卓如旧居
	野战政治部敌工部旧址
	漆克昌旧居
	野战政治部锄奸部旧址
	杨奇清旧居
	中共中央北方局旧址
	杨尚昆旧居
	中共中央北方局组织部旧址
	朱瑞旧居
	中共中央北方局宣传部旧址
	李大章旧居
	中共中央北方局统战部旧址
	张友清旧居
	中共中央北方局社会部旧址
	郭任芝旧居
	中共中央北方局政治部旧址
	张衡宇旧居
	中共中央北方局青年工作委员会旧址
	江明旧居
	中共中央北方局党校旧址
	杨献珍旧居
	八路军总部直属政治处旧址
	康克清旧居

烟里村	华北朝鲜青年联合会旧址
	冀南银行旧址
	高捷成旧居
	野战卫生材料厂及制药所旧址
史家嘴村	八路军总部通讯营旧址
	太行第三专署旧址
安乐庄村	太行文化教育出版社旧址
	华北新华日报社旧址
	新华社华北总分社旧址
安乐庄村	何云旧居
	陈克寒旧居
	新华社华北总分社通讯员培训班旧址
	中国青年记协北方办事处旧址
	赵树理旧居
	李庄旧居
	左漠野旧居
	杜毓沄旧居
	报社油墨厂旧址
	《抗战生活》杂志社旧址
	《中国人》报编辑部旧址
	野战卫生材料厂及制药分厂旧址
南山头村	野战政治部军法处旧址
	曾传六旧居
	八路军总部通讯科旧址
	八路军直属政治处旧址
	康克清旧居
安其盘村	八路军总部电台旧址

马堖村（长立头）	三八六旅旅部旧址
	陈赓旧址
	王新亭旧居
	三八六旅政治部芦林庵旧址
	太行第三军分区粮食仓库旧址
	抗日军政大学第三团旧址
	刘忠旧居
	黄志勇旧居
	关家堖战斗陈赓、罗瑞卿前线指挥所旧址
石瓮村	八路军总司令部旧址
	彭德怀旧居
	左权旧居
	决死一纵队一部旧址
	薄一波旧居
	决死一纵队二十五团旧址
	苏鲁旧居
	抗日军政大学总校旧址
	滕代远旧居
上庄村	华北新华日报社旧址
	何云旧居
	新华社华北总分社旧址
	供给部被服厂（仓库）旧址
	抗日军政大学政治部组织部旧址
	袁子钦旧居
	太行第三军分区炸弹所（翻砂部）旧址
	军工部柳沟铁厂木工部旧址
大塘村	中共中央北方局旧址
	杨尚昆旧居

大塘村	八路军野战政治部旧址
大塘村	罗瑞卿旧居
大塘村	陆定一旧居
向阳村	太行第三军分区炸弹所（完成部）旧址
向阳村	太行三中旧址
向阳村	抗日军政大学政治部旧址
向阳村	张际春旧居
向阳村	抗日军政大学政治部保卫部旧址
向阳村	吴格成旧居
石泉村	抗日军政大学女生队旧址
石泉村	抗大六分校生产部旧址
石泉村	三八五旅生产部旧址
大石脚村	供给部被服厂旧址
大石脚村	抗日军政大学政治部宣传部旧址
大石脚村	谢翰文旧居
蒺藜坪村	抗日军政大学文工团旧址
蒺藜坪村	供给部被服厂旧址
蒺藜坪村	抗大六分校养殖场旧址
关家垴村	新编第十旅旅部旧址
关家垴村	范子侠旧居
关家垴村	赖际发旧居
关家垴村	新编第十旅二十八团旧址
关家垴村	王耀南旧居
关家垴村	关家垴歼灭战遗址
关家垴村	谢家庆烈士牺牲地
神南村	太行联中三队旧址
神南村	关家垴战斗刘伯承、邓小平前线指挥所旧址

南郊村	八路军野战医院旧址
	供给部被服厂旧址
庙阳坡村	供给部被服厂仓库旧址
马家岭村	太行第三军分区修枪所旧址
郊口村	抗日军政大学第一团旧址
	苏振华旧居
	王赤军旧居
石门村	决死一纵队三十八团旧址
	蔡爱卿旧居
	刘有光旧居
	抗日军政大学第二团旧址
	郭林祥旧居
	杨光池旧居
	抗大文工团旧址
	一二九师师部旧址
	刘伯承旧居
	邓小平旧居
	李达旧居
	蔡树藩旧居
	《胜利报》社旧址
	关家垴战斗动员会会址
	太行第三军分区修械所旧址
	太行第三军分区炸弹所旧址
	八路军炸弹厂研究所旧址
	八路军野战医院旧址
	中共晋冀特委党校旧址
	一二九师随营学校旧址
	易良品旧居

石门村	一二九师随营学校一营旧址
	抗大第六分校校部旧址
	武乡独立营旧址
	中共武乡（东）县委会旧址
	武乡县抗日政府旧址
	军工部干部训练队旧址
	太行三专署草帽厂旧址
大陌村	一二九师随营学校三营旧址
	抗大一分校留守大队旧址
	何长工旧居
	赖光勋旧居
	晋东南鲁迅艺术学校旧址
	决死一纵队修械所旧址
	八路军总部柳沟铁厂完成部旧址
楼角村	军工部硫磺厂旧址
	军工部楼角煤矿旧址
柳沟村	八路军军工部旧址
	刘鹏旧居
	八路军总部柳沟铁厂旧址
	高原旧居
	陆达旧居
	郑汉涛旧居
	八路军总部柳沟铁厂仓库旧址
	八路军总部柳沟铁厂翻砂部旧址
庄底村	八路军总部柳沟铁厂总厂旧址
	八路军总部柳沟铁厂一分厂旧址
	军工部硫酸厂旧址
	军工部老沙坡煤矿旧址

马岚头村	八路军总部柳沟铁厂铁矿旧址
	八路军总部柳沟铁厂翻砂部旧址
	八路军总部柳沟铁厂宿舍区旧址
	太行农具合作社旧址
窑申峪村	军工部青背塔煤矿旧址
窑儿凹村	军工部柳沟铁厂引信部旧址
温庄村	太行工业学校旧址
	刘鼎旧居
	刘致中旧居
	陆达旧居
	野战卫生材料厂玻璃分厂旧址
	野战卫生材料厂制造所旧址
	野战卫生材料厂酒精分厂旧址
	军工部地雷培训班旧址
	凌则之烈士牺牲地
河不凌村	太行工业学校矿冶专科班旧址
	晋察冀军区南下支队第一团旧址
	八路军总部柳沟铁厂运输部旧址
蟠龙村	三八五旅司令部旧址
	陈锡联旧居
	抗日军政大学总校旧址
	罗瑞卿旧居
	滕代远旧居
	何长工旧居
	抗日军政大学训练部旧址
	欧阳毅旧居
	王智涛旧居
	抗日军政大学第六期开学典礼会场遗址

蟠龙村	蟠武战役遗址
	蟠龙围困战遗址
	一二九师民运工作团旧址
	宋任穷旧居
	晋东南工救总会（小曲滩）纺纱厂旧址
西坡村	太行第二办事处旧址
	刘亚雄旧居
	晋冀豫三地委旧址
	彭涛旧居
	冀南银行三分行旧址
东坡村	中共武乡（东）县委会旧址
	武乡县抗日政府旧址
	武乡独立营旧址
	冀南银行三分行水烟厂旧址
	三专署被服厂旧址
大道场村	晋冀豫三地委旧址
	王一伦旧居
	太行三专署旧址
	刘亚雄旧居
	中共武乡（东）县委会旧址
	武乡县抗日政府旧址
小道场村	武乡县政府司法科旧址
韩家垴村	抗日军政大学第一团旧址
	苏振华旧居
	王赤军旧居
老中角村	抗日军政大学第四团旧址
	罗华生旧居
	洪学智旧居

老中角村	穰明德旧居
	冀南银行三分行旧址
牛家岭村	抗大文工团旧址
季家岭村	抗日军政大学特科大队旧址
	刘鼎旧居
东庄村	决死一纵队三十八团旧址
	蔡爱卿旧居
	刘有光旧居
尚元村	抗日军政大学女生队旧址
	王尚元烈士牺牲地
祥良村	武乡县抗日政府造纸厂旧址
上型塘村	后勤部甜烟厂旧址
下型塘村	三八五旅十四团旧址
	孔庆德旧居
	赵兰田旧居
胡峦岭村	一二九师三八五旅十四团旧址
大活庄村	中共武乡县委会旧址
	武乡县抗日政府旧址
	三八六旅旅部旧址
	陈赓旧址
	许世友旧居
陌峪村	中共晋东特委旧址
	何英才旧居
	中共晋冀特委旧址
	陶希晋旧居
	彭涛旧居
	中共晋冀特委党校旧址
	晋冀特委《支部教育》杂志社旧址

陌峪村	武乡独立营旧址
白家庄村	抗日军政大学政治部旧址
	张际春旧居
	抗日军政大学政治部组织部旧址
	袁子钦旧居
	抗日军政大学政治部宣传部旧址
	谢翰文旧居
	抗日军政大学政治部保卫部旧址
	吴格成旧居
上北漳村	中共中央北方局党校旧址
	刘华清旧居
	杨献珍旧居
	袁鸿化旧居
	冀南区赴延安党的七大代表团（参加党校学习）旧址
	于光汉旧居
	马国瑞旧居
	中共山东分局赴延安党的七大代表团（参加党校学习）旧址
	郭洪涛旧居
	张经武旧居
	钟辉旧居
	邓克明旧居
	朱春和旧居
	何运洪旧居
	潘寿才旧居
	八路军后勤部甜烟厂旧址
	八路军拦洪坝遗址
老寨村	武乡独立营旧址

东沟村	中共晋冀豫二地委旧址
	侯富山旧居
	中共晋冀豫三地委旧址
	中共武乡（东）县委会旧址
	武乡县抗日政府旧址
	冀南银行三分行旧址
	太行三分区司令部旧址
	郭国言旧居
	李寿轩旧居
	刘昌毅旧居
	中共太行三地委旧址
	王一伦旧居
	太行三分区武委会兵工厂旧址
	决死一纵队修械所旧址
	名扬游击队旧址
	武乡独立营旧址
	抗大第六分校校部旧址
	太行第三专署草帽厂旧址
	太行第三专署鞋厂旧址
石板村	一二九师司令部旧址
	刘伯承旧居
	邓小平旧居
	李达旧居
	一二九师政治部旧址
	蔡树藩旧居
	太行第三军分区炸弹厂旧址
	太行第三专署织袜厂旧址

狼卧沟村	中共武乡（东）县委会旧址
	武乡县抗日政府旧址
	太行第三军分区炸弹厂旧址
汉广村	太行三分区军工厂旧址
树辛村	太行第三专署织袜厂旧址
栗家沟村	太行造纸厂二分厂旧址

韩北镇（265 处）

王家峪村	八路军总司令部旧址
	朱德旧居
	彭德怀旧居
	左权旧居
	刘伯承旧居
	邓小平旧居
	陈赓旧居
	陈锡联旧居
	八路军后勤部旧址
	杨立三旧居
	八路军总部参议室旧址
	八路军总部后勤科旧址
	八路军总部通讯科旧址
	中共中央北方局旧址
	杨尚昆旧居
	中共中央北方局组织部旧址
	朱瑞旧居
	中共中央北方局宣传部旧址
	李大章旧居

王家峪村	中共中央北方局统战部旧址
	张友清旧居
	中共中央北方局社会部旧址
	郭任芝旧居
	中共中央北方局政治部旧址
	张衡宇旧居
	中共中央北方局青年工作委员会旧址
	江明旧居
	三八五旅旅部旧址
	三八五旅十四团旧址
	晋察冀军区南下支队旧址
	聂荣臻旧居
	吕正操旧居
	陈正湘旧居
	刘道生旧居
	冀南区赴延安党的七大代表团旧址
	于光汉旧居
	马国瑞旧居
	中共山东分局赴延安党的七大代表团旧址
	郭洪涛旧居
	张经武旧居
	华中赴延安干部团旧址
	刘少奇旧居
	吕振羽旧居
	沈其震旧居
	吴信泉旧居
	八路军总部干部培训大队旧址
	战地妇女儿童考察团旧址

王家峪村	作家战地访问团旧址
	八路军电影团旧址
	印度援华医疗队旧址
	友军将领旧址
	《党的生活》杂志社旧址
	庆祝朱总司令寿诞大会会址
	白求恩大夫追悼大会会址
	日本人反战组织——“唤醒联盟”成立大会旧址
石圪垤村	中共中央北方局妇女工作委员会旧址
	浦安修旧居
	卓琳旧居
	刘志兰旧居
	中共中央北方局妇女干部训练班旧址
	《华北妇女》杂志编辑部旧址
	《青年与儿童》杂志编辑部旧址
圪道村	八路军军需仓库旧址
前沟村	八路军总部炮兵团旧址
	武亭旧居
	邱创成旧居
	太行修枪所旧址
北上合村	总部通讯营旧址
南上合村	总部电台旧址
西头村	太行工业学校预科班旧址
	太行三专署总工会手榴弹厂旧址
东枣林村	八路军总部直属政治处旧址
	康克清旧居
	觉醒联盟旧址
	八路军总部特务团旧址

东枣林村	李东潮旧居
韩北村	曹光琳旧居
	三八六旅旅部旧址
	陈赓旧居
	王新亭旧居
	八路军总部特务团旧址
	山西青年抗日决死队武乡游击大队成立地旧址
	中共中央北方局财经工作委员会旧址
	八路军财经部旧址
	华北财政经济学校旧址
	张慕尧旧居
	南方区赴延安党的七大代表团旧址
	古大存旧居
	杨尚奎旧居
	陈岸旧居
	苏精诚烈士牺牲地
	高自辅烈士牺牲地
	三八六旅野火剧团旧址
斗底村	三八六旅七七二团旧址
	三八五旅旅部旧址
	蟠龙围困战斗前线指挥部旧址
拐堖村	三八六旅旅部旧址
	陈赓旧居
	王新亭旧居
	三八五旅旅部旧址
	鲁艺木刻工作团旧址
	胡一川旧居
	彦涵旧居

拐垴村	华山旧居
	罗工柳旧居
下合村	野战政治部旧址
	傅钟旧居
	罗瑞卿旧居
	陆定一旧居
	野战政治部秘书处旧址
	申伯纯旧居
	朱光旧居
	野战政治部组织部旧址
	周桓旧居
	野战政治部宣传部旧址
	王东明旧居
	野战政治部保卫部旧址
	杨奇清旧居
	野战政治部民运部旧址
	王卓如旧居
	野战政治部敌工部旧址
	蔡乾旧居
	漆克昌旧居
	野战政治部军法处旧址
	阎揆要旧居
	野战政治部总务处旧址
	《前线》杂志社编辑部旧址
	战地妇女儿童考察团旧址
	作家战地访问团旧址
	八路军电影团旧址
	印度援华医疗队旧址

下合村	友军将领旧址
	抗大一分校校部旧址
	周纯全旧居
	韦国清旧居
	李培南旧居
	八路军总部招待所旧址
	抗战建国教学团旧址
	中苏文化协会晋东南分会旧址
	山西第三专区路东办事处旧址
	战地军政委员会冀察分会代表团旧址
	三八五旅七六九团旧址
	三八六旅七七二团旧址
	三八六旅补充团旧址
	八路军总部特务团旧址
	晋东南各界反汪拥蒋大会会址
	太行文化人座谈会会址
	八路军总部火星剧团旧址
	李公朴旧居
	陈波儿旧居
	陈荒煤旧居
	杨朔旧居
西垴村	军工部柳沟铁厂化铜部旧址
西堡村	八路军供给部旧址
	周玉成旧居
	一二九师司令部旧址
	刘伯承旧居
	邓小平旧居
	徐向前旧居

西堡村	太行第三专署鞋厂旧址
	野战卫生部药材站旧址
	决死三纵队第九团旧址
	邹善芳旧居
东堡村	中共晋冀豫区首次代表大会会址
	晋冀豫区党委旧址
	李雪峰旧居
	黄镇旧居
	杨尚昆旧居
	朱德旧居
	彭德怀旧居
	何英才旧居
	徐子荣旧居
	陶鲁笳旧居
	赖若愚旧居
	吴作民旧居
	彭涛旧居
	安子文旧居
	王卓如旧居
	王树声旧居
	张玺旧居
	王孝慈旧居
	张晔旧居
	唐天际旧居
	嘉康杰旧居
	王维纲旧居
	李哲人旧居
	三八六旅七七一团旧址

东堡村	徐深吉旧居
	吴富善旧居
土河坪村	野战卫生部旧址
	孙仪之旧居
	钱信忠旧居
	八路军卫生教导队旧址
	八路军野战卫生学校旧址
	卫生部野战医院旧址
	武乡士绅座谈会会址
	杨裕民追悼会会址
	八路军卫生教导大队旧址
	八路军野战卫生学校旧址
	孙仪之旧居
	卫生部野战医院旧址
桥南村	八路军供给学校旧址
	周玉成旧居
	太行山剧团旧址
	中华戏剧界抗敌协会太行山分会旧址
	三八五旅旅部旧址
圪留村	三八五旅旅部旧址
	陈锡联旧居
朝阳埆村	太行工艺研究所旧址
刀把嘴村	八路军前总卫生部制药所旧址
	野战卫生部旧址
	钱信忠旧居
	孙仪之旧居
	野战卫生材料厂旧址
	卫生部野战医院旧址

刀把嘴村	八路军交通站旧址
刀把嘴村焦龙庙	八路军野战卫生材料厂包装车间旧址
	八路军野战医院旧址
笛子角村	野战卫生材料厂旧址
秤钩角村	一二九师司令部旧址
	刘伯承旧居
	邓小平旧居
	李达旧居
小岭山村	冀南军区一分区二十团旧址
	徐绍恩旧居
	一二九师卫生部旧址
	钱信忠旧居
	一二九师卫生学校旧址
	八路军总部特务团旧址
官牛角村	一二九师医疗手术队旧址
小坪村	八路军总部电台旧址
	冀南银行印钞分厂旧址
大坪村	华北新华日报社旧址
	新华社华北总分社旧址
	何云旧居
	陈克寒旧居
	华北新华日报社书刊印刷厂旧址
	冀南银行旧址
	高捷成旧居
	熊光炳旧居
	冀南银行印钞厂旧址
蚵蚄庙村	冀南银行旧址
	高捷成旧居

虸蚄庙村	熊光炳旧居
	八路军供给部旧址
	周玉成旧居
	一二九师随营学校旧址
	杜义德旧居
	一二九师随营学校二营旧址
	一二九师修械所旧址
枣庣坪村	野战卫生材料厂牛奶场旧址
	野战卫生材料厂食品厂旧址
岭则村	野战卫生材料厂牛奶场旧址
	野战卫生材料厂食品厂旧址
	太行三专署毡帽厂旧址
李坪村	抗战建国学院（边区师范）旧址
槐树湾村	太行修枪所旧址
小窑铺村	八路军野战卫生材料厂（龙洞沟）旧址
	一二九师司令部旧址
	刘伯承旧居
	邓小平旧居
	李达旧居
	八路军野战卫生材料厂旧址
	一二九师生产部旧址
	张克威旧居

监漳镇（54处）

监漳村	一一五师独立支队旧址
	陈士榘旧居
	何以祥旧居

监漳村	太行第二办事处旧址
	刘亚雄旧居
	三八五旅七六九团旧址
	郑国仲旧居
	鲍先志旧居
观庄村	太行第二办事处旧址
	刘亚雄旧居
	八路军引水渠遗址
	一一五师独立支队第一团旧址
	晋东南文化界第二次代表大会会址
	三八五旅旅部旧址
	陈锡联旧居
	谢富治旧居
	赵辉楼旧居
	曾绍山旧居
	卢仁灿旧居
	三八五旅独立一团旧址
	邹国厚旧居
	三八五旅七六九团旧址
	郑国仲旧居
	漆远渥旧居
	三八五旅十四团旧址
	马忠全旧居
	赵兰田旧居
冯家垴村	太行第三军分区被服厂旧址
下北漳村	晋东南鲁迅艺术学校旧址
	李伯钊旧居
	陈铁耕旧居

下北漳村	鲁艺实验剧团旧址
	鲁艺木刻工作团旧址
	鲁艺文工团旧址
	晋东南文化教育界抗日救国总会旧址
	中苏文化协会晋东南分会旧址
	中华全国文艺界抗敌协会晋东南分会旧址
	中国青年新闻记者学会太行山分会下北漳村旧址
	作家战地访问团旧址
	《鲁艺校刊》编辑部旧址
	罗工柳旧居
	彦涵旧居
	华山旧居
	胡一川旧居
	安波旧居
	高沐鸿旧居
	王玉堂旧居
	郑笃旧居
	李公朴旧居
	陈波儿旧居
	陈荒煤旧居
	杨朔旧居
	刘白羽旧居
禄村	一二九师野战医院旧址

大有乡（82 处）

大有村	晋冀豫三地委旧址
	王一伦旧居

大有村	侯富山旧居
	三四四旅六八七团旧址
	田守尧旧居
	一一五师整军会议旧址
	太行三专署旧址
	刘亚雄旧居
	中共武乡县委会旧址
	武乡县抗日政府旧址
	名扬游击队成立地旧址
	三四四旅大有会议旧址
	徐海东旧居
	黄克诚旧居
	决死三纵队兼太行第三军分区司令部旧址
	郭国言旧居
	戎子和旧居
	傅雨田旧居
	李寿轩旧居
	刘昌毅旧居
	彭光烈士牺牲地
横岭村	太行三分区决七团旧址
	余伦胜旧居
	大有阻击战遗址
	郭国言烈士牺牲地
	中共武乡县委党校旧址
长乐村	长乐村战斗遗址
	叶成焕烈士牺牲地
	决死第九团旧址
	武乡县牺盟会造纸厂旧址

李峪村	李峪村地雷战遗址
峪口村	太行三分区兵工厂旧址
	峪口惨案遗址
马村	名扬游击队旧址
王庄沟村	中共武乡（东）县委会旧址
	武乡县抗日政府旧址
	太行三中旧址
	武乡县牺盟会《大众力量》周刊旧址
	太行三专署战时保育院旧址
	太行三专署抗日军烈属学校旧址
炉家掌村	一二九师司令部旧址
	刘伯承旧居
	邓小平旧居
	李达旧居
	蔡树藩旧居
	黄镇旧居
	三八五旅旅部旧址
	陈锡联旧居
	谢富治旧居
	赵辉楼旧居
	曾绍山旧居
	卢仁灿旧居
	三八五旅七六九团旧址
	郑国仲旧居
	漆远渥旧居
	三八五旅十三团旧址
	石志本旧居
	肖德明旧居

炉家掌村	三八五旅十四团旧址
	马忠全旧居
	赵兰田旧居
	太行三分区医院旧址
	太行三分区军需处旧址
	太行三分区后勤仓库旧址
	太行三分区弹药库宣化山旧址
	名扬游击队旧址
	武乡独立营旧址
枣烟村	武乡独立营旧址
	名扬游击队旧址
康家沟村	中共武乡（东）县委会旧址
	武乡县抗日政府旧址
	太行军区无线电培训班旧址
西中庄村	晋冀豫第三地委旧址
	侯富山旧居
	太行第二办事处旧址
	刘亚雄旧居
	中共武乡（东）县委会旧址
	武乡县抗日政府旧址
	冀南银行三分行旧址
	太行第三中学旧址
河西沟村	名扬游击队旧址
	清河子弟兵团旧址

贾豁乡（45处）

宋家庄村	八路军总司令部旧址

宋家庄村	彭德怀旧居
	左权旧居
	一二九师司令部旧址
	刘伯承旧居
	邓小平旧居
	李达旧居
	蔡树藩旧居
	三八五旅旅部旧址
	陈锡联旧居
	三八六旅旅部旧址
	陈赓旧居
	平汉纵队纵队部旧址
	新编第十旅旅部旧址
	范子侠旧居
	黄欧东旧居
	赖际发旧居
	名扬游击队旧址
凤台坪村	三八五旅七六九团旧址
	三八六旅七七二团旧址
	平汉抗日游击纵队第三团旧址
	新编第十旅二十九团旧址
	宗凤洲旧居
贾豁村	决死三纵队第七团旧址
	尹立海旧居
	三四四旅六八八团旧址
	韦杰旧居
	刘震旧居
	决死一纵队二十五团旧址

贾豁村	平汉抗日游击纵队第五团旧址
	新编第十旅三十团旧址
	胡震旧居
	三八五旅战旗剧团旧址
	太行三分区医院旧址
	尹立海烈士牺牲地
蒺藜坪村	三八六旅七七二团旧址
	肖永智旧居
李家庄村	决死一纵队三十八团旧址
石泉村	太行三专署织毯厂旧址
上王堡村	平汉抗日游击纵队第二团旧址
	新编第十旅二十八团旧址
	齐开宏旧居
	王耀南旧居
	平汉抗日游击纵队干部班旧址
黑德甲村	长乐村战斗前线指挥所旧址

上司乡（15处）

漆树坡村	中共武乡（东）县路南办事处旧址
	漆树坡窑洞保卫战遗址
上司村	八路军十四团旧址
	马忠全旧居
	赵兰田旧居
窑头村	武乡东区党支部旧址
	三八六旅七七一团旧址
	徐深吉旧居
	吴富善旧居

圪针庄村	八路军后勤部幼稚园旧址
	决死一纵队修械所旧址
圪老湾村	太行三专署新华工厂旧址
	太行三专署生产部旧址
	太行三专署贸易局圪老湾粮站旧址
南神山	一一五师军政干部学校旧址

丰州镇（80 处）

故县村	八路军工作团旧址
	中共武乡县委会旧址
	武乡县抗日政府旧址
	武乡县抗日自卫队铁工厂旧址
	中共武乡县临时工委旧址
	武乡县牺盟会旧址
东关村	武乡县抗日自卫队旧址
	武乡县青年抗日救国公学旧址
寺背后村	中共武乡县委会旧址
	武乡县抗日政府旧址
郝家庄村	中共武乡县委会旧址
	中共武乡县第一次党代会旧址
魏家庄村	武乡县抗日政府旧址
张家沟村	太行三分区交通站旧址
崔家庄村	长乐村战斗前线指挥部旧址
里庄村	长乐村战斗遗址
连元村	一一五师三四三旅六八五团扩兵组旧址
东村	八路军总司令部旧址
	朱德旧居

<table>
<tr><td rowspan="5">东村</td><td>彭德怀旧居</td></tr>
<tr><td>左权旧居</td></tr>
<tr><td>八路军政治部旧址</td></tr>
<tr><td>任弼时旧居</td></tr>
<tr><td>八路军政治部秘书处旧址</td></tr>
<tr><td rowspan="19">段村（城关）</td><td>八路军总部抗战誓师动员大会会址</td></tr>
<tr><td>八路军政治部旧址</td></tr>
<tr><td>邓小平旧居</td></tr>
<tr><td>八路军政治部组织部旧址</td></tr>
<tr><td>吴溉之旧居</td></tr>
<tr><td>八路军政治部宣传部旧址</td></tr>
<tr><td>陆定一旧居</td></tr>
<tr><td>八路军总部教导队旧址</td></tr>
<tr><td>八路军总部参议室旧址</td></tr>
<tr><td>八路军总部随营学校旧址</td></tr>
<tr><td>韦国清旧居</td></tr>
<tr><td>八路军总部供给部旧址</td></tr>
<tr><td>杨立三旧居</td></tr>
<tr><td>西北战地服务团旧址</td></tr>
<tr><td>丁玲旧居</td></tr>
<tr><td>马应元烈士牺牲地</td></tr>
<tr><td>决死一纵队政治部《战旗》杂志旧址</td></tr>
<tr><td>中共武乡县临时工委党的骨干分子会议会址</td></tr>
<tr><td>武乡中区党支部旧址</td></tr>
<tr><td rowspan="4">下城村</td><td>八路军总部辎重营旧址</td></tr>
<tr><td>八路军政治部民运部旧址</td></tr>
<tr><td>傅钟旧居</td></tr>
<tr><td>八路军西进部队指挥部暨解放段村战斗指挥部旧址</td></tr>
</table>

上城村	八路军总部民运工作团旧址
胡庄铺村	八路军政治部保卫部旧址
	杨奇清旧居
	八路军随军记者团旧址
	史沫特莱旧居
平家沟村	八路军总部特务团团部旧址
	黄鹄显旧居
	邱创成旧居
	八路军总部卫生部旧址
	刘惠农旧居
马牧村	八路军总司令部旧址
	朱德旧居
	彭德怀旧居
	左权旧居
	八路军直属政治处旧址
	反九路围攻动员会会址
东胡家垴村	一一五师三四四旅六八九团旧址
	韩先楚旧居
	崔田民旧居
	八路军总部特务团三营旧址
王家垴村	八路军总部特务团二营旧址
阳城村	八路军总部兵站部旧址
	八路军总部直属处旧址
	李文楷旧居
城南村	八路军总部工兵营旧址
富庄村	八路军总部军法处旧址
	八路军政治部敌工部旧址
	周桓旧居

王白烟村	八路军总部特务团一营旧址
魏家窑村	八路军总部通讯营旧址
	鼙山工厂旧址
松庄村	鼙山工厂旧址
深泽滩村	鼙山工厂旧址

涌泉乡（50处）

涌泉村	野战政治部宣传部旧址
	陆定一旧居
	野战政治部民运部旧址
	黄镇旧居
	野战政治部敌工部旧址
	周桓旧居
	中共武西县委会旧址
	武西县抗日政府旧址
	武西独立营旧址
	武乡独立团成立地
	八路军锄奸部旧址
	杨奇清旧居
寨上村	八路军总司令部旧址
	朱德旧居
	彭德怀旧居
	左权旧居
	野战政治部旧址
	傅钟旧居
	野战政治部组织部旧址
	吴溉之旧居

寨上村	八路军供给部旧址
	杨立三旧居
	一二九师司令部旧址
	刘伯承旧居
	邓小平旧居
	徐向前旧居
	供给部被服厂旧址
	晋东南反九路围攻祝捷大会会址
窊里村	八路军总部特务团旧址
	朱秋水旧居
	谢振华旧居
西里庄村	八路军军法处旧址
	曾传六旧居
祁村	八路军总部通讯营旧址
黑营村	八路军后勤仓库旧址
蚂蚁沺村	中共武西县委会旧址
	武西县抗日政府旧址
大良村	中共武西县委会旧址
	武西县抗日政府旧址
	武西独立营旧址
蒲池村	中共武西县委会旧址
	武西县抗日政府旧址
	八路军决九团旧址
常家垴村	武西独立营旧址
	决死三纵队第九团旧址
	贾定基旧居
	谷景生旧居
神前村	中共武西县委会旧址

神前村	武西县抗日政府旧址
	武西独立营旧址

石北乡（29处）

义门村	八路军总司令部旧址
	朱德旧居
	彭德怀旧居
	左权旧居
	八路军供给部旧址
	杨立三旧居
	供给部被服厂旧址
	决死三纵队第九团旧址
	邹善芳旧居
	武西独立营旧址
圪嘴头村	中共武西县委会旧址
	武西县抗日政府旧址
神西村	中共武西县委会旧址
	武西县抗日政府旧址
	武西独立营旧址
楼则峪村	中共武西县委会旧址
	武西县抗日政府旧址
	决死三纵队第九团旧址
	邹善芳旧居
	武西独立营旧址
元则沟村	中共武西县委会旧址
	武西县抗日政府旧址

闹林沟村	中共武西县委会旧址
	武西县抗日政府旧址
石北村	武西独立营旧址
	八路军染布厂旧址
西黄岩村	三八五旅旅部旧址
	陈锡联旧居
型庄村	东路军游击战术和政治工作培训班旧址

故城镇（32 处）

高仁村	一一五师三四四旅旅部旧址
	徐海东旧居
	黄克诚旧居
	杨得志旧居
	韩振纪旧居
	三四四旅被服厂旧址
茅庄村	中共武西县委会旧址
	武西县抗日政府旧址
	武西独立营旧址
故城村	武华游击队旧址
	决死一纵队武乡游击队成立旧址
	国民兵军官教导第五团旧址
高台寺村	中共武西县委会旧址
	武西县抗日政府旧址
岸北村	中共武西县委会旧址
	武西县抗日政府旧址
勋欢村	朱秋溪烈士牺牲地
南沟村	吴龙主烈士牺牲地

南沟村	白晋铁路遗址
	白晋铁路南沟火车站遗址
陈村	中共武西县委会旧址
	武西县抗日政府旧址
	武西独立营旧址
山交村	决死三纵队第九团旧址
	贾定基旧居
	谷景生旧居
	武西独立营旧址
上庄村	决死三纵队第九团旧址
	贾定基旧居
	谷景生旧居
东良村	武西独立营旧址
北良村	武乡西区党支部旧址

分水岭乡（47 处）

石盘村	中共武西县委会旧址
	武西县抗日政府旧址
	武西独立营旧址
	太行陆军中学旧址
	丁思林烈士牺牲地
	三八五旅七六九团旧址
	三八五旅独立一团旧址
	三八六旅新一团旧址
会同村	中共武西县委会旧址
	武西县抗日政府旧址
	武西独立营旧址

胡庄村	八路军造纸厂旧址
南家沟村	中共武西县委会旧址
	武西县抗日政府旧址
	太行三专署武西卷烟厂旧址
黄家山村	武西兵工厂旧址
长谐村	武西兵工厂旧址
	太行三专署武西毛毯厂旧址
内义村	晋冀豫边游击纵队一部旧址
	王树声旧居
	晋冀豫边游击纵队一团旧址
	姚大非旧居
	中共武西县委会旧址
	武西县抗日政府旧址
	武西独立营旧址
丈牛坡村	三八六旅七七一团旧址
	徐深吉旧居
	吴富善旧居
玉品村	晋冀豫边游击纵队三团旧址
	黄长轩旧居
暖水头村	中共武西县委会旧址
	武西县抗日政府旧址
	武西兵工厂旧址
泉之头村	中共武西县委会旧址
	武西县抗日政府旧址
	武西独立营旧址
	决死三纵队第九团旧址
	贾定基旧居
	谷景生旧居

泉之头村	武西独立营旧址
南关村	太岳军区敌工站旧址
	南关战斗遗址
	贾西章烈士牺牲地
	白晋铁路遗址
司庄村	太岳军区敌工站旧址
岩庄村	铁道飞行军旧址
分水岭村	白晋铁路遗址

图书在版编目(CIP)数据

武乡红色印迹 / 郝雪廷，李绍君主编. — 北京：中国文史出版社，2024.11. —（武乡红色文化撷英）.

ISBN 978-7-5205-4902-8

Ⅰ. K878.2

中国国家版本馆CIP数据核字第2024J0L417号

出 品 人：彭远国

责任编辑：秦千里

出版发行：中国文史出版社

社　　址：北京市海淀区西八里庄路69号院　邮编：100142

电　　话：010-81136606　81136602　81136603（发行部）

传　　真：010-81136655

印　　装：山西人民印刷有限责任公司

经　　销：全国新华书店

开　　本：16开

印　　张：164.5

字　　数：2300千字

版　　次：2024年11月　第1版

印　　次：2024年11月　第1次印刷

定　　价：850.00元（全五册）